D1752664

TOURENWAGEN STORY 2009
Alle Serien · Alle Rennen · Alle Sieger

Helge Gerdes
Torben Schröder (Text)

Hoch Zwei (Fotos)

Thomas Voigt (Herausgeber)

racing1

100 Jahre Audi. 25 Jahre DTM.
Das erforderte einen besonderen Sieg.

Audi freut sich über den Meistertitel 2009 – den ersten Hattrick der DTM.

Auch wenn wir 100 geworden sind – geschenkt hat man uns nichts. Darum feiern wir jetzt umso mehr: die Meisterschaft, den ersten Hattrick in der 25-jährigen DTM-Geschichte und die erfolgreiche Titelverteidigung von Timo Scheider. Und wir wünschen uns für die Saison 2010: wieder keine Geschenke.

Audi
Vorsprung durch Technik

Rennsport-Romantik

Ein Bild zwischen Caspar David Friedrich und William Turner – wenn die deutsche Tourenwagen-Topliga in England zu Gast ist, entstehen in der Ruhe vor dem Sturm wuchtige Eindrücke. Und später packender Motorsport

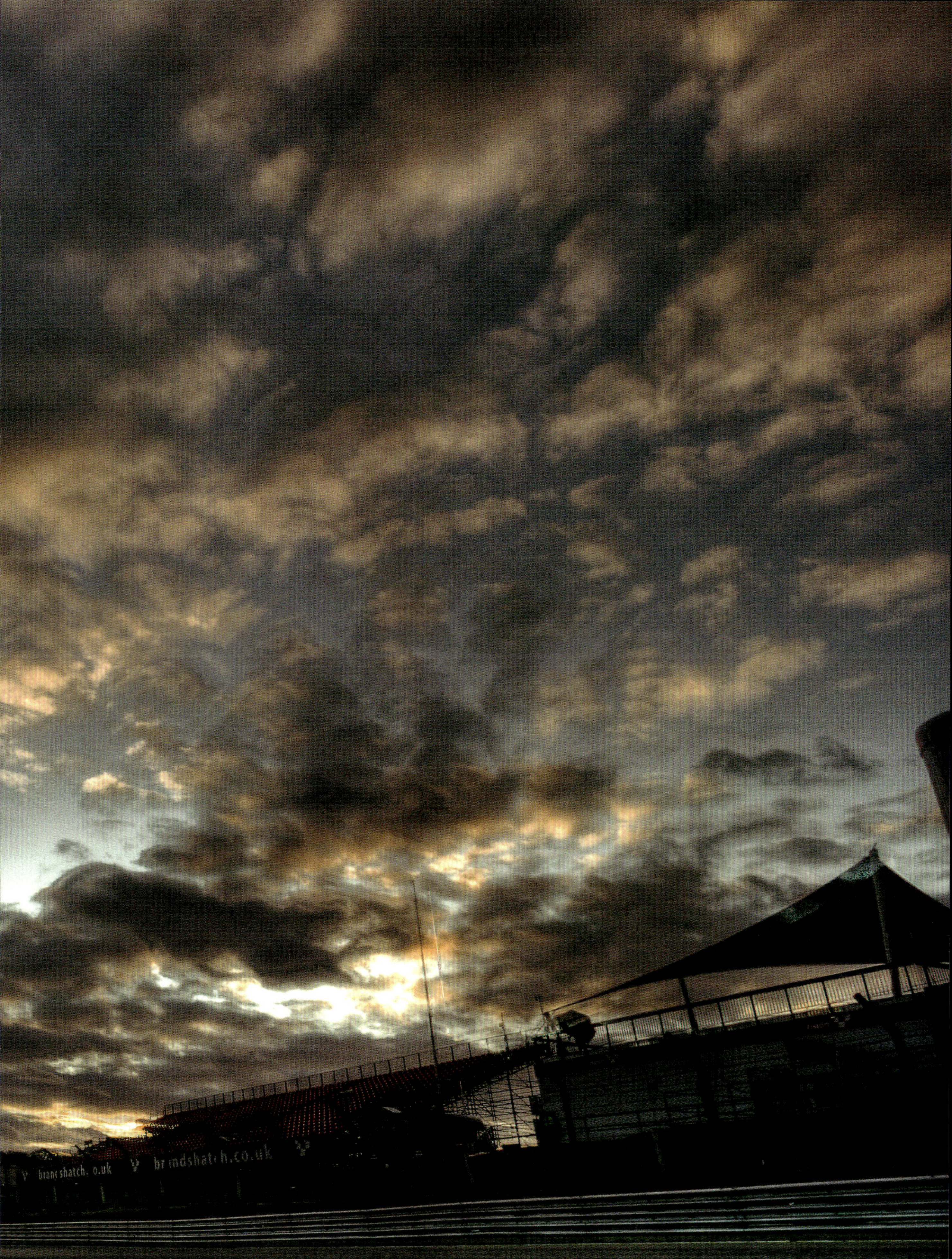

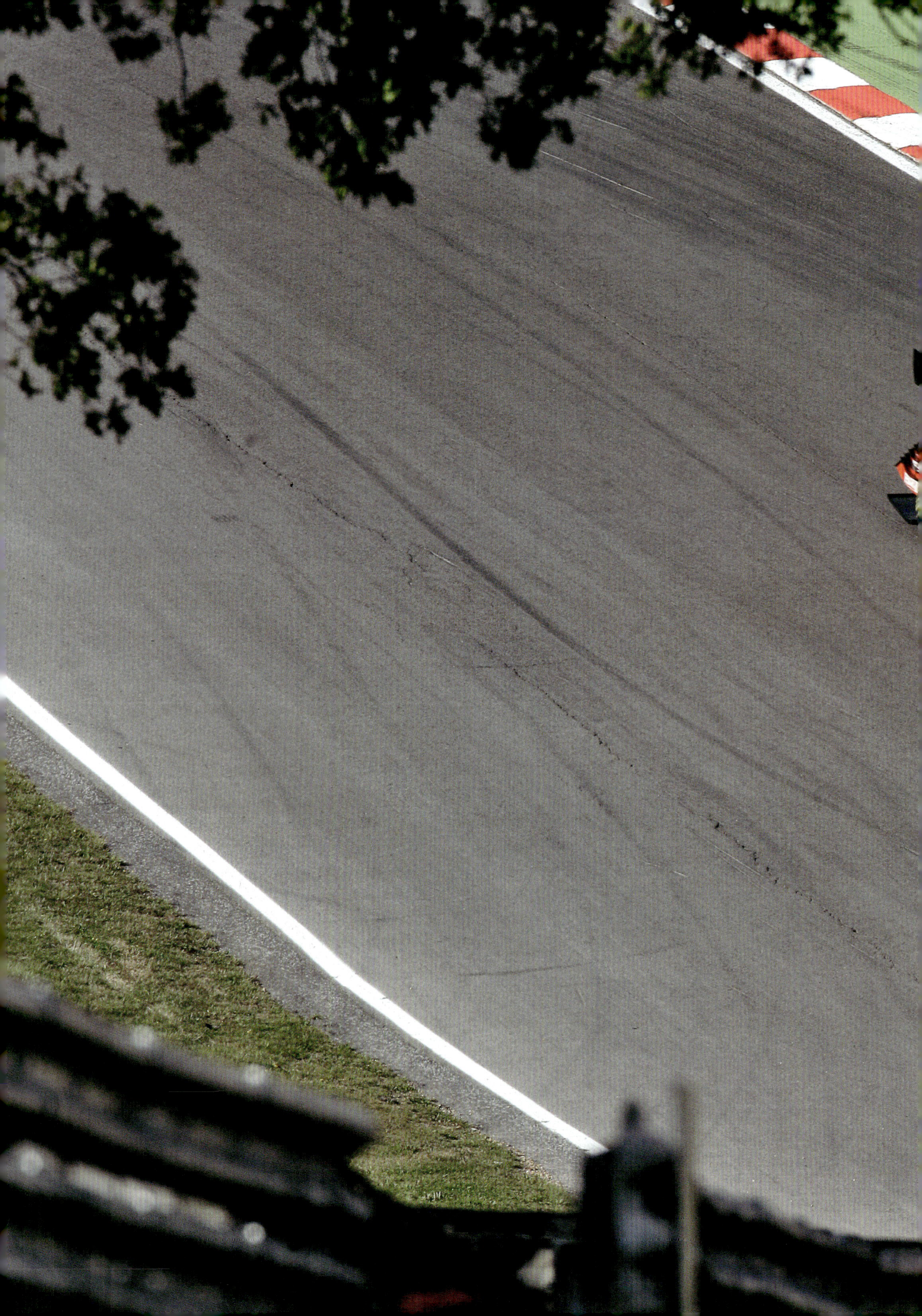

Abfahrt oder Aufstieg?
Schwung holen zum großen Coup? Nicht jedem Jahreswagenfahrer in der DTM gelingt 2009 der große Wurf. Der Alltag: Kampfgetümmel im Mittelfeld. Mathias Lauda ist stets mittendrin. Am Ende springt ein Meisterschaftspunkt heraus

Infotainment

Zweikämpfe mit Lackaustausch?
Tausendstelsekunden finden mit der Linienwahl?
Zwei von vielen Aspekten eines DTM-
Rennfahrerlebens. Ein weiterer: der permanente
Check des automobilen Wohlbefindens

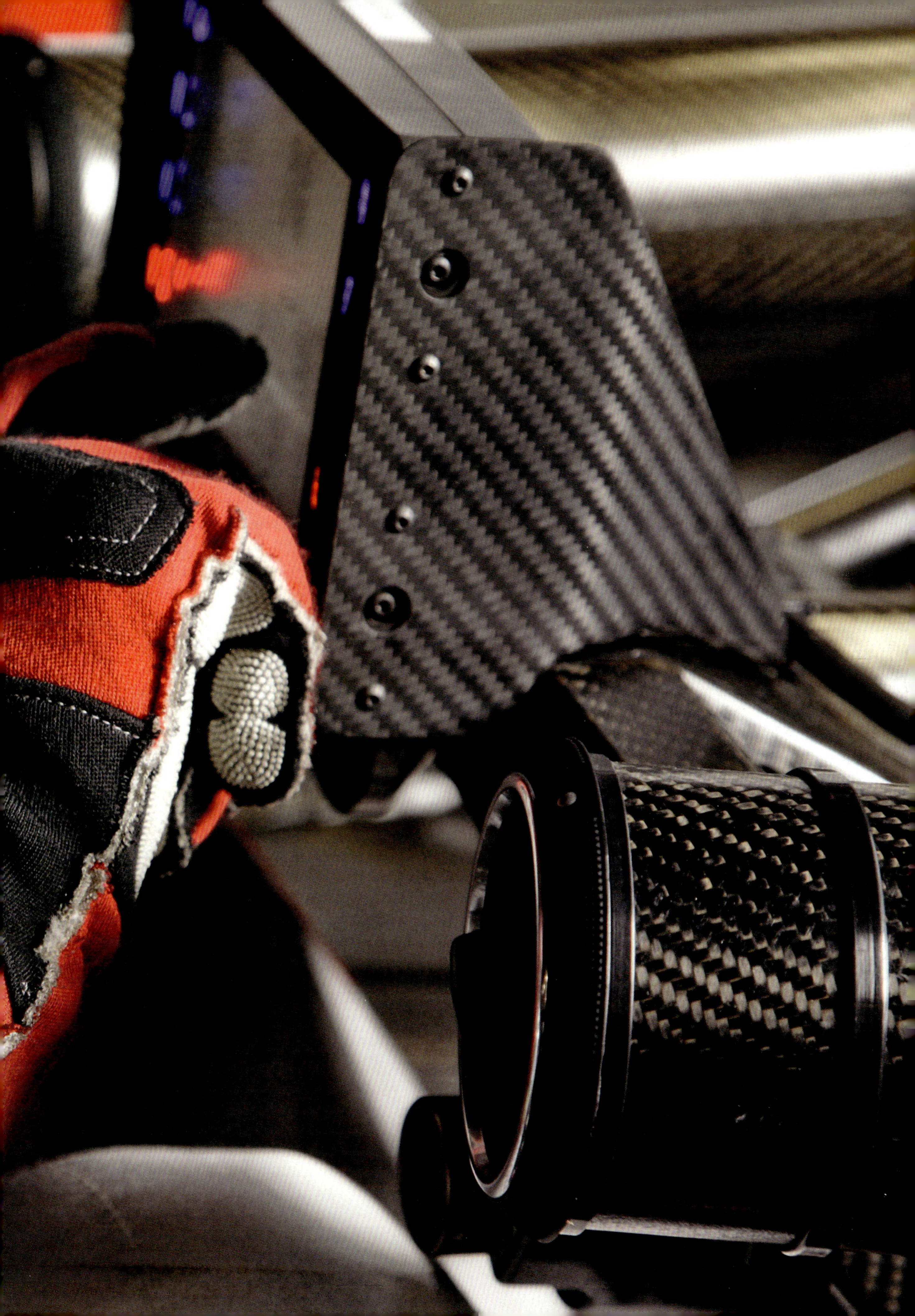

Timo Scheider

Liebe Leserinnen, liebe Leser!

Und welcher Titel ist nun der schönere? Journalisten können manchmal wirklich seltsame Fragen stellen – vor allem, wenn das entscheidende Rennen erst vor wenigen Minuten zu Ende gegangen ist. Aber auch mit ein wenig zeitlichem Abstand kann ich es in einigen Momenten kaum glauben, dass es uns tatsächlich gelungen ist, den DTM-Titel zu verteidigen. Zweite Meisterschaft in Folge für mich, sogar die dritte hintereinander für Audi, was einen neuen Rekord in der DTM-Geschichte bedeutet – ganz schön viel auf einmal. Aber ein wunderschönes Gefühl, Audi zum 100. Geburtstag so ein Geschenk bereiten zu können.

Die DTM-Fans in Deutschland und der ganzen Welt haben, so denke ich, eine spannende Saison erlebt. Sie haben Tragödien gesehen, wie die meines Teamkollegen Mattias Ekström, der gleich zweimal mit einem Reifenschaden ausgeschieden ist. Zweifellos wäre er sonst einer meiner ärgsten Rivalen gewesen. Aber auch emotionale Höhepunkte, wie den spannenden Titelkampf mit einer Aufholjagd von Gary Paffett und einem Showdown vor vollen Tribünen in Hockenheim. Dass ich jetzt schon im zweiten Jahr hintereinander einer der Hauptdarsteller im großen Action-Film namens DTM sein durfte, macht mich stolz.

Ich möchte dieses Vorwort, es ist übrigens erst das zweite in meiner Karriere, auch dafür nutzen, um danke zu sagen. Zuerst der Konkurrenz von Mercedes-Benz, die in diesem Jahr im wahrsten Sinne des Wortes ein starker Verlierer war, mehr Siege als Audi eingefahren und bis zur letzten Runde einen fairen Kampf geliefert hat. Und natürlich meiner Familie sowie der ganzen Mannschaft von Audi und meinem Team Abt Sportsline. Wenn ich meinem Sohn Loris in diesem Jahr erneut den Siegerpokal mit nach Hause bringen kann, dann ist das der Verdienst und der Triumph jedes Einzelnen von ihnen. Sie haben mich zu dem gemacht, was ich heute bin.

Timo Scheider, DTM-Champion 2009

3 SERIEN, 3 x MEISTER

Christian Abt

Daniel Abt

Timo Scheider

Mit Glück hat das nichts zu tun. Dahinter steht das Know-how aus 60 Jahren Rennsport. Und eine Technik, an der wir Tag für Tag feilen. Damit Sie auf der Straße genauso viel Spaß haben wie wir, wenn wir unsere Titel feiern.

Wir bedanken uns ganz herzlich für die Unterstützung unserer Fans.

ABT Sportsline ist der weltweit größte Anbieter für die Veredelung von Audi- und VW-Fahrzeugen

MOTORSPORT · MOTORTECHNIK · KAROSSERIE · ABGASTECHNIK · FAHRWERK · BREMSEN · SPORTFELGEN

ABT

WWW.ABT-SPORTSLINE.DE

12 TOURENWAGEN STORY | Inhalt

14 TOP-FAHRER
Titelverteidiger, Dauerbrenner und Rekordmann. Die besten Piloten des Tourenwagen-Jahres 2009

20 DTM SAISON 2009
Audi gegen Mercedes, Favorit gegen Herausforderer – Timo Scheider gegen Gary Paffett. Ein DTM-Vorgeschmack

26 DTM TEAMS
Arrivierte, Talentschmieden und ein Privat-Rennstall – von Abt Sportsline bis Futurecom-TME. Die Teams

34 DTM RENNEN
Siege, Freude, Titel, Schampus, Tränen, Unfälle, Niederlagen. Die zehn DTM-Rennen 2009 bieten alles

114 TOURENWAGEN-WM
Muller gegen Tarquini. Ein Duell auf Augenhöhe. Erst nach dem Saisonfinale steht der Sieger fest

132 INTERNATIONAL
Spannung bis zur letzten Kurve. Die Titelentscheidungen in der ganzen Tourenwagen-Welt

136 24-STUNDEN-RENNEN
Manthey Racing setzt seine Serie beim Langstreckenklassiker fort: Sieg Nummer vier auf der Nordschleife

144 LANGSTRECKE
Seltenheitswert: In der Langstreckenmeisterschaft Nürburgring gelingen Fahrer und Team die Titelverteidigung

20 DTM
Da fahren sie wieder. Die DTM ist auch 2009 ein Hochgenuss

TOP-FAHRER — 14
Das Lachen eines DTM-Meisters. Aber was steckt dahinter?

TOURENWAGEN-WM — 114
BMW, SEAT, manchmal auch Chevy. Die WTCC-Sieger

INTERNATIONAL — 132
Coup: Colin Turkington schlägt die BTCC-Favoriten

24-STUNDEN-RENNEN — 136
Serie fortgesetzt: Manthey Racing siegt

SEAT LEON SUPERCOPA — 154
Wer sonst? Thomas Marschall ist Meister im Supercopa

ADAC PROCAR — 150
Procar-Serie, Tatort Oschersleben: wie Charlie Geipel ein Rad und den sicher geglaubten Titel verliert

SEAT LEON SUPERCOPA — 154
Er sammelt Motorsporttitel wie andere Leute Turnschuhe: Thomas Marschall. „Mr. Markenpokal" höchstpersönlich

ADAC VOLKSWAGEN POLO CUP — 160
Erst König der Serie, dann Zitteraal. Champion Maciek Steinhof rettet ein paar Pünktchen über die Ziellinie

MINI CHALLENGE — 164
Sein Vorbild aus dem Film „Top Gun" macht ihn zum Rebell auf der Strecke: Meister Daniel „Maverick" Haglöf

BMW DE CHALLENGE — 168
160 Autos auf der Strecke, aber jedes fährt für sich allein. Langweilig? Nein, eine echte Challenge eben

STATISTIK DTM — 174
Wer siegt, wer punktet, wer fährt die schnellste Rennrunde? Die Statistik der DTM 2009 hat Antworten

STATISTIK INTERNATIONAL & NATIONAL — 185
Die Welt der Tourenwagen in Zahlen zusammengefasst: alle Ergebnisse, alle Endtabellen

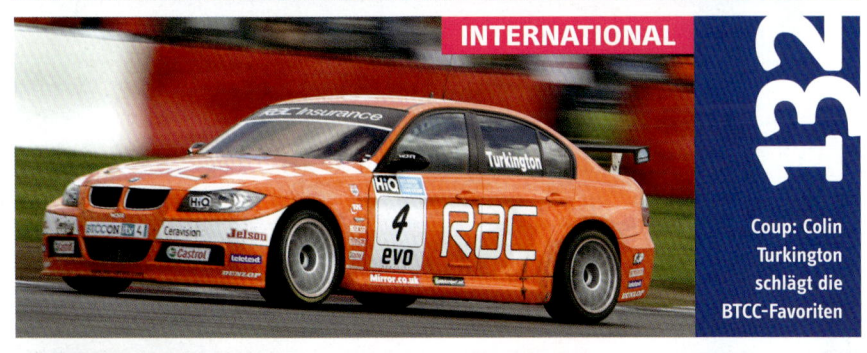

14 TOP-FAHRER Saison 2009

DTM

01

Timo Scheider

Geschichtsschreiber: Erfolgreiche Titelverteidiger gibt es in der DTM nur zweimal. Schneider und Scheider. Konstanz ist der Schlüssel zum zweiten Titel in Folge

Es wird wieder schrill. Die Entscheidung ist gefallen, der alte ist auch der neue Champion der Tourenwagen-„Königsklasse" DTM: Timo Scheider. Während er selbst noch die emotionsreiche Auslaufrunde über den Hockenheimring dreht, ist die Boxengasse bereits ein jubelndes Meer aus Audi-Fahnen. Die Kamera bahnt sich den Weg zu den Machern hinter Timo Scheider, zu den engsten Vertrauten. Und kassiert einen dicken Kuss in Pink. Jasmin Rubatto ist Timo Scheiders bessere Hälfte und in aller Extrovertiertheit ein Spiegelbild seines Gefühlslebens. Am liebsten wollen die beiden heute alles und jeden umarmen.

Timo Scheider in der DTM – das ist ein Familienunternehmen. Der 31-Jährige ist am Rennplatz häufig mit Kind und Kegel anzutreffen. Neben seiner Verlobten zählt dazu auch Sohn Loris Romeo. Und Loris Romeo ist Scheiders größter Kritiker, Pokale sind stets bei ihm abzugeben. Familienglück, dass Scheider immer „down to earth" hält. Bescheidenheit und Dankbarkeit für seine Umwelt – für Scheider Selbstverständlichkeiten. Star-Allüren und Zickereien? Für ihn undenkbar. Lochau am Bodensee statt Fürstentum Monaco, Couch statt Partyexzesse – Timo Scheider bleibt trotz seiner Erfolge der Junge von nebenan.

Dabei ist ihm der Motorsport in die Wiege gelegt. Scheider ist Teil einer Speedhungrigen Familie, aufgewachsen in Braubach, nur 70 Kilometer vom Nürburgring entfernt. Vater Wolfgang fuhr selbst Tourenwagen-Rennen. Wie auch seine Verlobte Jasmin, die Tourenwagen-Herstellercups bestritt und auch 2009 auf Einladung im SEAT Leon Supercopa an den Start geht. Vater Rubatto dagegen gilt als „Mister Supermoto" und ist damit Teil der Show, die auf dem Nürburgring im Rahmenprogramm der DTM für Kurzweil sorgt. Und selbst Junior Loris Romeo übt sich bereits im Kart.

Neben dem Rennsport treibt Scheider auch sein hohes soziales Engagement an. Sein „Race for Kids", das er zugunsten benachteiligter Kinder mit viel Aufwand organisiert, wird 2009 zum zweiten Mal ein voller Erfolg. Darüber hinaus setzt er sich für eine Straßenverkehrskampagne ein und ist Botschafter der Rückenmarks-Stiftung „Wings for Life".

Diese privaten Projekte bekommen mit dem zweiten DTM-Titel zusätzlichen Schub. Doch ein weiteres privates Projekt hat Timo Scheider vor der Saison in aller Öffentlichkeit verkündet. Sollte die Titelverteidigung gelingen, möchte er Jasmin ehelichen. Wieder typisch Scheider: DTM und Familie gehören für ihn einfach zusammen.

> „Timo hat es selbst im letzten Rennen geregelt. Das zeigt seine Stärke. Er ist ein verdienter Meister"
>
> **Audi-Sportchef Dr. Wolfgang Ullrich**

SEINE STÄRKEN

DIE RUHE IN PERSON Unter größtem Druck ruft Scheider Spitzenleistungen ab. Beim Finale hält sich der Rheinländer geschickt aus kritischen Situationen heraus

RAKETENSTARTER Wie im Jahr 2008 sind Blitzstarts Scheiders Trumpf. Der in Barcelona geht als Meisterstück der Saison 2009 in die Geschichte ein

BODENSTÄNDIG Starallüren sind Timo Scheider fremd

16 TOP-FAHRER Saison 2009

TOURENWAGEN-WM

02

Gabriele Tarquini

47 Jahre und kein bisschen müde: der quietschfidele Italiener

Tourenwagen-Weltmeister. Das ist der ganz offensichtliche Grund, warum Gabriele Tarquini es auf den zweiten Platz der Top-Fahrer 2009 geschafft hat. In einem Herzschlagfinale triumphiert der Italiener über seinen Kollegen im SEAT-Werksteam, Yvan Muller, und löst den Franzosen als WTCC-Titelträger ab. Aber es steckt noch viel mehr hinter der Nominierung. Tarquini ist ein echtes Motorsport-Urgestein. Nach der klassischen Kart-Karriere steigt er im Alter von 25 Jahren das erste Mal in einen Formel-1-Boliden. In neun Jahren „Königsklasse" reicht es nur zu einem Punkt. Der Formelsport ist Tarquinis Sache nicht. Die Tourenwagen dafür umso mehr. 1994 feiert er als Rookie den Titelgewinn in der Britischen Tourenwagen-Meisterschaft. Seit dem Comeback der WTCC im Jahr 2005 ist Tarquini fester Betandteil der Serie. Im vergangenen Jahr noch Gesamtzweiter gelingt dieses Jahr der große Coup. Und das im Alter von 47 Jahren. Das verdient höchsten Respekt – die Tourenwagen-WM ist kein Kindergeburtstag, sondern Hochleistungssport par excellence. Wer sich die Rennen im Fernsehen oder live an der Strecke angeschaut hat, weiß seine Leistung zu schätzen. Kein WTCC-Pilot steht 2009 so häufig auf Startplatz eins wie Tarquini. Das ist Racing auf den Punkt und erfordert einen Körper und Geist in Hochform. ◂

SEINE STÄRKEN

ERFAHRUNG Schon 1987 absolviert Gabriele Tarquini sein erstes Rennen in der Formel 1

EHRGEIZ 2008 noch knapp besiegt, schlägt Tarquini 2009 zurück und triumphiert über Yvan Muller

ZEITTRAINING Kein Pilot in der WTCC 2009 sichert sich so viele Pole-Positions wie Tarquini

03 Jamie Green

DTM

Beordert in den Jahreswagen, zeigt sich der Brite in Topform

Für Jamie Green ist bei HWA kein Platz mehr. Das Team, das die vier aktuellen AMG Mercedes C-Klassen einsetzt und entwickelt, setzt auf andere Kräfte. Denn Green muss für DTM-Star Ralf Schumacher nach drei Jahren für die Mannschaft, sechs Pole-Positions und vier Siegen, sein Cockpit räumen. 2008 noch Titelkandidat. 2009 nur zweite Wahl. Seine neue sportliche Heimat findet der 27-Jährige bei Persson Motorsport – jenem Rennstall, der ihn anno 2005 nach seinem Titelgewinn in der Formel 3 Euro Serie im Jahr zuvor in der DTM holt und 2009 Jahreswagen für Mercedes-Benz einsetzt. Statt um Titel zu fahren nun das Kämpfen und Bangen um Einzelerfolge. Ein Karriereknick. Doch Jamie Green erfüllt die Rolle des Jahreswagenfahrers mit Bravour. Sein Werdegang in der Saison 2009 liest sich beinahe wie die seiner Kollegen mit aktuellem Material: sechs Punkteränge, Gesamtrang sieben vor Stars wie Audi-Ikone Tom Kristensen und HWA-Star Ralf Schumacher. Dazu dieser einzigartige Moment des Sieges auf dem Norisring, wo er mit dem Überholmanöver des Jahres eine kleine Sensation schafft. Ursprung wiedergewonnener mentaler Stärke: Ende 2007 räumt er mit seinem Umfeld auf. Mit Erfolg: Seither zeigt seine Erfolgskurve steil nach oben. Auch im Jahr 2009. ◄

SEINE STÄRKEN

ECHTER RACER Mit einem durchsetzungsstarken Manöver überzeugt Green am Norisring

MENTALE STÄRKE Trotz Degradierung setzt Green im Jahreswagen Akzente

ROUTINE Fünf Jahre DTM-Erfahrung setzt der Brite in Resultate um: ein Sieg und viermal Top Fünf

TOP-FAHRER Saison 2009

04 James Thompson

TOURENWAGEN-WM

Thompson, Thompson, Thompson – der Brite fährt gefühlt überall mit

Wenn man sich so die Starterlisten der verschiedenen Tourenwagen-Serien 2009 anschaut, ist die Chance recht hoch, dass man über den Namen James Thompson stolpert. Der 35-jährige Brite ist in diesem Jahr der Vielfahrer schlechthin. Aber notgedrungen. Das Privatteam N.Technology, mit dem Thompson 2007 noch den dritten Platz in der Tourenwagen-Weltmeisterschaft (WTCC) feierte, beendet vor der Saison sein WM-Engagement. Thompson findet keinen anderen Stammplatz. Aber anstatt den Kopf in den Sand zu stecken, sagt er sich „Jetzt erst recht" und startet bei so vielen Meisterschaften wie nie zuvor. Und das auch noch mit Erfolg. In der Britischen Tourenwagen-Meisterschaft (BTCC) gelingen ihm mit einem Honda Civic drei Siege. In der Dänischen Tourenwagen-Meisterschaft (DTC) ist er zwei Rennwochenenden vor Saisonschluss unangefochtener Tabellenführer, lässt die letzten Rennen aber aufgrund von Terminkollisionen sausen und wird am Ende Dritter. Als kleines Goodie siegt er noch im Vorbeigehen beim Europäischen Tourenwagen-Cup (ETCC). Der größte Coup gelingt Thompson dann aber doch in der WTCC. Als Aushilfsfahrer beschert er dem Lada-Werksteam in Imola im neuen Modell Priora die viel umjubelten ersten WM-Punkte.

SEINE STÄRKEN

VIELSEITIGKEIT Honda Civic, Honda Accord, Lada Priora – Thompson fühlt sich in jedem Arbeitsgerät wohl

KAMPFESWILLEN Obwohl er 2009 kein WTCC-Stammcockpit erhalten hat, lässt er sich nicht unterkriegen

„ALTER HASE" Thompson absolvierte seit seinem Debüt mehr als 300 Tourenwagen-Rennen

05 Marcel Tiemann

LANGSTRECKE

Herr des Nürburgrings.
Seit 2009 Rekordsieger
beim 24-Stunden-Rennen

Fünf Erfolge beim 24-Stunden-Rennen auf dem Nürburgring. Das hat kein anderer Fahrer dieser Welt vorzuweisen. Nur er: Marcel Tiemann. 2003 und 2006 bis 2009. Einmal mit einem Opel Astra V8 Coupé des Team Phoenix und zuletzt vier Mal mit dem Porsche 997 GT3 RSR von Manthey Racing. Das Geheimnis des 35-Jährigen? „Die Konstanz. Mal hier mal da eine schnelle Runde fahren, kann jeder. Aber über mehrere Stunden konstant schnell zu sein, ist auf der Nordschleife der Weg zum Erfolg", so Tiemann, der auch in der Langstreckenmeisterschaft Nürburgring (VLN) in diesem Jahr das Maß aller Dinge war: fünf Siege. Auch mit Manthey Racing. Auf nur wenigen anderen Rennstrecken seien so viele brenzlige Situationen zu überstehen. Auch bei Überrundungen dürfe man keine Zeit verlieren. Bedeutet ihm der 24h-Rekord überhaupt etwas? Tiemann: „Mir bedeutet dieser Rekord immens viel. Fünf Siege, vier in Folge – bei einem so wichtigen und traditionellen Rennen. Wahnsinn." Und die Serie könnte noch fortgeführt werden. Auch in den kommenden Jahren peilt Tiemann einen Start in der „Grünen Hölle" an und nach Möglichkeit auch den Sieg. Angebote gebe es genug, so Tiemann. Es wäre aber auch gut möglich, dass er erneut für das Erfolgsteam Manthey Racing starte.

SEINE STÄRKEN

KONSTANZ Vier Mal in Folge gewinnt Tiemann das 24-Stunden-Rennen Nürburgring

TEAMFÄHIGKEIT wird bei Langstrecken-Einsätzen großgeschrieben. Tiemann beweist sie

REKORDHUNGER Auch nach seinem fünften Nürburgring-Sieg hat Tiemann noch nicht genug

Champion's League

2009 wird zum Jahr der erfolgreichen Titelverteidigung. Und damit historisch. Wer im Starreigen der DTM mit Timo Scheider in einer Liga spielt: die Themen der Saison

21

DTM Saison 2009

Hört, hört – Jamie Green wird zu Persson beordert, wird bester Jahreswagen-Fahrer und ...

... einziger Sieger mit einem Gebrauchten im Jahr 2009

Entdeckung – Maro Engel bekommt erst spät ein Cockpit, doch er überzeugt mit guten Leistungen

Hattrick steht drauf, Scheider ist drin. Es ist ein schwarzes T-Shirt, das während des Zieljubels der Saison im Glitterregen optisch die Titel der Jahre 2007, 2008 und 2009 für Audi feiert. Scheider-Schwarz. Und Timo Scheider, der wie im Vorjahr in einem mattschwarzen Audi A4 DTM antritt, verhilft mit einer unwiderstehlichen Konstanz Ingolstadt nicht nur zum ersten Dreier-Pack in der Geschichte der deutschen Top-Tourenwagenliga. Er schafft auch für sich selbst Historisches: die erste erfolgreiche Titelverteidigung seit Bernd Schneider anno 2001. Der alte ist der neue Champion.

In seiner Liga spielt 2009 aus Audi-Reihen nur Mattias Ekström. Der Schwede, Meister der Jahre 2004 und 2007, ist zwar bis kurz vor dem Saisonfinale aussichtsreicher Titelkandidat – doch insgesamt drei Nuller sind in zehn Rennen mindestens zwei zu viel.

Hockenheim, Dijon-Prenois – die Führung. Dann Reifenschäden. Finale Hockenheim: Im aufopferungsvollen Kampf für Kollege Scheider fängt sich „Eki" ein Kühlerleck ein.

So kommt die größte Herausforderung für Scheider 2009 aus Stuttgarter Reihen.

Während Audi die vier Top-Autos seit 2007 exakt gleich besetzt, wird bei Mercedes-Benz rochiert. Bernd Schneider feiert Ende 2008 seinen Abschied aus der DTM. Sein Cockpit erbt Gary Paffett, der sich mit einer Saison im Jahreswagen für den neuerlichen Aufstieg qualifiziert hat. Eher unfreiwillig räumt dagegen Jamie Green seinen Platz bei HWA für Ralf Schumacher. Der Star bekommt die Chance mit aktuellem Material, wird sie aber nicht ernstlich nutzen. Die Konstanten im Team bleiben Bruno Spengler und Paul Di Resta – personell, denn sportlich glänzen sie nicht gerade mit Konstanz.

Die AMG Mercedes C-Klasse des Jahrgangs 2009 zeigt sich als besonders komplex abzustimmendes Rennfahrzeug. Wie beim Konkurrenten Audi setzten die Mercedes-Techniker auf Evolution im Detail. Der Kampf der Systeme lautet deshalb erneut: mehr aerodynamischer Grip des Audi gegen ein Plus an mechanischem des Mercedes. Letzterer zeichnet sich durch ein besonders schmales Setup-Fenster aus, das zu treffen nicht allen HWAlern immer gelingt.

Ihr heißester Titelkandidat ist Gary Paffett. Der Brite hat einen Hauch mehr Racing im Blut als seine drei Teamkollegen. Aus schlechten Startpositionen zaubert der

Ruhm for improvement – Ralf Schumacher ist nur viertbester von vier HWA-Piloten

Cool geblieben – Timo Scheider holt dank hoher Konstanz den zweiten Titel in Folge

Champion von 2005 regelmäßige Podiumsplatzierungen und vor allem: vier Siege. Kein anderer Pilot der DTM kann auf mehr verweisen. Insgesamt schlagen für Stuttgart sechs Triumphe zu Buche. Dank Paul Di Resta, der das Heimspiel in Brands Hatch für sich entscheidet. Und dank Jamie Green.

Dem zu Persson Motorsport degradierten Briten, in der Endabrechnung später bester Fahrer 2008er-Materials, gelingt der Coup des Jahres: Norisring, einziger Sieg eines Jahreswagen-Fahrers. Einen ähnlichen Wow-Effekt verpasst im Audi Sport Team Phoenix Oliver Jarvis nur knapp. Von der ersten Pole eines Jahreswagen-Fahrers in 23 Jahren DTM gelingt ihm Rang zwei. Doch ein vermeintlicher Skandal umwittert dieses Resultat. Wegen Stallregie wird Mattias Ekström seinerzeit um eine Position zurückversetzt. Derart glimpfliche Strafen und eine entlastende Beweisführung

Technische Daten DTM

Motor	
Anordnung	Front-Mittelmotor
Bauart	V-90°
Zylinderzahl	8
Ventile pro Zylinder	4
Hubraum (cm^3)	Maximal 4.000
Leistung (PS)	Ca. 460
Bei U/min	–
Max. Drehmoment (Nm)	> 500
Motormanagement	Bosch MS 2.9
Chassis	
Bauart	Gitterrohrrahmen mit Stahldach und Kohlefaser-Außenhaut, aerodynamische Modifikationen, Heckflügel mit Einheitsprofil, CFK-Sicherheitszelle, Crash-Elemente vorn und hinten
Länge/Breite/Höhe (mm)	4.872/1.845/1.255 (Mercedes) 4.800/1.850/1.200 (Audi)
Tankinhalt (l)	65 (Mercedes), 70 (Audi)
Basisgewicht (kg) inkl. Fahrer (Baujahr)	1.050 (2009), 1.030 (2008), 1.010 (2007)
Fahrwerk/Kraftübertragung	
Vorderradaufhängung	Einzelradaufhängung, Doppelquerlenker
Hinterradaufhängung	Einzelradaufhängung, Doppelquerlenker
Bremsen	Einheits-Carbon-Bremsanlage ohne ABS
Kraftübertragung	Sequenzielles 6-Gang-Getriebe in Transaxle-Anordnung, einstellbares Sperrdifferenzial, Heckantrieb
Kupplung	3-Scheiben-CFK-Kupplung
Lenkung	Zahnstange/Servo
Radgröße vorn	11 x 18
Radgröße hinten	12 x 18
Reifengröße (vorn/hinten)	265/660-R18/280/660-R18

24 DTM | Saison 2009

Filigran-Kunst – die Außenhaut der DTM-Autos ist aus Kohlefaser

Eine für alle – die Bremsen sind wie andere Teile vorgeschrieben

Rollendes Labor – die Datenanalyse ist in der DTM ein wichtiges Thema

zeugen später allerdings von wenig Schuld der Ingolstädter. Es ist eine Grauzone. Denn in diesem Thema gibt es kein Schwarz, kein Weiß. Zandvoort stößt allerdings eine Diskussion zum Thema Teamorder an, die bis zum Finale andauern wird.

Es hat beinahe schon Tradition, dass erst im zehnten und finalen Rennen in Hockenheim der Champion gekürt wird. Auch 2009 kommt es so. Es wird ein Krimi, in dem jedoch jeder der beiden verbliebenen Titelanwärter seinen Job perfekt macht – Paffett gegen Scheider. Rang eins und zwei für zwei Champions, die in einer Liga spielen.

Jugendchor – Christian Bakkerud, Johannes Seidlitz und Tomáš Kostka werden vom Team Kolles Futurecom-TME ins Rennen geschickt

Pinnwand DTM Saison 2009

1 Freigabe erteilt – DTM-Fernsehpartner ARD kann während der Rennen live in den Boxenfunk schalten, sofern die Teams das nicht unterdrücken **2** Hasenjagd – die Vertreterinnen des Winkelhock-Sponsors sind beliebte Fotomotive **3** Frauenpower – Susie Stoddart und Katherine Legge treten 2009 gegen 18 männliche Konkurrenten an **4** Seitenblick – Martin Tomczyk sammelt erst spät Punkte, dann aber richtig

www.aral.de

In der DTM dreht sich alles um Top Autos, Top Speed und eine Top Performance.

Und um den einen Kraftstoff, der das alles möglich macht.

Aral Ultimate 100.
Offizieller Kraftstoff der DTM.

ultimate

ARAL
Alles super.

AUDI SPORT TEAM ABT SPORTSLINE

Team-Info	
Gegründet	1991
Teamchef	Hans-Jürgen Abt
Technischer Leiter	Albert Deuring
Team-Mitglieder	53
Renningenieur Scheider	Armin Plietsch
Renningenieur Kristensen	Franco Chiocchetti
Renningenieur Ekström	Alexander Stehlig
Renningenieur Tomczyk	Dave Benbow
Renningenieur Legge	Markus Michelberger
Pole-Positions	44
Siege	33
Schnellste Runden	30
DTM-Fahrertitel	5

Das Audi-Vorzeige-Team Abt Sportsline geht 2009 mit einem Quintett an den Start. Neben dem bewährten „Vierer" bestehend aus Titelverteidiger Timo Scheider, dem zum Saisonende scheidenden Tom Kristensen, dem zweimaligen Champion Mattias Ekström und DTM-Urgestein Martin Tomczyk schicken die „Äbte" auch Katherine Legge ins Rennen. Die Britin, 2008 noch im zwei Jahre alten Auto des Privatteams Futurecom-TME unterwegs, ist im 2008er-A4 DTM alles andere als das „fünfte Rad am Wagen", sondern sorgt am Norisring mit der ersten schnellsten Rennrunde einer Frau in der „neuen DTM" seit 2000 für ein Highlight. Auch ihre männlichen Kollegen bessern in aktuellen A4 DTM die Abt-Statistik mit vier Siegen, sieben Pole-Positions und sechs schnellsten Rennrunden auf. Als Höhepunkt verteidigt Timo Scheider den Titel in der Fahrerwertung. Zudem wird Christian Abt im ADAC GT Masters mit einem Audi R8 LMS Meister.

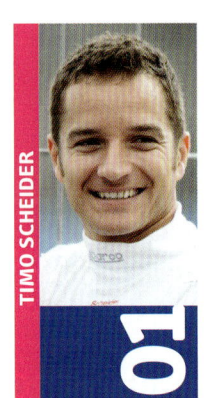

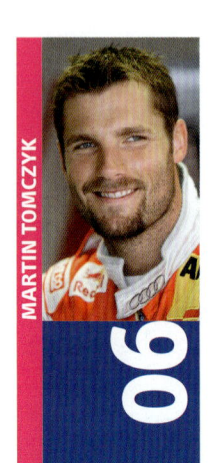

Audi A4 DTM 2009 — **Timo Scheider (D)** — 01
- Geboren: 10. November 1978
- Geburtsort: Lahnstein (D)
- DTM seit: 2000
- DTM-Rennen: 98
- Pole-Positions: 7
- Siege: 5
- DTM-Titel: 2
- Teams bisher: Holzer, Phoenix, Rosberg, Abt Sportsline

Audi A4 DTM 2009 — **Tom Kristensen (DK)** — 02
- Geboren: 7. Juli 1967
- Geburtsort: Hobro (DK)
- DTM seit: 2004
- DTM-Rennen: 60
- Pole-Positions: 9
- Siege: 4
- Bester DTM-Gesamtplatz: 3
- Teams bisher: Abt Sportsline

Audi A4 DTM 2009 — **Mattias Ekström (S)** — 05
- Geboren: 14. Juli 1978
- Geburtsort: Falun (S)
- DTM seit: 2001
- DTM-Rennen: 93
- Pole-Positions: 14
- Siege: 13
- DTM-Titel: 2
- Teams bisher: Abt Sportsline

Audi A4 DTM 2009 — **Martin Tomczyk (D)** — 06
- Geboren: 7. Dezember 1981
- Geburtsort: Rosenheim (D)
- DTM seit: 2001
- DTM-Rennen: 92
- Pole-Positions: 7
- Siege: 4
- Bester DTM-Gesamtplatz: 3
- Teams bisher: Abt Sportsline

Audi A4 DTM 2008 — **Katherine Legge (GB)** — 21
- Geboren: 12. Juli 1980
- Geburtsort: Guildford (GB)
- DTM seit: 2008
- DTM-Rennen: 21
- Bester Startplatz: 5
- Beste Platzierung: 12
- Bester DTM-Gesamtplatz: –
- Teams bisher: Futurecom-TME, Abt Sportsline

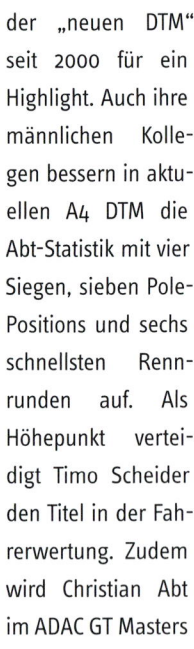

HWA AG

Das erfolgreichste Team der DTM-Historie wartet in dieser Saison mit einer zur Hälfte neu formierten Fahrerbesetzung auf. Auf der einen Seite die Etablierten: Paul Di Resta – 2007 der Shootingstar in einer zwei Jahre alten C-Klasse des Teams Persson, 2008 im Titelkampf nur knapp von Timo Scheider geschlagen. Und Bruno Spengler – 2006 und 2007 DTM-Gesamtzweiter, 2008 mit einem schwächeren Jahr. Auf der anderen Seite die Neuzugänge: Ralf Schumacher – 2007 noch DTM-„Lehrling" bei Mücke Motorsport, muss sich in diesem Jahr in der aktuellen C-Klasse bei HWA beweisen. Und Gary Paffett, DTM-Champion 2005 mit HWA – nach einer Pause folgt 2007 das Comeback bei Persson Motorsport, zwei Saisons im Jahreswagen mit starken Leistungen, in diesem Jahr die Rückkehr zu HWA in ein aktuelles Auto. Vor dem ersten Rennen 2009 ist Paul Di Resta als am stärksten einzuschätzen.

Aber Gary Paffett kommt besser in die Saison. Dank seiner Siege auf dem Euro-Speedway und in Zandvoort ist der Brite nach fünf Läufen sogar „Halbzeitmeister".

Beim Finale in Hockenheim ist er Scheiders einziger Titelrivale. Er siegt. Aber es reicht nicht. Gesamtrang zwei. Paul Di Resta und Bruno Spengler erleben mit den Endplatzierungen drei und vier solide Saisons. Ralf Schumacher weiß mit nur drei Punkterängen nicht zu überzeugen.

Team-Info	
Gegründet	1967
Teamchef	Hans Werner Aufrecht
Technischer Leiter	Gerhard Ungar
Team-Mitglieder	42
Renningenieur Di Resta	Axel Randolph
Renningenieur Schumacher	Andreas Riedl
Renningenieur Spengler	Markus Röhrich
Renningenieur Paffett	Thomas Strick
Pole-Positions	71
Siege	111
Schnellste Runden	111
DTM-Fahrertitel	9

AMG Mercedes C-Klasse 2009

Paul Di Resta (GB)	
Geboren	16. April 1986
Geburtsort	Uphall (GB)
DTM seit	2007
DTM-Rennen	31
Pole-Positions	2
Siege	3
Bester DTM-Gesamtplatz	2
Teams bisher	Persson, HWA

AMG Mercedes C-Klasse 2009

Ralf Schumacher (D)	
Geboren	30. Juni 1975
Geburtsort	Hürth (D)
DTM seit	2008
DTM-Rennen	21
Bester Startplatz	6
Beste Platzierung	5
Bester DTM-Gesamtplatz	11
Teams bisher	Mücke, HWA

AMG Mercedes C-Klasse 2009

Bruno Spengler (CDN)	
Geboren	23. August 1983
Geburtsort	Schiltigheim (F)
DTM seit	2005
DTM-Rennen	52
Pole-Positions	7
Siege	5
Bester DTM-Gesamtplatz	2
Teams bisher	Persson, HWA

AMG Mercedes C-Klasse 2009

Gary Paffett (GB)	
Geboren	24. März 1981
Geburtsort	Bromley (GB)
DTM seit	2003
DTM-Rennen	61
Pole-Positions	6
Siege	14
DTM-Titel	1
Teams bisher	Rosberg, Persson, HWA

PAUL DI RESTA 03
RALF SCHUMACHER 04
BRUNO SPENGLER 09
GARY PAFFETT 10

PERSSON MOTORSPORT

Team-Info	
Gegründet	1993
Teamchef	Ingmar Persson
Technischer Leiter	Hans-Peter Naundorf
Team-Mitglieder	18
Renningenieur Green	Martin Marx
Renningenieur Stoddart	Hans-Peter Naundorf

Pole-Positions	2	Schnellste Runden	3
Siege	2	DTM-Fahrertitel	–

AMG Mercedes C-Klasse 2008   AMG Mercedes C-Klasse 2008

Jamie Green (GB)		Susie Stoddart (GB)	
Geboren	14. Juni 1982	Geboren	6. Dezember 1982
Geburtsort	Leicester (GB)	Geburtsort	Oban (GB)
DTM seit	2005	DTM seit	2006
DTM-Rennen	52	DTM-Rennen	41
Pole-Positions	6	Bester Startplatz	10
Siege	5	Beste Platzierung	9
Bester DTM-Gesamtplatz	4	Bester DTM-Gesamtplatz	–
Teams bisher	Persson, HWA	Teams bisher	Mücke, Persson

JAMIE GREEN 07
SUSIE STODDART 08

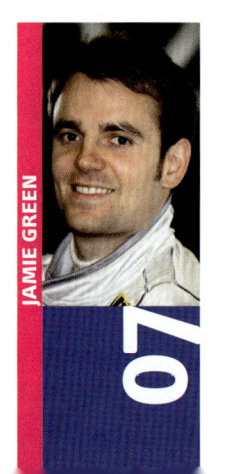

Harter Bruch bei Persson Motorsport. Nachdem die Mannen um Teamchef Ingmar Persson im Vorjahr noch drei Autos für Gary Paffett, Mathias Lauda und Susie Stoddart eingesetzt hatten, sind 2009 mit Stoddart und Jamie Green nur noch zwei Fahrer angestellt. Beide steuern eine AMG Mercedes C-Klasse, Baujahr 2008. Stoddart steckt sich auch in ihrer vierten DTM-Saison das Ziel, einen ersten Meisterschaftspunkt zu ergattern. Weniger bescheiden fällt die eigene Vorgabe bei Jamie Green aus: Der Brite sieht Persson Motorsport nur als Durchgangsstation. Verständlich. Denn Green wurde bei HWA zugunsten Ralf Schumachers ausgebootet und versucht nun unfreiwillig sein Glück im Persson-Jahreswagen.

Das Empfehlungsschreiben für eine mögliche Rückkehr zu HWA könnte nicht positiver ausfallen. Als punktbester Fahrer eines 2008er-Autos landet Green am Ende der Saison 2009 auf Gesamtrang sieben. Vor Tom Kristensen und Ralf Schumacher – beides Piloten aktuellen Fahruntersatzes. Ein Ausrufezeichen. Green spielt zudem bei einem der Saison-Highlights die Hauptrolle. Der 27-Jährige schnappt in einem in der Schlussphase fesselnden Rennen am Norisring Timo Scheider den Sieg weg. Zuletzt triumphierte Gary Paffett 2007 in einem Jahreswagen.

Für Susie Stoddart endet das Jahr erneut punktlos, aber die Britin wird die Saison 2009 in positiver Erinnerung behalten. Am Norisring erreicht sie mit Rang zehn ihren besten DTM-Startplatz. Zudem schlagen im Schnitt die besten Resultate ihrer vier DTM-Jahre zu Buche. Das „Duell" der besseren Ergebnisse gegen ihre einzige weibliche Konkurrentin Katherine Legge entscheidet sie mit 9:1 klar für sich.

Green und Stoddart – zwei DTM-Etablierte beim Team Persson. Eher untypisch. Denn vor der Saison 2008 galten die Saarbrücker als Talentschmiede. So brachten sie mit Christijan Albers, Bruno Spengler und Paul Di Resta spätere „Vizemeister" und mit Gary Paffett einen Champion hervor. Dem Team selbst fehlt noch das absolute Spitzenresultat. Bester Persson-Fahrer in der Endtabelle war Paul Di Resta 2007 auf Rang fünf.

MÜCKE MOTORSPORT

Formel 3 Euro Serie, Formel BMW Europa, ADAC Formel Masters – und eben DTM. Mücke Motorsport ist ein Paradebeispiel an Vielseitigkeit. Das Team um Chef Peter Mücke setzt auch 2009 auf den Formel-Sport. Ein beeindruckender Spagat, der den Berlinern gewohnt souverän gelingt. In der Formel 3 Euro Serie stellt Mücke mit Christian Vietoris den Gesamtzweiten, mit Alexander Sims einen Top-Neuling, der am Ende Vierter wird, und belegt zudem in der Teamwertung Rang zwei hinter Überflieger ART Grand Prix.

Im fünften Jahr der DTM setzt Mücke Motorsport zur Abwechslung auf erfahrene Piloten. 2008 noch mit zwei Neulingen unterwegs, haben Maro Engel und Mathias Lauda 2009 ein respektive drei DTM-Jahre auf dem Buckel. Engel debütiert im Vorjahr, schrammt dabei am Norisring mit Rang neun denkbar knapp an seinem ersten Punkterang vorbei. Mathias Lauda, der Sohn von Formel-1-Legende Niki Lauda, steigt 2006 in die DTM ein. Im zweiten Jahr klappt es mit den ersten Zählern. Am Ende springt Gesamtrang 15 heraus. 2008 bestätigt der Österreicher seine Leistung: erneut Platz 15. Und 2009? Dreimal dürfen Sie raten: Rang 15. Den ersten und einzigen Punkt sammelt Lauda bei der DTM-Premiere des französischen Kurses von Dijon-Prenois. Rang acht.

Erheblich erfreulicher verläuft die Saison für Maro Engel. Schon beim Auftaktrennen in Hockenheim fährt der smarte Youngster, wie Lauda in einer 2008er-C-Klasse unterwegs, auf Rang sechs. Das beste Resultat seiner DTM-Karriere. Und es läuft prächtig weiter für Engel: Punkt am EuroSpeedway und Punkte in Zandvoort und Oschersleben. Zudem startet Engel in Dijon-Prenois von Rang fünf. Ebenfalls ein Bestwert für den geborenen Münchener, der im Fürstentum Monaco seine Heimat gefunden hat.

Mücke Motorsport ist ein Rennstall aus Überzeugung. Das beweist nicht zuletzt Peter Mücke selbst. Der 62-Jährige steigt noch selbst in ein Rennauto – mit Erfolg. 2009 gewinnt er beim ADAC-Eifelrennen, einer Youngtimer-Veranstaltung, beide Läufe seiner Klasse. Das Arbeitsgerät ist ein 450 PS starker Ford Capri, Baujahr 1974.

Team-Info

Gegründet	1998
Teamchef	Peter Mücke
Team-Mitglieder	32
Renningenieur Engel	Michael Weiss
Renningenieur Lauda	Michael Schauer
Pole-Positions	–
Siege	–
Schnellste Runden	–
DTM-Fahrertitel	–

AMG Mercedes C-Klasse 2008 | AMG Mercedes C-Klasse 2008

Maro Engel (D)
Geboren	27. August 1985
Geburtsort	München (D)
DTM seit	2008
DTM-Rennen	21
Bester Startplatz	5
Beste Platzierung	6
Bester DTM-Gesamtplatz	12
Teams bisher	Mücke

Mathias Lauda (A)
Geboren	30. Januar 1981
Geburtsort	Salzburg (A)
DTM seit	2006
DTM-Rennen	41
Bester Startplatz	10
Beste Platzierung	6
Bester DTM-Gesamtplatz	15
Teams bisher	Mücke, Persson

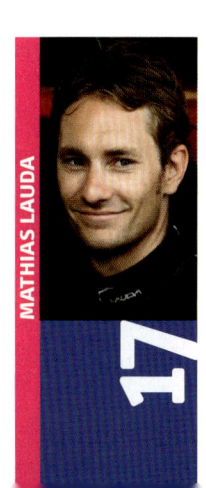

MARO ENGEL 16

MATHIAS LAUDA 17

AUDI SPORT TEAM PHOENIX

Team-Info	
Gegründet	1999
Teamchef	Ernst Moser
Teammanager	Frank Lynn
Team-Mitglieder	20
Renningenieur Prémat	Laurent Fedacou
Renningenieur Jarvis	Jürgen Jungklaus

Pole-Positions	5	Schnellste Runden	3
Siege	4	DTM-Fahrertitel	–

Audi A4 DTM 2008

Audi A4 DTM 2008

Alexandre Prémat (F)	
Geboren	5. April 1982
Geburtsort	Juvisy-sur-Orge (F)
DTM seit	2007
DTM-Rennen	30
Bester Startplatz	3
Beste Platzierung	2
Bester DTM-Gesamtplatz	10
Teams bisher	Phoenix

Oliver Jarvis (GB)	
Geboren	9. Januar 1984
Geburtsort	Burwell (GB)
DTM seit	2008
DTM-Rennen	21
Pole-Positions	1
Beste Platzierung	2
Bester DTM-Gesamtplatz	9
Teams bisher	Phoenix

ALEXANDRE PRÉMAT 14

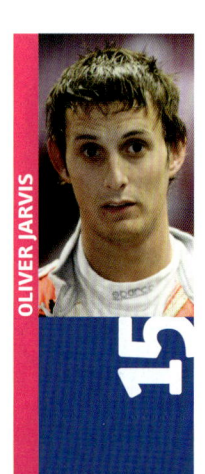

OLIVER JARVIS 15

Unterschiedlicher könnte die Saison für die beiden Fahrer des Phoenix-Teams nicht verlaufen. Alexandre Prémat, der in seinen ersten beiden DTM-Jahren 2007 und 2008 schon mit Podestplätzen geglänzt hatte, erwischt eine katastrophale erste Saisonhälfte 2009. Hockenheim: Ausfall. EuroSpeedway: Ausfall. Norisring: Ausfall. Zandvoort: Disqualifikation. Oschersleben: Rang 16. Und das Pech bleibt dem Franzosen treu. Nürburgring: Ausfall. In Brands Hatch mit Rang elf ein Lichtblick. In Barcelona dann Aufatmen bei allen Prémat-Fans: endlich der erste Punkt. Rang acht. Den Saison-Höhepunkt hebt sich der 27-Jährige für das Finale in Hockenheim auf: Rang vier. Trotzdem bleibt ein fader Beigeschmack: Von 2007 bis 2009 hat sich Prémat in Sachen Punktausbeute verschlechtert.

Ganz anders die Situation bei Oliver Jarvis. Nach seiner Premieren-Saison mit fünf Meisterschaftszählern legt der Brite 2009 noch einmal richtig nach. Gleich beim Auftakt in Hockenheim klettert Jarvis nach Rang drei erstmals auf das Podium. In Zandvoort zeigt er, wohin die Reise in Zukunft gehen könnte: Pole-Position. Eine Sensation. Noch nie hat in der DTM ein Jahreswagen-Fahrer Startrang eins erobert. Im Rennen stellt er mit Rang zwei ebenfalls eine neue persönliche Bestmarke auf. Dank zweier weiterer Punkteränge ist der ehemalige Formel-3-Pilot am Ende der Saison zweitbester Jahreswagen-Pilot hinter Jamie Green. Für die kommende Saison gilt Jarvis als heißester Anwärter auf das vakante Cockpit von Tom Kristensen im aktuellen A4 DTM von Abt Sportsline. Der Däne hängt seinen Helm nach dieser Saison an den Nagel und will sich vermehrt auf Sportwagen-Rennen konzentrieren.

Sportwagen. Ein gutes Stichwort für Phoenix. Das Team aus Meuspath steht in der Saison 2009 noch auf einem zweiten Motorsport-Bein und setzt den Audi R8 LMS in seiner Debütsaison ein. Neben Achtungserfolgen im ADAC GT Masters und in der Langstreckenmeisterschaft Nürburgring feiert Phoenix mit Teamchef Ernst Moser in der FIA-GT3-Europameisterschaft und in der Belgischen GT-Meisterschaft jeweils den Fahrertitel.

AUDI SPORT TEAM ROSBERG

Mit Markus Winkelhock weiß das Audi Sport Team Rosberg einen Fahrer in seinen Reihen, der die sprunghafteste DTM-Karriere aller aktuellen Fahrer vorzuweisen hat. Nach seinem vierten Gesamtrang in der Formel 3 Euro Serie 2003 verpflichtet das Mercedes-Team Persson den damals 23-Jährigen im Folgejahr für die DTM. Nach einer Saison ohne Punkte trennen sich die Wege wieder. Winkelhock versucht sich in der Renault World Series und als Formel-1-Testfahrer. 2007 erweist sich ein Zwischenfall als Chance für Winkelhock: Beim DTM-Saisonauftakt in Hockenheim erleidet Tom Kristensen bei einem heftigen Startunfall schwere Verletzungen und muss mehrere Rennen pausieren. Sein Team Abt Sportsline engagiert Winkelhock als Aushilfsfahrer für zwei Läufe. In der zweiten Saisonhälfte ersetzt er dann beim Privatteam Futurecom-TME den glücklosen Iren Adam Carroll. 2008 folgt der Wechsel zu Rosberg. Winkelhock zahlt das in ihn gesetzte Vertrauen postwendend zurück: Schon beim zweiten Rennen in Oschersleben sammelt er seine Premieren-DTM-Zähler. In diesem Jahr steigert er sich erneut: zwei vierte Ränge in Hockenheim und am Nürburgring. Die beste DTM-Saison Winkelhocks ist in Stein gemeißelt.

Beim zweiten Rosberg-Piloten zeigt die Erfolgskurve dagegen nach unten. Hat er in der DTM-Debüt-Saison 2007 noch mit elf Zählern und einem Podestplatz als zweitbester Neuling geglänzt, fährt Mike Rockenfeller 2008 und auch 2009 nur noch jeweils zwei Mal in die Punkte. Allerdings hat er auch zwei Mal als Neunter Pech. Mit einem dritten und einem vierten Startplatz zeigt er sein Potenzial. Dennoch: Unter dem Strich ist das zu wenig für die Ansprüche des 26-Jährigen, der in seiner Motorsport-Karriere schon Siege bei den 24 Stunden Nürburgring, bei den 24 Stunden von Le Mans und in der Le-Mans-Serie gefeiert hat.

Auch Rosberg engagiert sich 2009 wie das Audi-Gebrauchtwagen-Schwester-Team Phoenix im GT-Sport. Mit zwei Audi R8 LMS kämpfen sie sowohl in der FIA-GT3-Meisterschaft als auch im ADAC GT Masters zeitweise um den Titel. Die viel beschäftigten Fahrer heißen Nicolas Armindo und César Campaniço.

Team-Info	
Gegründet	1994
Teamchef	Arno Zensen
Technischer Leiter	Eckhardt Döhrer
Team-Mitglieder	24
Renningenieur Rockenfeller	Andreas Roos
Renningenieur Winkelhock	Karl Jennings

Pole-Positions	–	Schnellste Runden	–
Siege	2	DTM-Fahrertitel	–

Audi A4 DTM 2008

Audi A4 DTM 2008

Mike Rockenfeller (D)	
Geboren	31. Oktober 1983
Geburtsort	Neuwied (D)
DTM seit	2007
DTM-Rennen	31
Bester Startplatz	2
Beste Platzierung	3
Bester DTM-Gesamtplatz	11
Teams bisher	Rosberg

Markus Winkelhock (D)	
Geboren	13. Juni 1980
Geburtsort	Berglen-Steinach (D)
DTM seit	2004
DTM-Rennen	39
Bester Startplatz	7
Beste Platzierung	4
Bester DTM-Gesamtplatz	10
Teams bisher	Persson, Abt Sportsline, Futurecom-TME, Rosberg

MIKE ROCKENFELLER 11

MARKUS WINKELHOCK 12

KOLLES FUTURECOM-TME

Team-Info	
Gegründet	2000
Teamchef	Dr. Colin Kolles
Operations-Direktor	Boris Bermes
Team-Mitglieder	24
Renningenieur Bakkerud	Gerard Lizakovszky
Renningenieur Seidlitz	Jacky Eeckelaert
Renningenieur Kostka	Jos Claes
Pole-Positions —	Schnellste Runden —
Siege —	DTM-Fahrertitel —

Audi A4 DTM 2007

Christian Bakkerud (DK)	
Geboren	3. November 1984
Geburtsort	Tårbæk (DK)
DTM seit	2009
DTM-Rennen	9
Bester Startplatz	13
Beste Platzierung	12
Bester DTM-Gesamtplatz	—
Teams bisher	Futurecom-TME

Audi A4 DTM 2007

Johannes Seidlitz (D)	
Geboren	13. Juni 1990
Geburtsort	Wassertrüdingen (D)
DTM seit	2009
DTM-Rennen	7
Bester Startplatz	17
Beste Platzierung	13
Bester DTM-Gesamtplatz	—
Teams bisher	Futurecom-TME

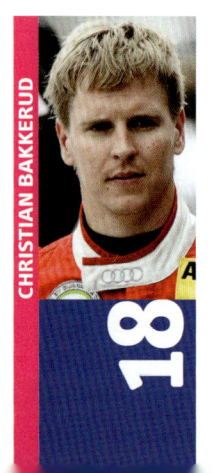

Audi A4 DTM 2007

Tomáš Kostka (CZ)	
Geboren	27. August 1984
Geburtsort	Zlin (CZ)
DTM seit	2009
DTM-Rennen	10
Bester Startplatz	11
Beste Platzierung	11
Bester DTM-Gesamtplatz	—
Teams bisher	Futurecom-TME

CHRISTIAN BAKKERUD 18
JOHANNES SEIDLITZ 19
TOMÁŠ KOSTKA 20

Nicht weniger als drei Neulinge bringt das private Team Futurecom-TME in der DTM-Saison 2009 an den Start. Fluch oder Segen? Das ist hier die Frage. Die Kandidaten: Christian Bakkerud hat sich in den vergangenen Jahren im Motorsport einen Namen gemacht. Vordere Platzierungen in der Britischen Formel 3 und zuletzt ein Cockpit in der Formel-Nachwuchsserie GP2 sind passable Referenzen. Tomáš Kostka ist ebenso mit Einsätzen bei der Renault World Series und in der Langstreckenmeisterschaft Tschechien kein Anfänger. Ganz im Gegensatz zum dritten Mann im Bunde: Johannes Seidlitz hat nach seiner Kart-Karriere bisher Engagements in der Formel BMW und in der britischen Formel Renault BARC vorzuweisen. Seine Unerfahrenheit wird ihm beim zweiten DTM-Lauf auf dem EuroSpeedway zum Nachteil: Nach einem heftigen Crash ist der 2007er-A4 DTM dermaßen zerstört, dass Seidlitz in der Lausitz und bei den beiden kommenden Rennen passen muss. Ein Rückschlag, der den lebensfrohen Jungspund aber nicht aus der Bahn wirft. Zwei 13. Plätze in Hockenheim sind respektable Ergebnisse. Seine neuen Teamkollegen Bakkerud und Kostka kommen ebenfalls nicht über Mittelfeldplätze hinaus. In die Punkteränge fährt keiner des Trios. So wartet Teamchef Dr. Colin Kolles auch im vierten DTM-Jahr auf die ersten Zähler.

Besser läuft es für die Truppe aus Greding dagegen in der Le-Mans-Serie, in der Kolles 2009 debütiert. Nach anfänglichen Schwierigkeiten kommt das Team gut in Schwung und erlebt bei den 24 Stunden in Le Mans das absolute Saison-Highlight. Mit zwei Audi R10 TDI springen die Gesamtränge sieben und neun heraus. Ein voller Erfolg, an dem auch Christian Bakkerud als Fahrer seinen Anteil hat.

strom
CRUIZING TIME

TIMO, YOU DID IT AGAIN. CONGRATULATIONS !

TIMO SCHEIDER
DTM CHAMP 2008 & 2009

BIG CRUIZER

GEHÄUSE EDELSTAHL SATINIERT ODER SATINIERT UND GESCHWÄRZT

DOPPELT GEWÖLBTES UND BEIDSEITIG ENTSPIEGELTES SAPHIRGLAS

ZIFFERBLATT AUS KARBONFASER

GELOCHTES LEDERBAND ODER EDELSTAHLBAND MIT KARBONFASER MITTELTEILEN

SCHWEIZER QUARTZ CHRONOGRAPHENWERK

REF CR09-03.91.SK   EUR 1.495,- UVP

w w w . s t r o m w a t c h . c h

Tra|di|ti|on, die

Hockenheim, Saisonauftakt und Mercedes-Strecke aus Tradition. Doch dort werden die Schwaben von Konkurrent Audi neuerdings stets zu Jahresbeginn geschlagen. Auch 2009. Es gewinnt: der Älteste im Feld – in dem Auto mit einer Traditions-Botschaft Rot auf Weiß

Kristensen
www.DTM.tv
DEKRA
2
ADAC
100 Jahre
Vorsprung durch Technik
DUNLOP
ABT

Es ist ein bisschen wie „Und täglich grüßt das Murmeltier". Sich stets gleichende Abläufe. Ganz wie im Film. Die DTM und ihre Traditionen. Die, die sich um den gewohnten Auftakt der Saison in Hockenheim drehen, sind fest verplante, alljährlich wiederkehrende Erlebnisse. Es wird beispielsweise intensiv gepflegt: das dramaturgische Talent der DTM-Hersteller Audi und Mercedes-Benz. Beginnend mit den ITR-Testfahrten, die dem Auftaktrennen zwei Wochen vorausgehen. „Sandbagging" – das gezielte Irreführen der Konkurrenten durch langsame Rundenzeiten – und psychologische Kriegsführung mit allzu pessimistischen Selbsteinschätzungen den Medien gegenüber regieren. Bis zum allerersten Qualifying der Saison. Soll er sich doch in Sicherheit wiegen, der Gegner. 2009 weicht von diesem Prinzip nicht im Geringsten ab. Die Mercedes-Pace könne man nicht mitgehen, heißt es aus Ingolstadt nach den viertägigen Erprobungen vor Saisonstart. Es fehle dazu an Topspeed, zudem sei man rückblickend auf die Tests im Motodrom zu deutlich unterlegen. Jaja.

36 RUNDEN führt Mattias Ekström das Hockenheim-Rennen an. Nur drei Umläufe nicht – während seines ersten Boxenstopps eine und nach seinem Reifenschaden und Zusatzstopp die letzten zwei Runden.

Denn Mercedes-Benz muss im Zeittraining doch diverse Parallelitäten der Ereignisse schlucken. Das neue, vierte Qualifying-Segment der besten vier Fahrer aus dem dritten Abschnitt – es geht vor der eigenen Haustür ohne die Schwaben über die Bühne. In den ersten fünf Startreihen, die die vordere Hälfte des „Grid" ausmachen, sind gerade einmal zwei Mercedes-Mannen zu finden: Paul Di Resta mit einem 2009er-HWA-Mercedes als Sechster. Und Maro Engel im Mücke-Jahreswagen 2008er-Jahrgangs als Siebter. Der Rest der Top Ten trägt vier Ringe. Vier Zehntelsekunden fehlen im dritten Abschnitt auf den besten Audianer. Es sind exakt so viel wie im Jahr zuvor, die Auswirkungen jedoch dramatischer: Denn damals war man wenigstens mit fünf C-Klassen, davon zwei in Reihe zwei, unter den ersten zehn vertreten.

Die Leistungsfähigkeit zu mehr fehlt. Obendrein das Glück. Bruno Spenglers Zeit im ersten Zeittrainingsabschnitt wird gestrichen, weil der HWA-Mann nach Sachrichter-Entscheidung die Strecke verlassen haben soll. Der eilige Versuch, eine zweite Marke zu setzen, misslingt der Hektik wegen. Zwar hat der Frankokanadier neue Pneus spendiert bekommen – das Tanken allerdings vergessen seine Mechaniker. Kein Sprit, keine neue Bestzeit. Platz 19. Jamie Green im 2008er-Persson-Mercedes demoliert bereits im Freien Training bei einem Ritt über die Randsteine den Unterboden und das Wasserpumpengehäuse. Er

> **„Vielleicht ist es ein gutes Omen, dass ich 2008 ebenfalls mit acht Punkten angefangen habe"**
> Audi-Pilot Timo Scheider, der mit Rang zwei in das Unternehmen Titelverteidigung startet

P. di Resta
3
DTM
Deutsche Post

Blick nach hinten statt nach vorn – beim Saisonauftakt fehlt es den Mercedes-Piloten an Performance

Phoenix-Knäuel – Oliver Jarvis fährt mit einem 2008er-Audi auf Platz drei

muss in der Zeitenjagd passen. Gary Paffett geht bei seiner Rückkehr zu HWA von Position elf ins Rennen – zu viel Lenkungsspiel bringt den Briten im Zeittraining um eine bessere Startposition.

Dass die Stuttgarter im Rennen nicht noch mehr Prügel beziehen, ist auch dem Pech der Audi-Fraktion geschuldet. Polesitter Mattias Ekström, der am gesamten Wochenende mächtig Dampf macht, geht als einziger Top-Pilot mit frischen Reifen ins Rennen. Den Minimal-Vorteil münzt der Wikinger in eine frühe und komfortable Führung um. Nur bei seinem ersten und spät gelegten Boxenstopp muss er die Führung kurz an Markenkollege Markus Winkelhock abgeben. Der Rest ist eine Machtdemonstration. Bis in Runde 38 von 39 bei Renningenieur Alex Stehlig der Funkspruch „I've got a puncture" – Ich habe einen

Gemäßigter Druck – Audi-Pilot Scheider begnügt sich mit Rang zwei, um kein Risiko einzugehen

Reifenschaden – eingeht. Den 2004er- und 2007er-Champion kostet ein überfahrenes Trümmerteil von Maro Engels C-Klasse nicht nur Lauffläche des rechten Hinterrades – sondern auch den sicher geglaubten Sieg. Den weiten Weg von der Spitzkehre bis in die Box legt „Eki" humpelnd zurück. Nachdem er neue Reifen gefasst hat, kehrt er als Siebter ins Feld zurück. Auch Abt-Sportsline-Teamkollege Martin Tomczyk zieht das Pech im Dreierpack an. Erst kostet ihn ein abgewürgter Motor, dann eine klemmende Radmutter beim Boxenstopp viel Zeit. Mit einem Elektronik-Defekt und dem damit verbundenen Aus wird dem Wochenende zum Vergessen die Krone aufgesetzt. Mit dem Sieg hätte Tomczyk ohnehin nichts zu tun gehabt.

Denn den erbt nicht unverdient Tom Kristensen. Der Däne in Audi-Diensten

Mercedes-Benz und die Massedämpfer

Er sollte die Innovation des Jahres für Mercedes-Benz sein: der Massedämpfer. Doch kurz vor dem ersten Saisonrennen ziehen die Schwaben das umstrittene Bauteil – rechtzeitig vor der Technischen Abnahme – zurück. Als Ausgleichgewicht über eine zusätzliche Feder mit dem Federbein verbunden, reduziert ein solcher Massedämpfer die vertikalen Bewegung des Fahrzeugs deutlich. Vorteil eins: Die aerodynamische Anströmung der C-Klasse würde sich signifikant verbessern. Vorteil zwei: Die Radlasten würden mithilfe des Massedämpfers konstant gehalten und so für einen geringeren Verschleiß der Pneus und für ein stabileres Fahrverhalten sorgen. Aus Sicht des DMSB ist das System als aktives zu bewerten – und damit laut Reglement nicht legal. Die Argumentation von HWA-Technikchef Gerhard Ungar und Co steht dem gegenüber. „Wenn es nichts bringen würde, hätten wir es nicht verbaut", so Ungar. Um einen Start unter Berufung und somit ein zunächst vorläufiges Rennergebnis in Hockenheim und ein Nachkarten vor einem Sportgericht zu verhindern, verzichtet Mercedes-Benz in allerletzter Minute auf den Einsatz des heiß diskutierten Massedämpfers. Und entscheidet damit im Sinne des Sports.

Illegaler Vorteil? Der Massedämpfer verringert die vertikalen Bewegungen der C-Klasse

40 DTM Hockenheim

Auftakt des Auftakts – der Start des ersten Saisonrennens geht an Mattias Ekström, der prompt enteilt

kündigt vor dem Rennen an, in seine letzte DTM-Saison zu gehen. Nach diesem Jahr ist also Schluss. Doch der Anfang vom Ende ist der perfekte Auftakt. Für Kristensen. Für Audi. Denn der achtmalige Le-Mans-Sieger wirbt im weißen A4 mit einer Botschaft für die lange Audi-Tradition. 100 Jahre seines Bestehens feiert der Automobilhersteller im Jahr 2009. Für Vorsprung durch Technik macht der mit 42 Jahren Älteste im Feld dank des Sieges medienwirksam Werbung.

Aus den Mercedes-Reihen kommt null Druck. Den C-Klassen fehlt es auch im Rennen an der nötigen Pace. Lediglich Bruno Spengler kann das Tempo der Spitze mitgehen. Vom Ende des Feldes kämpft sich der

> „Ich wollte unbedingt weiterfahren um zu sehen, was mit dem Auto geht"
>
> **Ralf Schumacher, der mit verbeultem Dach einen Zusatzstopp einlegen muss**

25-Jährige bereits in der ersten Runde auf die achte Position vor, bekommt aber im Tumult des Mittelfelds einen derben Schlag ab. Die dadurch krumme Radaufhängung hält nur 24 Runden. Ausgerechnet Mercedes-Markenkollegen haben eine Kettenreaktion ausgelöst, der auch Spengler zum Opfer fällt. Gary Paffett dreht Audi-Pilot Alexandre Prémat und Jamie Green Mike Rockenfeller. Paffetts daherfliegende Motorhaube trifft ausgerechnet Ralf Schumacher, dessen verbeultes Dach in der folgenden Safety-Car-Phase gerichtet werden kann. Der unauffällige Di Resta als Fünfter, Maro Engel mit seinem ersten Punkterang in der DTM-Karriere als Sechster sowie der mit verzogenem Jahreswagen kämpfende Jamie Green auf der achten Position sind die einzige Ehrenrettung für Mercedes.

Um seinen Sieg muss Tom Kristensen also nicht wegen Druck aus der Mercedes-Ecke, sondern von Champion Timo Scheider bangen. Der ist sich sicher: „Das Tempo von ‚Eki' hätte ich mitgehen können." Doch einen Angriff auf Tom Kristensen unterlässt er weise. „Kein Grund, ein Risiko einzugehen", lässt er im Ziel wissen. „Und außerdem bin ich vergangene Saison auch mit acht Punkten in die Saison gestartet. Das ist hoffentlich ein gutes Omen."

Und täglich grüßt das Murmeltier.

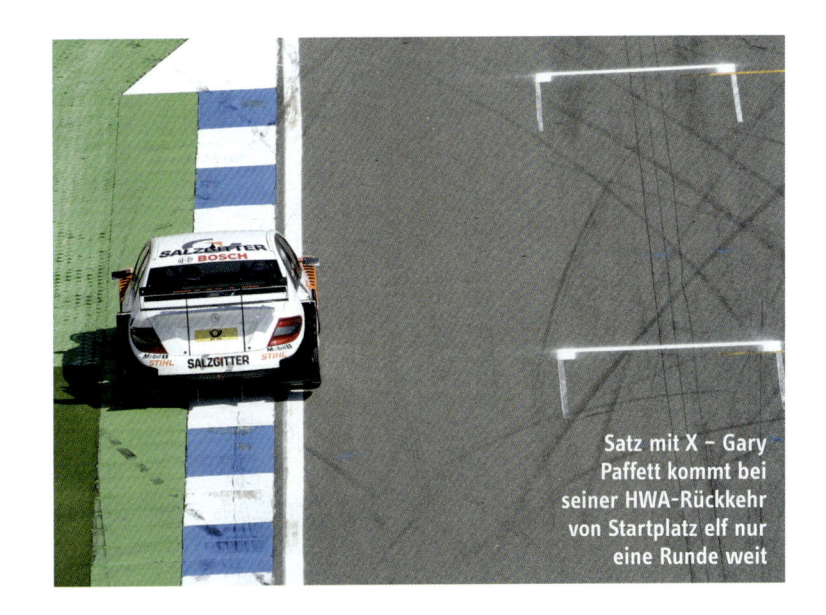

Satz mit X – Gary Paffett kommt bei seiner HWA-Rückkehr von Startplatz elf nur eine Runde weit

Pinnwand DTM Hockenheim

1 Runde Sache – die DTM und Ausrüster Dunlop feiern zehn Jahre Partnerschaft **2** Geschüttelt, nicht gerührt – Jamie Green holpert im Training so über die Kerbs, dass das Qualifying für ihn ausfällt **3** Lass es Liebe sein – Phoenix-Koordinator Frank Lynn und Teamchef Ernst Moser im Personalgespräch **4** Wegweisend – Maro Engel mit erstem Punkterang obenauf, Mathias Lauda erntet nichts **5** Blondinen nicht bevorzugt – Susie Stoddart erlebt ein durchwachsenes Wochenende **6** Pechvogel: Martin Tomczyk scheidet mit Elektronikdefekt aus

42 DTM EuroSpeedway

02 Königliches Spiel

Doppelsieg durch Doppelschach. Mercedes schlägt am EuroSpeedway zurück. Dank brillanter Strategie. Dank des Streckentypus. Dank des Vorteils von mechanischem gegenüber aerodynamischem Grip

44 DTM EuroSpeedway

Planziel – durch eine kluge Strategie gewinnt Mercedes-Benz mit Gary Paffett das zweite Saisonrennen

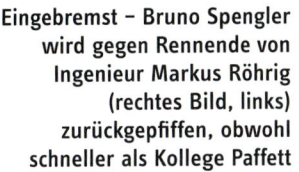

Eingebremst – Bruno Spengler wird gegen Rennende von Ingenieur Markus Röhrig (rechtes Bild, links) zurückgepfiffen, obwohl schneller als Kollege Paffett

Der diametrale Gegensatz zum Hockenheimring. Der EuroSpeedway, er ist eine Strecke ganz anderen Charakters. Denn nicht aerodynamische Effizienz ist hier Erfolgsfaktor Nummer eins, sondern mechanischer Grip. Mercedes' Königsdisziplin. Wichtigster Puzzlestein fürs königliche Spiel, in dem Stuttgart Ingolstadt 2009 mit kalkulatorischer Präzision schlägt. Die Formel ist einfach: Audi kann in den engen und mittelschnellen Kehren des Lausitzer Retortenkurses nicht in gewohntem Maß mit seinem aerodynamisch ausgefeilten A4 punkten. Der produziert im Vergleich zur C-Klasse zu viel „Wheelspin". Mehr durchdrehende Räder heißt mehr Reifenverschleiß. Und weniger Spielraum bei der Planung der beiden Pflichtboxenstopps.

Einen Vorgeschmack auf die Ereignisse des zweiten DTM-Saisonrennens liefert das morgendliche Warm-up. Im Aufwärmtraining legen die Mercedes-Mannen mit 2009er-Material beeindruckende Longruns hin. Jene Simulationen der längsten anzunehmenden Renndistanzen mit nur einem Reifensatz. Die zeigen eine angsteinflößende Konstanz der Sternenflotte.

Die Ausgangslage ist für Audi eine gute, wenngleich sie hätte besser ausfallen können. Erneut ist es Mattias Ekström, der die Pole-Position herausfährt. Doch dieser Erfolg ist alles andere als eine Selbstverständlichkeit. Er wehrt eher eine totale Blamage der Audi-Mannen ab. Die Kombination aus gemischten Witterungsverhältnissen und strategischen Entscheidungen ist bei den Ingolstädtern in der jüngsten Vergangenheit ein schwieriges Thema. Auch am EuroSpeedway bekleckern sich die Taktiker aus Oberbayern erneut nicht mit Ruhm. Nachdem 2008 die Rennen auf dem Nürburgring und in Le Mans durch Fehlentscheidungen der Teamleitung zu Punkteinbußen führten, vergeben die Audianer am EuroSpeedway im Zeittraining beinahe all ihre Chancen – denn auf

4

MAL in Folge gewinnt Mercedes-Benz auf dem EuroSpeedway. Eine Bilanz, die nur durch die eigene Serie auf dem Norisring getoppt wird.

„Das Grip-Niveau war so, wie wir Schweden es lieben. Allerdings nur mit Spikes. Ich bin nur herumgerutscht"

Mattias Ekström nach dem Rennen zu dem Fahrverhalten seines Audi A4 DTM

Drei Audi, ein engagiertes Privatteam

20 Fahrzeuge am Start – das hat die DTM 2009 vor allem dem beherzten Engagement der Privatiers von Kolles Futurecom-TME zu verdanken. Das Team aus Greding in Mittelfranken setzt insgesamt drei Audi A4 DTM 2007er-Jahrgangs für Tomáš Kostka, Johannes Seidlitz und Christian Bakkerud ein. Vor allem Johannes Seidlitz, vor seinem Einsatz in der DTM lediglich mit Erfahrung in kleineren Nachwuchsformeln ausgestattet, gilt als unbeschriebenes Blatt. Tomáš Kostka kennt DTM-Fahrzeuge immerhin aus der mit ausrangierten V8-Rennern bestückten Tschechischen Tourenwagen-Meisterschaft, die der Tscheche 2008 in einem A4 DTM gewinnt. Christian Bakkerud kommt aus der GP2-Serie in die DTM und gilt als hoffnungsvolles Talent im Rennstall von Dr. Colin Kolles, das auch in der LMS für das Team an den Start geht. Doch die Privatiers erleben 2009 in der DTM diverse Rückschläge. In den seltensten Fällen können alle drei Fahrzeuge eingesetzt werden. Im Rennbetrieb muss Johannes Seidlitz am EuroSpeedway erstmals passen. Er beschädigt bei einem Trainingscrash sein Auto derart, dass Ersatzteile im Wert von 130.000 Euro fällig werden. Kein Rennstart für Seidlitz, der schon bei den Vorsaison-Tests in Dijon einen kapitalen Unfall hingelegt hat.

Dreifacher Dirigent – Teamchef Dr. Colin Kolles mit seinem Piloten Christian Bakkerud

Jamie Green zu seinem Duell mit Timo Scheider

„Timo hat sich gut gewehrt. Ich war vorsichtig, denn ich wollte schließlich nicht der sein, der den Champion rauskickt"

eine schnelle Runde hin sind Ekström, Scheider und Co. auch in Südbrandenburg eine Liga für sich. Die deutliche Bestzeit im Freien Training durch Alexandre Prémat beweist's. Doch als es im ersten Qualifying-Segement zu tröpfeln beginnt, verlassen sich die Abt-Sportsline-Vertreter auf die Wettervorhersage. Die besagt: Zehn Minuten bleibt es trocken, Regen kommt später. Statt mit Slicks Sicherheitsrunden hinzulegen, fahren die „Äbte" seelenruhig die Regenreifen an. Diesem Umstand gedankt kann sich Mattias Ekström zwar kurz vor Ablauf der 14-minütigen Sitzung mit einer fahrerischen Glanztat trotz schnell heftiger werdenden Regens noch auf den 14. Rang vorschieben und damit in die zweite Session retten. Doch die umgekehrte Reihenfolge – also erst schnelle Runde, dann Reifen anfahren – hätte es auch getan. Während sich „Eki" in die nächste Runde wuchtet, ist für seine Stallgefährten Tom Kristensen und Martin Tomczyk im ersten Durchgang ebenso Schluss wie für die Phoenix-Nachwuchsabteilung aus Alexandre Prémat und Oliver Jarvis, die einen deckungsgleichen Fauxpas im Timing begehen. Auch das Team Rosberg kommt nicht ungeschoren davon. Mike Rockenfeller fährt in der dritten Sitzung bis auf Platz vier nach vorn und erreicht damit den finalen Durchgang, will

Top Service – die Boxenstopps von Abt Sportsline gehören auch diesmal zur DTM-Spitze

jedoch auf den letzten Drücker noch nachlegen. Doch „Rocky" übertreibt es dabei – und rutscht in die Streckenbegrenzung. So treten denn nur drei Piloten zum letzten Shootout im Einzelzeitfahren an. Mit Mattias Ekström nehmen es dabei die Mercedes-Benz-Piloten Gary Paffett und Paul Di Resta auf. Die beide unterliegen.

Der Rennsonntag wird zum Fernduell zwischen Ekström und einem Mercedes-Trio. Der Schwede in Audi-Diensten sucht sein Heil in der Flucht. Legt zu Beginn zwei kurze Stints hin. Seine Boxenstopps werden von Renningenieur Alex Stehlig nach 13 und weiteren neun Runden von insgesamt 52 früh gelegt. Doch die Pace des ersten Stints kann „Eki" im zweiten und dritten nicht mehr gehen. Der Wikinger hat schon zweimal gewechselt, da dreht Gary Paffett, der zu Beginn des Rennens hinter dem 30-Jährigen bleibt, noch seine Runden auf dem ersten Reifensatz. Trotz dessen Abnutzung konstant schnellere wohlgemerkt. Er braucht nur Geduld. Nach 24 Runden wird auch der Brite erstmals abgefertigt, zehn Runden später das zweite Mal. Wie mit einem klugen Schachzug haben diese Manöver das Blatt gewendet – denn Paffett liegt jetzt in Führung, kann sich sogar eine insgesamt eine Sekunde längere Standzeit an der Box erlauben.

Mit einer Variante dieser Strategie kämpft sich auch Bruno Spengler an Mattias Ekström vorbei. Der Frankokanadier startet von der sechsten Position, wechselt in Runde 13 gleichzeitig mit Ekström erstmals die Reifen, das zweite Mal jedoch als Allerletzter im Feld – in Umlauf 37. Die Taktik ist ein Volltreffer. Dazu noch hat der Mädchenschwarm im Vergleich zu Markenkollege Paffett die deutlich frischeren Reifen, die 13 Runden weniger auf dem Buckel haben. Spengler macht Druck und erntet nervöse Funkansagen. Während Paffett durch den Äther mault, der Kollege dürfe doch bitte etwas Dampf rausnehmen, fleht Spengler-Renningenieur Markus Röhrig seinen Fahrer um Zurückhaltung an. Der hält sich

Flucht nach vorn – Mattias Ekström wählt eine Strategie mit zwei kurzen ersten Stints, allerdings mit kleinem Erfolg

Hasenjagd – Markus Winkelhock flitzt hinter Jamie Green her. Doch nach elf Runden ist bereits Schluss

daran – nicht jedoch, ohne dicht auffahrend zu zeigen, was noch möglich wäre.

Doch auch bei Mercedes-Benz gibt es Taktik-Verlierer. Paul Di Resta reibt sich zuerst hinter Timo Scheider, dann hinter Mattias Ekström auf. Gegen die ohne Verkehr frei fahrenden Teamkollegen hat er so keine Siegchance. Rang vier hinter Ekström und vor Timo Scheider ist das Maximum. Und still und heimlich ist der Champion mit diesem Rang fünf auf die erste Tabellenposition vorgefahren.

Pinnwand DTM EuroSpeedway

1 Rudelbildung – nach dem Start wird's traditionell eng **2** Klangvoll – am EuroSpeedway sorgt Sarah Connor vor dem DTM-Rennen für den guten Ton **3** Analyse – im Anschluss an das Rennen haben Mercedes-Benz-Sportchef Norbert Haug und sein Audi-Pendant Dr. Wolfgang Ullrich einiges zu besprechen **4** Taucherglocke – Audi setzt 2009 ein neues System zur Helmbelüftung ein **5** Lady-Power entkräftet – Katherine Legge startet von der guten neunten Position, scheidet im Rennen nach einer Kollision jedoch vorzeitig aus

03 Grünes Trikot

Sprintsieger: Jamie Green triumphiert auf dem Norisring per Finalattacke. Der dramatischen Schlussphase gehen ereignislose 75 Runden voraus. Erst dann beginnt eine Tour de Chance für vier Fahrer – Green nutzt seine zum einzigen Jahreswagensieg 2009

BOSCH
BOSCH
29.-30. Juli 2009
Tickets: www.audicup.de
BOSCH
Audi
Gebrauchtwagen
:plus
www.audi.tv
:plus

Ausgepumpt. Und aufgeladen – mit jeder Menge Gesprächsstoff. So sammeln sich die Top Drei hinter den Kulissen der Siegerpressekonferenz. Bevor sich Jamie Green, Bruno Spengler und Mattias Ekström den drängenden Fragen der Journalisten zum dritten Saisonlauf stellen, erfolgt der sprudelnde Austausch in einem Nebenraum des Pressezentrums. Adrenalinpegel und Blutdruck sinken. Mit wachen Augen und großen Ohren wird der Einschätzung der unmittelbaren Gegner gelauscht. Es wird sich auf die Schulter geklopft. Die Grenzen zwischen Freund und Feind, zwischen Sieger und Besiegten, verschwimmen. Das soeben erlebte schweißt zusammen. Und es bestimmt die Schlagzeilen. Nicht weniger als die packendste Schlussphase der jüngeren DTM-Geschichte haben diese drei und Champion Timo Scheider sich und den Fans geliefert. Fünf Runden auf dem ultrakurzen Stadtkurs, die in die Geschichtsschreibung eingehen.

Der Weg dorthin nimmt sich wie eine Episode der Tour de France aus. Dort folgt bei Flachetappen einer stundenlangen Kilometerschrubberei auf dem Rad stets ein Zielsprint von wenigen hundert Metern. Auch das Stadtrennen in Nürnberg baut einen solch eher flachen Spannungsbogen auf, bevor sich im letzten Rennsechzehntel die Action ballt.

Zum ersten Mal seit vier Jahren scheint sich im Zeittraining das Blatt zu wenden. Bis hierhin gilt: Der Norisring ist eine Mercedes-Strecke, ist eine Mercedes-Strecke, ist eine Mercedes-Strecke. Auf keinem anderen Terrain sind die Machtver-

> „Alles lief nach Plan. Wir haben uns unseren Platz wirklich verdient"
>
> Katherine Legge nach dem Zeittraining, in dem sie überraschend Rang fünf eroberte

hältnisse derart pro Stuttgart geklärt. Dennoch steht mit Timo Scheider ein Audianer auf der Pole-Position. Stallgefährte Mattias Ekström gelingt Startposition zwei vor den HWA-Mannen Bruno Spengler und Gary Paffett. Jamie Green reiht sich als Siebter in Reihe vier ein.

Am Start drängelt sich Mattias Ekström allerdings vor, verdrängt Timo Scheider,

Der Coup – Jamie Green legt mit einem sensationellen Überholmanöver in der vorletzten Runde den Grundstein zu seinem Erfolg

lässt den Tabellenführer nach fünf Runden jedoch wieder ziehen. Dieser Freundschaftsdienst im Sinne des Teams ist bis zur ersten Boxenstopp-Welle ab Runde 20 die einzige Positionsverschiebung im gesamten Feld. Auch als sich nach dem 57. Umlauf der Tross nach beiden Pflichtstopps sortiert hat, bleibt die Rennaction auf der Strecke eher fad.

Die Ruhe vor dem großen Sturm. Denn ab Runde 58 formiert und komprimiert sich jener Viererzug, der sich später zum offenen Schlagabtausch treffen wird: Scheider, Spengler, Green und Ekström. Bei dieser Reihenfolge wird es nicht bleiben, denn die Mercedes-Fraktion innerhalb des Audi-Sandwichs wittert eine Chance. „Timo hat in der Grundigkehre

48,620

SEKUNDEN dauert die erste schnellste Rennrunde einer Frau in der „neuen DTM" – aufgestellt von Audi-Dame Katherine Legge.

54 DTM Norisring

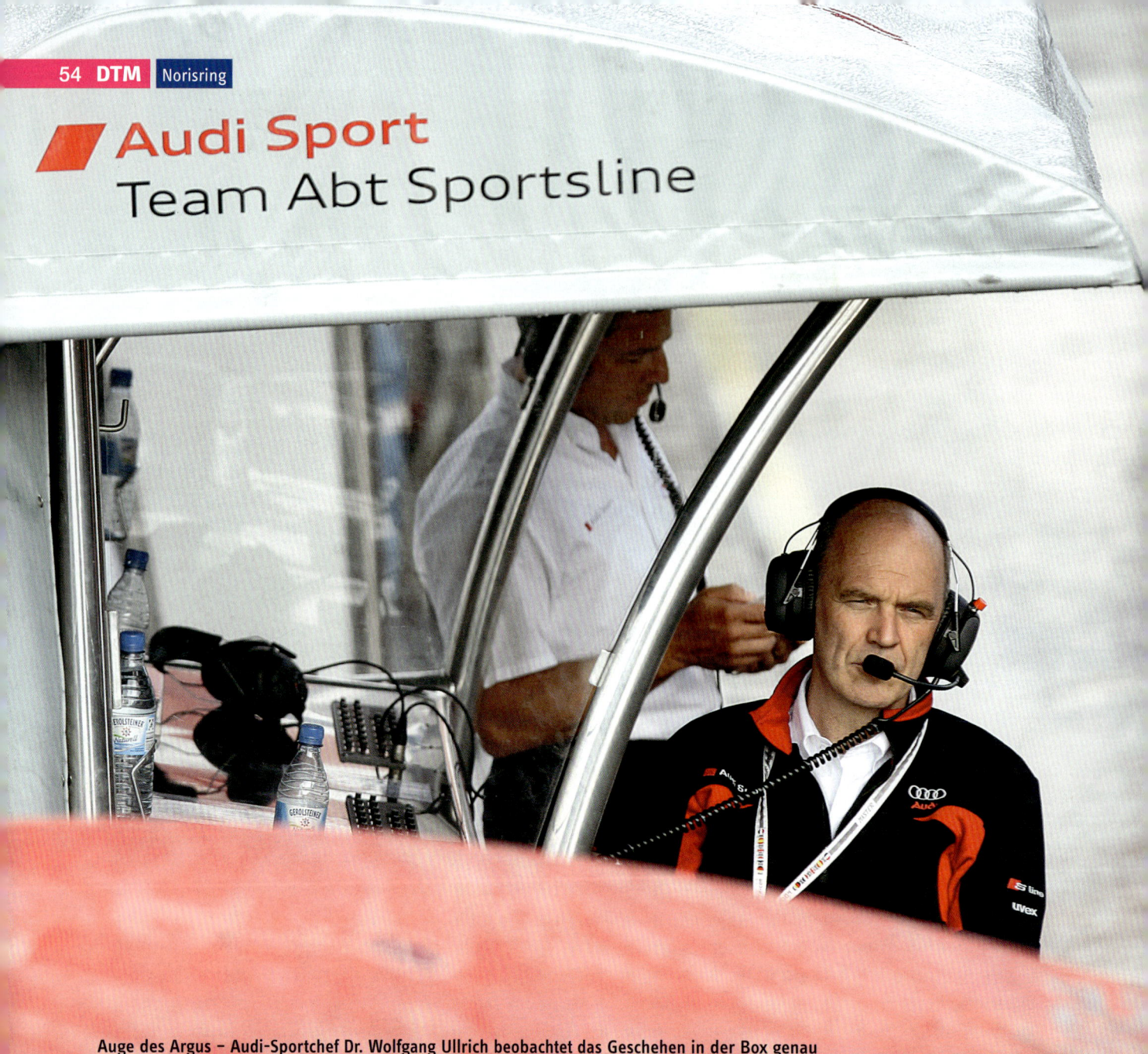

Audi Sport
Team Abt Sportsline

Auge des Argus – Audi-Sportchef Dr. Wolfgang Ullrich beobachtet das Geschehen in der Box genau

Stadtrennen – eine Frage des Kontakts

Neun von elf möglichen Siegen – die Mercedes-Benz-Erfolgsstory auf dem Norisring hat viele Kapitel. 2009 kommt dank Jamie Green ein weiteres hinzu. Nur Joachim Winkelhock anno 2000 im Opel und Laurent Aiello 2002 im Abt-Audi sind die Makel der ansonsten reinen Mercedes-Weste auf dem einzigen Stadtkurs im Kalender der Top-Tourenwagen-Serie. Doch was macht das Erfolgsgeheimnis der Stuttgarter auf diesem Streckentyp aus? Besieht man sich das Streckenlayout, so besteht der Norisring lediglich aus zwei engen Kurven – der Dutzendteich- und der Grundigkehre – und mit dem Schöller-S einer Schikane. Neben harten Bremsmanövern ist hier beim Herausbeschleunigen viel Traktion und wenig aerodynamische Effizienz gefragt. Von jeher eine Mercedes-Paradedisziplin. Die Fahrzeuge von Technik-Chef Gerhard Ungar zeichnet ein hohes Maß an mechanischem Grip aus. Zudem weist der Norisring einen extrem welligen Fahrbahnbelag auf, der den traditionell hart abgestimmten C-Klassen ebenso traditionell entgegenkommt. Doch 2009 gerät die sichere Bank Norisring für die Schwaben ins Wanken. Beim Heimspiel hat Audi technisch die Hausaufgaben gemacht. Die Pole-Position geht ebenso an Ingolstadt wie die schnellste Rennrunde. Nur der Sieg ist den Oberbayern nicht vergönnt.

Mercedes-Revier – der wellige Belag und der Streckenverlauf liegt den C-Klassen

Sprint vorm Sprint – am Start hat Timo Scheider noch die Nase vorn, im Schlusskampf aber das Nachsehen

immer eine etwas unorthodoxe Linie gewählt", so Jamie Green. „Ich hab keine Ahnung, warum, aber so konnten wir aufholen." Scheider lüftet nach Rennende sein Geheimnis. „Meine Hinterreifen haben schnell abgebaut und ich wollte sie mit dieser Linie schonen. Durch den weiten Bogen konnte ich das Auto beim Herausbeschleunigen schneller wieder gerade bekommen."

In Runde 76 beginnt der Showdown, ein echter Zielsprint auf Augenhöhe. Bruno Spengler fasst sich in der zweiten engen Kurve des Norisrings, der Dutzendteichkehre, ein Herz und sticht an Scheider vorbei. „In der Grundigkehre hatte ich eigentlich nie eine Chance", so der Frankokanadier. „Vor der Dutzendteichkehre bin ich in der Schikane stets gut herausgekommen und vor der Kehre konnte ich später bremsen als Timo. Und diesmal hat sich die Chance zum Manöver ergeben." Timo Scheider knirscht: „Aus dem Schöller-S bin ich nicht gut herausgekommen, so bekam Bruno Windschatten. Beim Anbremsen ist mein Heck leicht ausgebrochen und hat versetzt – er ist in die Lücke gestoßen." Auch Jamie Green beobachtet das Geschehen vor ihm ganz genau. „Ich hatte gehofft, dass Bruno einen Versuch startet, um eventuell die Gelegenheit zu nutzen. Doch ich war zu weit weg."

Scheiders Konter und Jamie Greens Abstauber folgen nur eine halbe Runde später. In der Grundigkehre am entgegengesetzten Ende des Norisrings verbremst sich der nun führende Bruno Spengler so arg, dass nicht nur Scheider, sondern auch Green den Fauxpas ausnutzen. Der Audi-Mann und der Mercedes-Jahreswagen-Pilot schlüpfen durch. „Ich hab beim Anbremsen die Kampflinie innen gewählt. Leider war es dort dreckig und ich bin beim Anbremsen zu weit gerutscht", gibt Spengler zu. Scheider ist der erste, Green der zweite Profiteur. „Ich bin am Kurvenausgang Timo einfach gefolgt", grinst Green. Doch der Showdown ist noch lange nicht beendet. Drei weitere Runden sind zu absolvieren.

Der Vierkampf – Mattias Ekström verfolgt das Hickhack um die Spitze aus der Logenposition – nähert sich dem nächsten Highlight. In Runde 79 von 80 setzt Jamie Green seinen – den – Glanzpunkt. Im Schöller-S düpiert der Brite den

„‚Nur' Rang zwei. Ich hätte lieber gewonnen. Aber die acht Punkte nehme ich gerne mit"

Bruno Spengler, der von Markengefährte Green geschlagen wird

Tabellenführer. „Timo hat in dieser Runde den Ausgang der Grundigkehre nicht richtig erwischt, so war ich bei der Anfahrt auf das Schöller-S schneller", so der Persson-Pilot mit einem verschmitzten Lächeln. „Ich bin nach außen gezogen, um zu vertuschen, was ich eigentlich vorhatte. Timo hat mir den Gefallen getan und ist in der Straßenmitte geblieben, ohne mich wegzublocken." Green sticht, statt ein Überholmanöver außen zu versuchen, innen rein und erwischt Scheider damit auf dem falschen Fuß. „So war ich eingangs des Schöller-S auf der richtigen Höhe, um ihn auszubremsen." Der Mann aus der Loge wird nicht nur zum Profiteur der Szene, er hat auch den besten Ausblick auf den sehenswerten Coup. „Wenn ich Jamie wäre, wäre ich jetzt verdammt stolz auf mich. So ein gutes Manöver gibt es selten", sagt Mattias Ekström. Nicht nur Bruno Spengler, sondern auch der Schwede preschen bei dieser Szene am

Zum Abhaken – Oliver Jarvis wird im Zeittraining 17., scheidet schon in Runde eins aus

Viel zu erklären – Martin Tomczyk erlebt am Norisring seinen dritten Nuller. Es folgt ein Aufwärtstrend

Impresario – ITR-Boss Hans Werner Aufrecht leitet den DTM-Zirkus

Platz 15 – Christian Bakkerud sieht als einziger der Kolles-Piloten die Zielflagge. Tomáš Kostka scheidet nach einer Runde aus, Johannes Seidlitz muss im Vorfeld passen

zwangsläufig eingebremsten Timo Scheider vorbei.

„Viele Leute sind der Meinung, dass das eines der spannendsten Rennen der DTM-Geschichte war. Ein tolles Kompliment für uns Rennfahrer", so Green, der den ersten und einzigen Jahreswagensieg 2009 feiert und sich damit eine XXL-Portion Genugtuung verschafft. Der Brite, der 2009 aus dem HWA-Team zu Persson und damit vom aktuellen Auto in den Jahreswagen versetzt wird, gelingt einer der Coups des Jahres und verdient sich am Norisring das Grüne Trikot des Sprintbesten. Denn bis ins Ziel – weitere eineinhalb Runden lang – verteidigt er die bravourös erkämpfte Spitze gegen Markengefährte Bruno Spengler. Die Audi-Piloten Ekström und Scheider hecheln als Dritter und Vierter über die Ziellinie. „Ich habe das Rennen zwei Runden vor Schluss verloren und sogar einen Platz auf dem Podest eingebüßt", brummelt Timo Scheider im Ziel. „Von daher war meine Laune nicht gerade auf dem Höhepunkt." Dafür die der Fans. Die wurden mit einem Finale erster Güte beschenkt.

Pinnwand DTM Norisring

1 Erst Logenplatz, dann Podest – Mattias Ekström wird Dritter **2** Pensionäre auf Ausflug – Mika Häkkinen und David Coulthard bei der DTM in Nürnberg **3** Pose fürs Poesie-Album – Ralf Schumacher erfüllt Fan-Träume **4** Die Hand am Pott – Timo Scheider bewundert den DFB-Pokal, dessen Auslosung in Nürnberg über die Bühne geht **5** Aleae iactae sunt – Die Würfel sind gefallen: Susies Spiegelschmuck ist nur in der Box dabei

Regieassistenz

Stallregie oder nicht? Audi erntet in Zandvoort für Positionswechsel unter den Fahrern harsche Kritik und Empörung. Als extreme Taktiken aufeinanderprallen, eröffnen sich Mattias Ekström unter Freunden ungeahnte Möglichkeiten. Doch es gewinnt Gary Paffett im Mercedes

59

Schnellster seiner Art – Bruno Spengler wird im Mercedes Sechster. Obwohl Teamkollege Paffett mit Effizienz gewinnt, ist der Kanadier flotter unterwegs

Die Fakten sind unwidersprochen. Doch es wird Wochen dauern, sie richtig einzuschätzen. Bis dahin ist die Empörung formuliert, medial verstärkt und kategorisiert. Schublade auf und abgelegt: Audi und die Stallregie. Und schon wieder Zandvoort. Prémat, Tomczyk, Jarvis – sie lassen Titelkandidat Mattias Ekström bereitwillig passieren und zu Rang zwei durch. Auf den ersten Blick: die pure Teamorder. Ein Skandal. Doch ist dem wirklich so?

Samstag, 18. Juli 2009, 14:29 Uhr. Oliver Jarvis steigt mit behändem Sprung aus seinem Audi A4 DTM. Overall öffnen – vermutlich droht der Mann sonst zu platzen vor Stolz. Abklatschen mit den Mechanikern des Phoenix-Rennstalls. Dann beide Hände und Zeigefinger zum Himmel gereckt. Da oben, sagt diese Geste, da steht er gerade. Oliver Jarvis ist der erste Pilot in der 25-jährigen DTM-Geschichte, der die Pole-Position in einem Jahreswagen erobert. Historisch. Das ist kein Zufall, das ist keinem Regenschauer oder Blitzeis geschuldet – Jarvis ist an diesem Samstag einfach der Schnellste. Im Freien Training. Im dritten, im vierten Qualifying-Abschnitt. Das Ziel ist klar. Am Sonntag im Rennen soll das gleiche Ergebnis her.

Jarvis wehrt sich denn vom Start weg auch tapfer gegen den drückenden Gary Paffett im HWA-Mercedes 2009er-Bauart. Die ersten Attacken wehrt der Brite gegen seinen Landsmann gekonnt ab. Den ersten Boxenstopp legen die beiden Führenden früh ein. Runde neun – Jarvis bleibt auch nach dem Pneutausch vor Paffett. Doch in Runde 15 leistet sich Jarvis einen Ausrutscher, kommt neben die Strecke. Die Reifen sind dreckig. Sein Team reagiert prompt: zweiter Pflichtstopp am Ende dieser Runde. Da sind noch 26 Runden zu absolvieren.

Sein Markengefährte Mattias Ekström ist zu diesem Zeitpunkt noch auf dem ersten Reifensatz unterwegs. Ekström und

12

TAGE nach dem Rennen in Zandvoort wird das Ergebnis erst offiziell – am Freitag vor dem Oschersleben-Lauf werden strittige Szenen vor dem DMSB verhandelt.

„Schade, dass die offensichtliche Stallorder unserer Rivalen das echte Ergebnis verfälscht hat"

Mercedes-Sportchef Norbert Haug

Biss fest – Gary Paffett gewinnt in Zandvoort sein zweites Saisonrennen und ist in der Tabelle Spitze

Viel diskutiert – Platztausch zwischen Prémat (rechts) und Ekström

„Kein unnötiges Risiko zu gehen, ist bei Audi selbstverständlich. Dafür braucht man keine Stallregie"

**Audi-Sportchef
Dr. Wolfgang Ullrich**

Renningenieur Alex Stehlig entscheiden sich damit für die aggressive Strategie mit einem langen ersten und zwei kurzen Folge-Stints. Ein gewagtes Spiel. Das ist auch nötig. Denn das Qualifying im Team Abt Sportsline nimmt sich wie eine Sondersendung von „Pleiten, Pech und Pannen" aus. Und Ekström kommt dabei vergleichsweise gut davon: Der Champion der Jahre 2004 und 2007 geht immerhin von der neunten Startposition ins Rennen. Vor den Teamkollegen Kristensen und Scheider. Ekström wird in Quali-Session zwei von seiner eigenen Stallgefährtin Katherine Legge aufgehalten, Kristensen verpennt das Timing, Scheider wird obendrein von Legge in der Boxengasse torpediert. Chaosforscher Edward Murphy jr. hätte seine wahre Freude gehabt. Die bei den „Äbten" hält sich dagegen in Grenzen.

Die unorthodoxe Taktik von Mattias Ekström soll im Rennen den Fauxpas kitten.

Besagte Runde 21 und Umlauf 29 sind als Boxenbesuche des Schweden vorgesehen. Den Sprint zur Zielflagge geht Ekström mit den frischesten Reifen im Feld an. Eine für Konkurrenten gefährliche Kombination. Denn Zandvoort ist als reifenmordende Strecke bekannt und Ekström als Zandvoort-Spezialist. Der Wikinger sicherte sich 2004 auf dem Weg zum Titel hier einen der wichtigsten DTM-Siege seiner Laufbahn. Und nebenbei anno 2002 auch seinen allerersten.

Als Ekström auf dem zwölf Runden dauernden Schlussturn mit neuen Reifen unterwegs ist, sind die von Oliver Jarvis bereits 14, die von Alexandre Prémat acht und die von Martin Tomczyk sieben Runden in Gebrauch. Diese drei Audianer liegen jetzt direkt vor dem Schweden. Tomczyk und Prémat leisten bereits einen Umlauf nach dessen Boxenstopp keine Gegenwehr. Sie wissen und spüren es anhand größer werdender Umrisse im Rückspiegel: Ekströms Reifen sind für Top-Rundenzeiten gut, die um etwa eine bis eineinhalb Sekunden über den eigenen liegen. Man könnte sich sperren – am persönlichen Ergebnis aber nichts ändern. Früher oder später ist man fällig.

Wie Oliver Jarvis. In Runde 36 ist Ekström auch an dem Briten vorbei – zu einem Zeitpunkt, da die Reifen des Phoenix-Mannes 21, die des Abt-Piloten sieben Runden auf dem Buckel haben. Das Überholmanöver, das kein echtes ist, fällt genau in die Phase, als die Rundenzeiten von Jarvis jäh

Ekström dynamisch – der Schwede ist gegen Rennende im gesamten Feld eine Klasse für sich und bis zu zwei Sekunden flotter als alle anderen

Die Erbprinzen des Königs von Le Mans

Schon vor der Saison ergibt sich bei Audi eine spannende Situation. Im Audi Sport Team Abt Sportsline, das die vier 2009er-Audi A4 DTM einsetzt, verkündet Tom Kristensen vor dem ersten Start seinen Rücktritt zum Ende der Saison. Erstmals seit dem Winter 2006/2007 – als die letzte Änderung des Viererkaders anstand – ergibt sich also die Chance auf ein Audi-Cockpit für 2010, das aktuelles Material garantiert. Audi macht kein Geheimnis darum: Am liebsten soll ein Jahreswagenfahrer aufsteigen. Oliver Jarvis, Alexandre Prémat, Mike Rockenfeller, Markus Winkelhock und Katherine Legge treten 2009 damit nicht nur um Achtungserfolge und Punkteränge an, sondern auch, um eine Bewerbung abzugeben. Bis zum Rennen in Zandvoort hat klar Oliver Jarvis die Nase vorn: Der Brite erobert als erster Jahreswagenfahrer der DTM-Geschichte die Pole-Position, zudem steht er im vierten Rennen bereits das zweite Mal auf dem Podium. Doch danach lassen seine Leistungen nach. Kontraste liefert auch Prémat: Zwar wird er in Zandvoort Vierter, aber in der Folge ausgeschlossen. Bis zum Rennen in Barcelona schreibt der Franzose nur Nuller. Auch „Rocky" und Winkelhock sowie Legge können über die Saison Jarvis nicht ganz das Wasser reichen.

Qualifikant? Oliver Jarvis hat zu Saisonmitte die besten Chancen auf einen Aufstieg innerhalb Audi

64 DTM Zandvoort

Britische Krone – die Anfangsphase des Rennens ist ein Insulaner-Duell zwischen Oliver Jarvis (vorn) und Gary Paffett

Profiteur – Tom Kristensen erbt nach Ausschlüssen den letzten Punkt

zusammenbrechen. Ekström ist mindestens zwei Sekunden schneller je Umlauf. Ein Fakt.

Die Gemüter erhitzen sich in der Journalistenriege und bei Gegner Mercedes ob der Bereitwilligkeit, mit der Mattias Ekström von den Stallgefährten durchgewinkt wird. Stallregie – so lautet unisono der Ausruf. Und die ist bekanntlich verboten. Und tatsächlich beraumt die Sporthoheit DMSB unmittelbar nach dem Rennen eine Untersuchung der Vorfälle an. Denn die Audi-Kritiker sehen sich angesichts eines weiteren Umstandes bestätigt: Audi hat die Boxenfunk-Kanäle, in die sich Fernsehpartner ARD seit dieser Saison zum besseren Entertainment der Zuschauer einschalten kann, für Ekström, Jarvis und Prémat gesperrt. Der Grund ist einfach, aber nicht so einfach, wie es die Verschwörungstheoretiker gern hätten: Ekström geht der Sprit aus, Jarvis und Prémat befürchten Reifenschäden – diese Informationen würde dem Gegner in die Hände spielen, wenn er sie besäße. Es gilt nach Meinung von Audi selbstredend zu vermeiden, über Gebühr in Probleme gehetzt zu werden.

Tatsächlich legen die Ingolstädter während der DMSB-Anhörung zwei Wochen nach den Vorfällen die fehlenden Fakten offen. Inklusive Datenaufzeichnung der betreffenden Piloten. Inklusive Aufzeichnung des Funkverkehrs. Die enthüllt – es gab keinerlei Funksprüche, die auf eine Stallregie verweisen könnten, stattdessen plausible Erklärungen für die eklatanten Rundenzeitdifferenzen. Dennoch gibt es Strafen: Für Abt Sportsline und Prémat 20.000 Euro auf Bewährung, weil man dem Ansehen des Sports geschadet habe. Für Mattias Ekström fünf Sekunden, weil dessen Platztausch mit Jarvis als racing-unlike gewertet wird. So wird Ekström nachträglich als Dritter, Jarvis als Zweiter gewertet.

Von alledem ist Gary Paffett gänzlich unbetroffen. Der Mercedes-Mann setzt zu Beginn des Rennens Jarvis so gekonnt unter Druck, dass der nicht nur einen Fehler begeht, sondern obendrein die Taktik ändern muss. Er ist zwar nicht der schnellste Mercedes-Pilot im Feld, jedoch der effizienteste. Er erkämpft sich Rang eins und die Tabellenführung. Denn dass Gegner Timo Scheider aus dem Audi-Lager ohne jenen eigentlich errungenen Punkt bleibt, ist einer weiteren langen Geschichte geschuldet: Der Champion kommt – wie die Markenkollegen Bakkerud, Prémat und Winkelhock – zu spät zum obligatorischen Wiegen. Der kategorische Ausschluss. Dies bleibt jedoch eine Randnotiz. Denn längst haben Mercedes-Benz und die Medien den Zeigefinger erhoben. Das Thema Stallregie wird fortan zum Dauerbrenner.

Pinnwand DTM Zandvoort

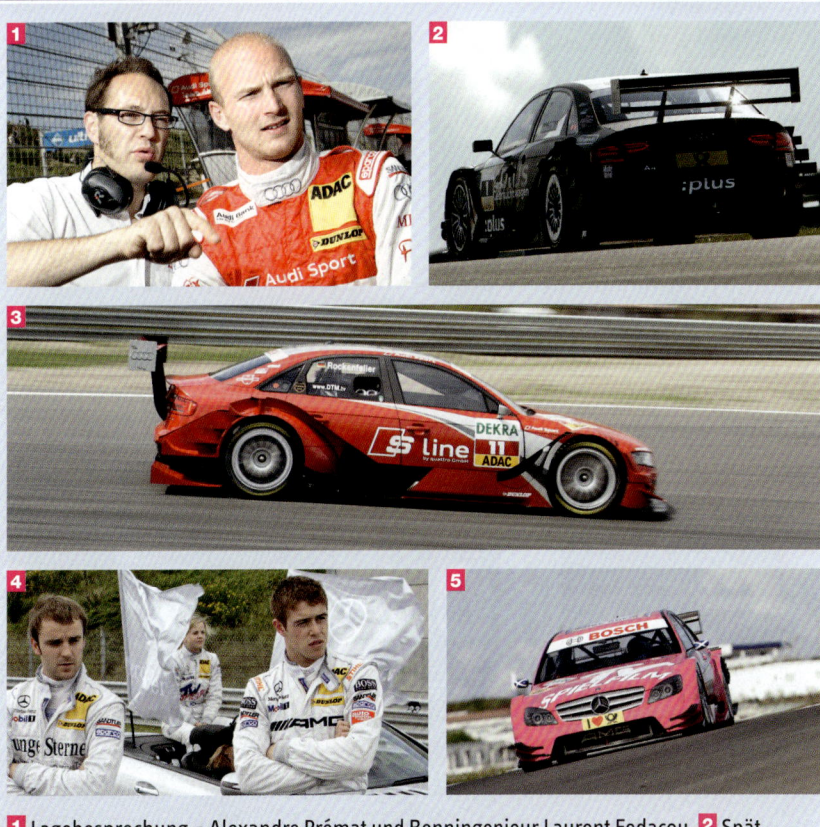

1 Lagebesprechung – Alexandre Prémat und Renningenieur Laurent Fedacou **2** Spät dran – Timo Scheider wird Achter und verpasst das obligatorische Wiegen **3** Rockys Horror Show – mit verbogener Spurstange gibt Mike Rockenfeller vorzeitig auf **4** Very British – Green, Stoddart und Di Resta vor dem Start **5** Platz elf – einsames Rennen für Susie Stoddart

Ren-n-aissance

Der erste Saisonsieg, eine Wiedergeburt als Titelkandidat. Ausgerechnet in Oschersleben meldet sich Champion Timo Scheider zurück. Hier feierte er 2008 seinen ersten DTM-Sieg

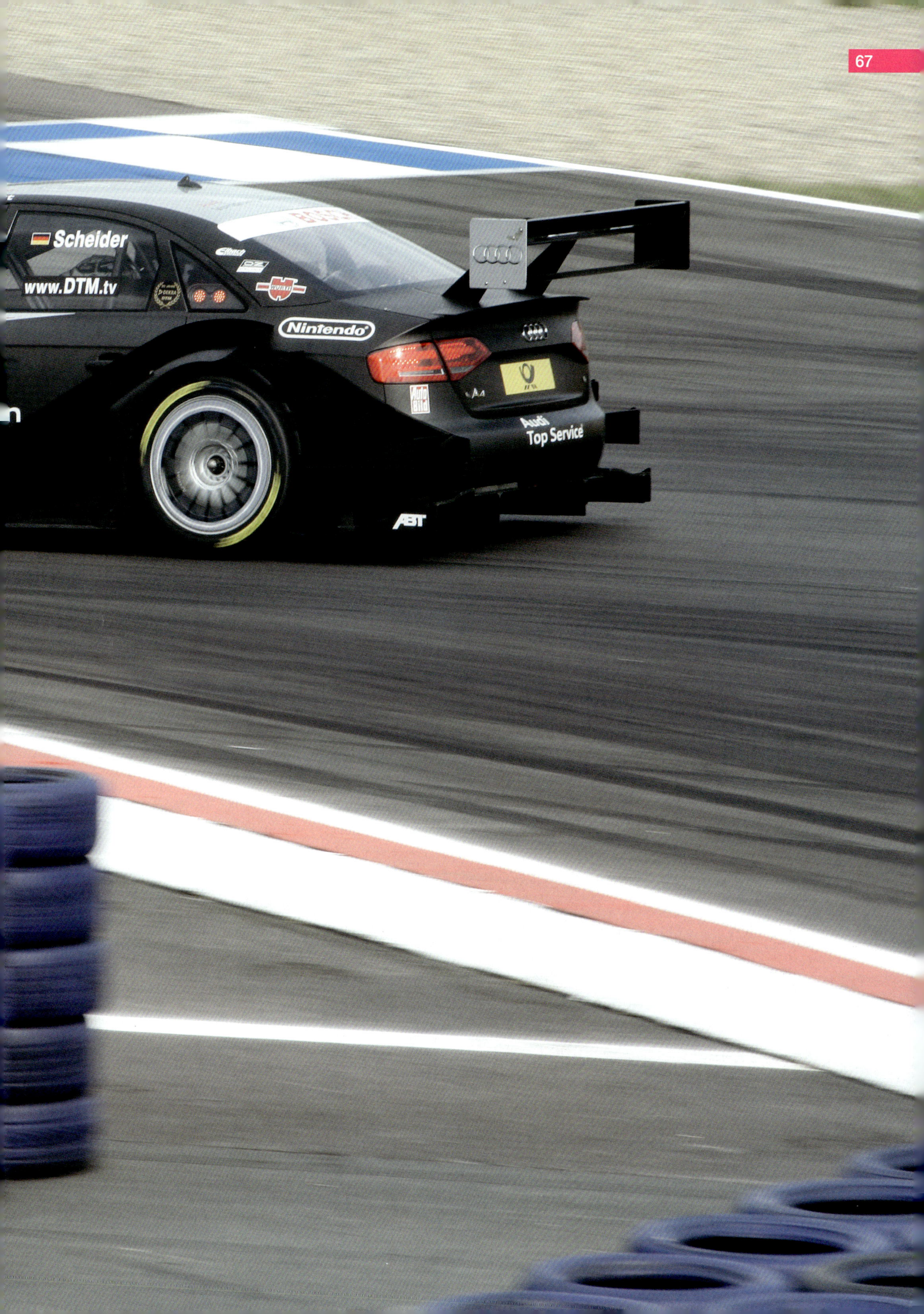
Scheider
www.DTM.tv
Nintendo
Audi
Top Service
ABT

Ein Knacksen, ein Rauschen. Dann Hektisches. „Slowly, Tom. Stop. Stop!". Es ist die Stimme von Franco Chiocchetti, die sich im Funk überschlägt. Sein Fahrer Tom Kristensen ist über die Startbox hinausgerollt. Jene für den Polesitter. Was nun also tun? Lieber Leser, Sie haben eine Sekunde zum Denken. Vorbei. Wie also würde Ihre Entscheidung lauten? Die von Renningenieur Franco Chiocchetti ist diese: „Leave it like that" – Bleib so stehen. Die Entscheidung bedeutet aber auch: Eine Durchfahrtsstrafe für den 42-jährigen Dänen ist jetzt programmiert. Und damit Saisonsieg Nummer zwei nicht mehr drin.

Was Tom Kristensen und Franco Chiocchetti nicht wissen, ist, dass das DTM-Reglement zwar jegliches Rückwärtsfahren auf der Rennstrecke untersagt. Doch es gibt eine Ausnahme: Zum Korrigieren der Startposition ist der Rückmarsch innerhalb eines kurzen Zeitfensters erlaubt. Ihre Entscheidung ist also eine Fehlentscheidung. Und allzu verwegene Verschwörungstheoretiker spinnen daraus den Verdacht, Kristensen habe auf Anweisung gehandelt – um dem neben ihm postierten Timo Scheider Platz eins und dem hinter Kristensen auf Rang drei zum Start gerollten Mattias Ekström Position zwei zukommen zu lassen. Derlei Mutmaßungen haben angesichts der jüngsten Diskussionen um Stallregie Konjunktur. Verrückte Zeiten.

Beobachtungsposten – Audi-Sportchef Dr. Ullrich verfolgt die Boxenstoppübungen

Denn Audi hat derlei Kunstgriffe gar nicht nötig. Das vierte Zeittraining der Top Vier – eine reine Abt-Sportsline-Veranstaltung: Sieben der Top-Acht-Fahrzeuge in der Startaufstellung tragen vier Ringe. Nur Bruno Spengler als Sechster verpasst der Audi-Seeligkeit einen kleinen Makel. Der Frankokanadier in Mercedes-Diensten ist der einzige seiner Art, der den Sprung in das dritte Segment des Zeittrainings erreicht. Und Tabellenführer Gary Paffett findet sich gar nur auf der zwölften Stelle wieder. 20 Kilogramm mehr führen die Mercedes-Mannen nach den letzten Erfolgen in Nürnberg und Zandvoort an Handicap-Gewichten mit. Die Stuttgarter Ingenieure errechnen daraus einen Zeitverlust auf Konkurrent Audi von etwa zwei Zehntelsekunden je Runde. Und anders als zuletzt setzt Ingolstadt den Vorteil stringent in Top-Leistungen um.

1

PUNKT trennt Gary Paffett, Timo Scheider und Mattias Ekström zur Saisonhalbzeit. 28 zu 28 zu 27 – Paffett liegt wegen seiner zwei Saisonsiege damit weiter knapp an der Spitze.

Team-Prozession – Scheider vor Kristensen, Tomczyk und Ekström lautet die Reihenfolge nach dem Start

Denn Audi ist übermächtig, doch einer von ihnen übermächtiger: Tom Kristensen, „Mr. Oschersleben", ist im letzten Zeittrainingsabschnitt etwas mehr als drei Zehntelsekunden schneller als Timo Scheider. „Im ersten Sektor holt Tom die Zeit", stellt der Champion nüchtern fest. „Wir sehen anhand der Datenaufzeichnung, dass er schneller fährt, und auch wo. Aber eben nicht, wie ..." Kristensen und Oschersleben – das ist dennoch nur eine Hassliebe. Alle fünf Rennen, die der achtmalige Le-Mans-Sieger in Oschersleben bestreitet, geht er aus der ersten Startreihe an. Doch für Siege reicht es dabei nur zwei Mal. 2005: Pole, Motor abgewürgt. 2008: Startplatz zwei, Frühstart. Und 2009 ...

Doch dass es Timo Scheiders Rennen wird, daran hatte nicht einmal Tom Kristensens Missgeschick Anteil. Ganz gleich, ob der Audi A4 DTM des Dänen einige

70 DTM Oschersleben

Zentimeter außerhalb der vorgeschriebenen Startbox steht oder nicht – Scheider prescht mit dem Erlöschen der Startampel mit einem Blitzstart in Führung. Der Champion – er erlebt in Oschersleben seine Renaissance, seine Wiedergeburt als Titelkandidat. An jenem Ort, an dem er 2008 seinen allerersten DTM-Sieg feiert, legt Scheider schnell Distanz zwischen sich und die Verfolger. Nachdem Tom Kristensen zur fälligen Strafe abbiegt, ist es Mattias Ekström, der am dichtesten folgt. Der Schwede überholt Abt-Sportsline-Teamkollege Martin Tomczyk. Die Top Drei machen sich in dieser Konstellation zu einer unwiderstehlichen Prozession auf. Hier brennt nichts mehr an.

Zurück zum Glück – Timo Scheider gewinnt in Oschersleben sein erstes DTM-Rennen im Jahr 2009

Dagegen erlebt Oliver Jarvis das weitaus aufregendere Rennen. Der Brite im Phoenix-A4 2008er-Bauart liegt an der vierten Stelle. Doch nicht optimal getimte Boxenstopps lassen ihn hinter Paul Di Resta und den stark aufholenden Gary Paffett zurückfallen. In jener 33. Runde, als Paffetts progressivere Strategie aufgeht, erlaubt sich der Brite in Turn 3 obendrein einen Fehler – auch Bruno Spengler ist durch.

Augenmaß – Tom Kristensen verliert das Rennen schon vor dem Start

Mercedes-Mann Maro Engel zum
vierten Punkterang im fünften Rennen

„Mir haben zwar ein paar Teile gefehlt – aber es hat gereicht"

Nicht nur, dass er mit Di Resta, Paffett und Spengler einem Mercedes-Trio weichen musste, in Runde 46 besiegelt ein Reifenschaden und ein anschließender Dreher das Schicksal des bis dahin besten Jahreswagen-Fahrers.

Nach vorn geht für das Mercedes-Trio Di Resta/Paffett/Spengler nicht mehr viel. Als die Positionen bezogen sind, ist lediglich die Hackordnung untereinander noch festzulegen. Doch Sorgen um eventuelle Reifenschäden veranlassen den Mercedes-Kommandostand dazu, einen Nicht-Angriffspakt und Reifenschonung zu verordnen. „An den wenigen Stellen, an denen hier überholt werden kann, war Paul ohnehin zu schnell", gibt Gary Paffett zu Protokoll. „Und ich wollte die Punkte nicht

Mr. Oschersleben – Tom Kristensen fährt zum fünften Mal in Reihe eins

BMW: Einstieg in die DTM?

Kurz vor dem DTM-Rennen in Oschersleben tickert es durch die Medienlandschaft: BMW steigt aus der Formel 1 aus. Der bayerische Automobilhersteller wendet sich von der „Königsklasse" ab und anderen Motorsport-Kategorien zu. Die Nachricht – sie ist ein Erdbeben. Vorstandsvorsitzender Norbert Reithofer: „Wir haben im Vorstand entschieden, unser Motorsport-Engagement neu auszurichten." Mit der Nachricht vom Formel-1-Ausstieg verbindet BMW also auch die Aussicht, sich in anderen Serien zu engagieren. Das Wort „Tourenwagensport" wird genannt – ohne jedoch spezifisch eingesetzt zu werden. Insider wissen: BMW ist mit der Tourenwagen-WM unzufrieden, die Marketing- und Vertriebs-Abteilungen favorisieren einen Einstieg in die DTM. Der Schritt wäre logisch: Mit Mercedes-Benz und Audi könnte BMW mit den direkten Wettbewerbern im Premium-Segment konkurrieren. Darüber hinaus zählt BMW – anders als beispielsweise Audi – zu den Gründervätern der „neuen DTM". Die Plattform der Top-Tourenwagen-Serie stimmt, der Werbewert auch. BMW-intern hat die DTM viele Fürsprecher, allerdings auch einen Gegner: Motorsport-Chef Dr. Mario Theissen gilt nicht gerade als DTM-Fan.

Von der Tourenwagen-WM zur DTM? BMW richtet sein Motorsport-Programm neu aus

DTM Oschersleben

„Ich habe auf der letzten Rille gebremst und auf ein bisschen mehr Platz gehofft. Tut mir leid für Alex"

Mike Rockenfeller, der mit einem optimistischen Manöver Alexandre Prémat ins Aus schubst

wegwerfen." Denn die reichen, um äußerst knapp die Tabellenspitze zu verteidigen.

Ein erneutes Ausrufezeichen setzt Maro Engel. Der Mercedes-Benz-Jahreswagen-Pilot fährt besonnen zu Rang sieben. Und feiert damit den vierten Punkterang im fünften Rennen. Freilich torpedieren sich seine Gegner mit gleichaltem Material gegenseitig. Drei Runden vor Schluss versucht sich Mike Rockenfeller im 2008er-Audi in einem Überholmanöver an Markengefährte Alexandre Prémat. Das geht gründlich in die Hose. Mit verlustreichem Ergebnis. Prémat: out. Rockenfeller: 30 Sekunden Strafe. „Das gefällt einem Sportchef natürlich besonders gut", lautet der trockene Kommentar von Audi-Sportchef Dr. Wolfgang Ullrich. Doch es ist nur der eine berühmte Wermutstropfen im Becher der Freude.

Denn Tom Kristensen kommt ob dieser Ereignisse doch zu einem Erfolgserlebnis. Allerdings nur zu einem kleinen. Denn in der letzten Runde verdrängt er den verdattert auf die Zielflagge wartenden Jamie Green im 2008er-Mercedes auf die neunte Position. Der letzte Punkterang geht so an Kristensen – und das, obwohl er allein bei der Durchfahrtsstrafe angesichts der immens langen Boxeneinfahrt Oscherslebens 30 Sekunden verliert und damit 16 Positionen.

Seine drei Stallgefährten feiern derweil einen ungefährdeten Dreifachsieg. Scheider, Ekström, Tomczyk – so lautet das Audi-Aufgebot auf dem Siegerpodest. „Mit diesem Sieg habe ich intern meine Position wohl gefestigt", so Scheider. „Und allen gesagt: Leute, vergesst mich nicht." Er ist nicht der einzige mit einem Erfolgs-Comeback: Denn gleiches gilt für Martin Tomczyk. Der Rosenheimer steht erstmals seit Oschersleben 2008 wieder auf dem Podium. Es folgt eine starke zweite Saisonhälfte.

Teilerfolg – Paul Di Resta ist bester Mercedes-Benz-Pilot in Oschersleben, wird dabei aber nur Vierter

Pinnwand DTM Oschersleben

1 Volle Konzentration – Mattias Ekström **2** Same procedure – Ralf Schumacher arbeitet sich von Startplatz 14 auf elf nach vorn **3** Zeichen der Zeit – Anzeigetafel in der Motorsport Arena Oschersleben **4** Platzverweis – beim Start geht der Raum aus, Winkelhock und Engel müssen in die Wiese **5** Emanzipiert – Katherine Legge fährt die schnellste Rennrunde eines Jahreswagens **6** Stippvisite – die Band „Tokio Hotel" schaut bei Bruno Spengler vorbei **7** Prioritätensetzung – Jarvis und Ekström wissen, was sie in der Startaufstellung sehen wollen

Durchgereicht – Oliver Jarvis muss drei Mercedes-Piloten passieren lassen und scheidet später aus

06 In Ring-Form

„Eine Klasse für sich" – das sagen die Teamkollegen. „Übliches Leistungsniveau bestätigt" – sagt er selbst. Martin Tomczyk gewinnt auf dem Nürburgring erstmals seit knapp zwei Jahren. Sein letzter Triumph? Exakt an gleicher Stelle

75

Was für ein Kontrastprogramm. Abt-Sportsline-Kommandostand, 15:13 Uhr. Technikchef Albert Deuring sitzt wie immer links, Hans-Jürgen Abt wie immer rechts. Dazwischen steht Marketingleiter Harry Unflath, den rechten Arm in Erwartung der Zieldurchfahrt um seinen Boss gelegt. Als die passiert, entlädt sich die Spannung. Emotionen brechen sich Bahn: herzliche Umarmungen, ein Faust-Trommelfeuer malträtiert die Schaltzentrale. Pure Freude eines Familienbetriebs. Und die Freude gilt dem Schützling Martin Tomczyk, seit neun Jahren Teil dieser einzigartigen Gemeinschaft. Und den Meisterschaftskandidaten Timo Scheider und Mattias Ekström. Dreifachsieg fürs Allgäu.

Szenenwechsel. Als die Zielflagge fällt, zeigt sich am Mercedes-Kommandostand keine Regung. Motorsport-Chef Norbert Haug wirkt wie versteinert. Heute gab es für Stuttgart eine derbe Niederlage. Denn keiner der Titelkandidaten im Zeichen des Sterns kommt auf dem Nürburgring ungeschoren davon. Die Lippen kräuseln sich kurz zu einem enttäuschten Gesichtsausdruck. Die Meisterschaftsambitionen von Gary Paffett, Bruno Spengler und Paul Di Resta haben soeben einen Dämpfer erhalten. Und das alles überstrahlt: der erste Sieg von Martin Tomczyk, seit er 2007 an gleicher Stelle gewann. Sein erster Saisonerfolg 2009 gelingt nicht irgendwie, sondern äußerst souverän. Und die Kritiker schweigen.

Nürburgring-Sieger Martin Tomczyk

„Nach dem Start zwei Audi im Rückspiegel zu sehen, hat vieles einfacher gemacht"

Als Martin Tomczyk 2001 in der DTM bei Abt Sportsline anheuert, reiben sich viele die Augen. Zu jung, zu unerfahren – so lautet das schnelle Urteil. Dazu als gerade einmal Zwölfter der Formel-3-DM aufgestiegen. Das kann nur mit Vitamin B und dem Einfluss von Vater Hermann Tomczyk,

Seit neun Jahren ein Team – Abt Sportsline und Martin Tomczyk starten seit 2001 gemeinsam in der DTM

schon damals ADAC-Sportpräsident, zu tun haben. 19 Jahre ist Tomczyk in seiner ersten DTM-Saison alt. Und bereits im zweiten Rennen für die „Äbte" reiben sich viele erneut die Augen: Startreihe eins am Nürburgring, Vierter im Rennen und in der Folge regelmäßig in den Punkten – der Junge kann was. Doch der Werdegang von Martin Tomczyk verläuft holprig. Zu ungestüm ist der Youngster zu Beginn seiner DTM-Karriere, dazu als One-lap-Wonder bekannt, das im Qualifying auftrumpft. „Ich habe versucht, im Rennen den gleichen Speed Runde für Runde zu gehen. Das ging selten gut", so Tomczyk. Mit der Reife und der Erfahrung kommt der Erfolg. Erste Pole-Position 2002 in Zolder, erstes Podium 2004 in Estoril, 2006 erster Sieg in Barcelona. 2007 ist er mit zwei Saisonsiegen und als Podiums-Dauergast bis kurz vor Saisonende Titelkandidat.

Technik-Eiszeit: Entwicklung in der DTM weitgehend eingefroren

Am 17. August 2009 beginnt in der DTM die Technik-Eiszeit. Ab dem sechsten Saisonrennen 2009 am Nürburgring ist die Entwicklung der DTM-Fahrzeuge eingefroren. Der Hintergrund für diese Maßnahme – eine Kostenersparnis für die DTM-Werke von 30 bis 35 Prozent. Denn 2010 sollen keine neu entwickelten Fahrzeuge zum Einsatz kommen, sondern weiterhin die schon 2009 an den Start gebrachten. Zu diesem Zweck verplombt der DMSB (Deutscher Motorsport Bund) am Nürburgring die Fahrzeuge von Spengler und Green (Mercedes) sowie von Scheider und Rockenfeller (Audi). Zudem werden zuvor definierte Referenzteile „konfisziert". Insbesondere Aerodynamik-Bauteile, Sicherheitszelle und -käfig, Radträger, Lenkungssystem und Motor dürfen nicht weiter optimiert werden. Aus den Aerodynamik-Bauteilen, die im Jahr 2009 als Referenzteile von den Herstellern abgeliefert wurden, können 2010 bis zu neun verschiedene Konfigurationen erstellt werden, um eine Anpassung der Fahrzeuge an die Streckengegebenheiten weiterhin zu ermöglichen. Ansonsten sind nur Verbesserungen möglich, die keinen Einfluss auf die Leistungsfähigkeit des Autos haben.

Festgelegt – Aerodynamik-Bauteile und weitere Referenzbauteile

Momentaufnahme – Maro Engel wird in der Eifel nach guten Leistungen in den ersten fünf Saisonrennen mit viel Pech „nur" Zwölfter

Zurückgefallen – Bruno Spengler kommt von Startposition zwei nur auf den sechsten Rang

Als 2008 andere glänzen, steigen die eigenen Ansprüche für das Jahr 2009. Diesmal soll es idealerweise der Titel sein. Doch diese Ambition bekommt drei unverschuldete Dämpfer in Folge: Auftakt in Hockenheim, EuroSpeedway, Norisring – drei Nuller zu Beginn. Die Saison ist vorbei, ehe sie recht begonnen hat. Doch Tomczyk gibt nicht auf. „Man weiß zwar, dass es irgendwo zwischen sehr schwer und unmöglich ist, das Ziel noch zu erreichen", so Tomczyk. „Trotzdem habe ich nie den Ehrgeiz und den Spaß verloren. Ich wusste ja, dass ich es kann, und habe jedes Rennen als neue Herausforderung gesehen."

In Zandvoort beginnt die Wende: Rang vier. In Oschersleben folgt Rang zwei. Doch die Bestätigung, nichts vom eigenen Können eingebüßt zu haben, gibt es auf dem Nürburgring. „Es ist eine gute Erkenntnis für mein Selbstbewusstsein, dass ich mein übliches Leistungsniveau bestätigen konnte", sagt der 27-Jährige. „Und eine Genugtuung für das Team, dass wir wieder vorn dabei sind." Der gebürtige Rosenheimer erlaubt sich in allen Trainings- und Rennsitzungen nur einen „Hänger". Im zweiten Zeittrainingsabschnitt ist es „nur" Rang drei – alle anderen Ergebnislisten ziert sein Name auf Position eins: Freies Training, erstes, drittes und viertes Zeittraining – die Pole-Position. Im Warm-up, im Rennen: Tomczyk ist die Nummer eins.

Beim Start des Rennens fällt die Audi-Mannschaft über Bruno Spengler her. Der Mercedes-Mann hat die Qualifying-Schwäche von Timo Scheider, der in Q4 keinen frischen Reifensatz mehr besitzt, und Mattias Ekström, der einen Fehler einbaut, zu Startplatz zwei ausgenutzt. Doch den ist der Frankokanadier bald los. Ausgangs der Mercedes-Arena bekommt Spengler von Ekström, der sich in Kurve eins gegen Timo Scheider behauptet hat, einen Schubser. „Meine Schuld", so Ekström. „Bruno hatte in Kurve zwei einen kleinen Fehler gemacht und ich war näher dran, als ich dachte." Ekström geht vorbei, und weil die beiden Streithähne bei dem Manöver an Schwung verlieren, nutzt Timo Scheider die Gunst der Stunde. Er geht an beiden vorbei. Zu guter Letzt steht Spengler, der ein ganzes Bündel an Aerodynamik-Teilen abstreift, noch leicht quer – was wiederum Markus Winkelhock zu nutzen weiß. Statt auf Platz zwei findet sich Spengler also nach nur wenigen Kurven auf Rang fünf wieder. „Ekström hätte das ganze Rennen Zeit gehabt, mich zu überholen", mault Spengler nach dem Rennen.

„Ohne Durchfahrtsstrafe wäre heute ein Platz in den Top Ten drin gewesen"
Susie Stoddart, die Elfte wird

27

SCHALTVORGÄNGE absolvieren die DTM-Piloten pro Nürburgring-Runde. Auf der gesamten Renndistanz bedeutet das insgesamt 1.296 Gangwechsel.

"Das war nicht sehr clever. Hinten links war danach alles hin." Auch Jamie Green schnappt sich im weiteren Rennverlauf seinen Mercedes-Markenkollegen und ist damit wieder einmal bester Sternfahrer. Auch, weil bereits im Zeittraining die Chancen von Tabellenführer Gary Paffett schwinden, Zählbares aus der Eifel mitzunehmen. Der Brite kämpft in Zeittraining eins mit der Motorleistung seiner C-Klasse. Denn sein V8 ist nur noch ein V7. Erst der Tausch von Düse, Kabelbaum und Elektronik sorgen für Abhilfe. Startplatz 16 ist die Ausgangsposition für den in der Meisterschaft am besten postierten Stuttgarter.

Dass es dennoch zu einem Zähler reicht, verdankt Paffett guter Strategie und aktiver Mithilfe einiger Audianer. In der ersten

Nach vorn geschraubt – Ralf Schumacher sammelt von Startplatz 15 als Siebter Punkte

Spritsparer – Mike Rockenfeller wird am Start durchgereicht, ist für seine Aufholjagd aber mit zu wenig Benzin ausgestattet

Runde sorgt ein Kontakt zwischen Oliver Jarvis und Tom Kristensen für das Aus des achtmaligen Le-Mans-Gewinners. Drei Umläufe vor Rennende krachen zudem Alexandre Prémat und Jarvis in der Spitzkehre nach Start-Ziel ineinander – das Aus. Kleine Ursache, große Wirkung: Weil Jarvis' rechtes Spiegelglas bereits abhanden gekommen ist, sieht der Brite seinen französischen Stallgefährten auf der Innenseite zu spät zum Überholmanöver ansetzen. Die beiden verkeilen sich und rutschen ins Kiesbett. Die Standpauke von Audi-Sportchef Dr. Wolfgang Ullrich fällt entsprechend deutlich aus. Und die Ausbeute für die Phoenix-Truppe beim Heimspiel entsprechend mager.

Umso größer fällt der Erfolg für Abt Sportsline aus. Das Familienunternehmen aus Kempten im Allgäu stellt mit Martin Tomczyk, Timo Scheider und Mattias Ekström die drei Ersten im Rennen. Und obendrein nach dem verkorksten Ausgang für HWA-Mercedes – Paul Di Resta scheidet zu allem Überfluss mit einem gebrochenen Heckflügel aus – auch die ersten beiden der Meisterschaft. Scheider vor Ekström, getrennt nur durch einen Punkt – dazu Gary Paffett sechs Punkte zurück. Es folgen: mit Brands Hatch und Barcelona zwei ausgesprochene Audi-Strecken. Nürburgring war ein großer Schritt – nicht nur für Martin Tomczyk.

Pinnwand DTM Nürburgring

1 Knapp daneben – Mathias Lauda wird Neunter. Keine Punkte **2** Spritzenprodukt – Abt-Technikchef Albert Deuring darf sich am Ring einsauen **3** Ambitioniert – der „neue Nürburgring" wird 2009 fertiggestellt, steht aber mit einer heiklen Finanzierung in der öffentlichen Kritik **4** Stimmung – am Ring tritt Christina Stürmer bei der ARD-Chartshow auf **5** Zum Donnerwetter – Audi-Sportchef Dr. Wolfgang Ullrich hält Oliver Jarvis und Alexandre Prémat eine Standpauke **6** Vornweg – Martin Tomczyk gewinnt den Start

Schwarz und Weiß

Mercedes-Benz oder Audi? Die Frage von Sieg oder Niederlage ist in Brands Hatch eine von Gewicht – Paul Di Resta siegt in Weiß, doch echter Gewinner ist Timo Scheider in Schwarz: Platz zwei ist Titel-taktisch das absolute Optimum

83

Lewis Hamilton, der der DTM einen viel beachteten Kurzbesuch abstattet

„Es ist großartig, wieder Teil des Fahrerlagers zu sein. Die DTM-Atmosphäre ist einmalig"

211

RUNDEN absolviert Mike Rockenfeller in Brands Hatch und setzt damit den Bestwert für die DTM-Saison. Dank der 1,9 Kilometer kurzen Streckenlänge ist der Audi-Jahreswagenfahrer „Drehwurm" Nummer eins.

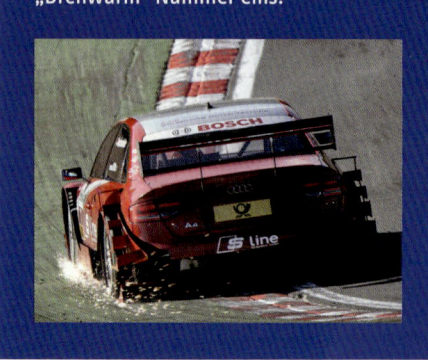

In der DTM, so will es die Konstellation, ist der zweitplatzierte Hersteller nicht einfach nur ein Geschlagener. Er ist der erste, er ist auch der einzige Verlierer. Glanz und Gloria also für den einen, Sack und Asche für den anderen. Hopp oder top, Schwarz oder Weiß. Doch dieses eherne Prinzip kennt auch eine Ausnahme. Brands Hatch ist so eine. Mercedes-Benz gewinnt. Audi aber auch. Wie das geht?

Das Gastspiel auf der Insel ist von Beginn an eine recht einsame Sache. Denn Paul Di Resta bestimmt das Tempo auf dem kürzesten aller DTM-Kurse. Beim britischen Heimspiel erlebt der Schotte ein eindrucksvolles Comeback an der Spitze. Das Freie Training: Di Resta ist vorn. Q1, Q2, Q4: Di Resta ist vorn. Die Pole-Position für den HWA-Piloten markiert zudem das Ende einer Serie. Erstmals seit dem Rennen in Barcelona 2008 ist kein Audianer auf dem Spitzenstartplatz zu finden, Ingolstadt stattdessen knapp geschlagen. Timo Scheider verpasst Startposition eins um lediglich 81 Tausendstelsekunden. Doch unglücklich ist er nicht. Im Gegenteil.

Denn Di Resta ist für Scheider kein direkter Gegner im Titelkampf. Zu weit ist der 23-Jährige punktemäßig von der Tabellenspitze entfernt. Scheiders Titelgegner rollen dagegen in weiter hinten markierte Startboxen: Gary Paffett in die des Sechst-, Mattias Ekström in die des Siebtplatzierten. Eine ordentliche Ausgangsposition für Scheider, um sich in der Tabelle weiter abzusetzen. Ein Extra-Bonus: Ginge das Rennen in dieser Reihenfolge zuende, kommen die zu erwartenden Handicap-Gewichte Audi im folgenden Rennen in Barcelona zusätzlich zupass.

Seit 2005 gilt in der DTM das Prinzip Handicapgewicht. Die Regel ist in ihren Grundzügen einfach: Der siegreiche Hersteller muss beim kommenden Rennen Gewicht zu-, die unterlegenen dürfen ausladen. Seit dem Ausstieg von Opel 2005 betrifft diese immer wieder leicht ange-

Geschüttelt, aber ungerührt: Mathias Lauda erlebt einen heftigen Einschlag

Alles läuft für ihn –
Timo Scheider ist mit
Platz zwei der
heimliche Gewinner
von Brands Hatch

DTM und Co: Der Mix macht's

Das Motorsport-Erlebnis bei der DTM ist eine kompakte Folge von interessanten Partnerserien: Trotz der Verkürzung des Wochenendes auf zwei volle DTM-Tage bekommen die Zuschauer vor Ort viel packendes Racing geboten. Als zweite von der ITR vermarktete Rennserie ist die Formel 3 Euro Serie stets bei den DTM-Rennen mit am Start. Auf der gemeinsamen Tournee stehen bei den sechs deutschen Gastspielen von Deutschlands Top-Tourenwagen-Serie auch der Porsche Carrera Cup, der SEAT Leon Supercopa und der ADAC Volkswagen Polo Cup mit auf dem Programm. Eine gute Mischung aus Sportwagen-, Tourenwagen- und Formel-Serien: Der Carrera Cup zählt traditionell zum Rahmenprogramm der DTM. Hier messen sich aufstrebende Youngsters mit Ex-DTM-Stars und Markenpokal-Assen. Mit 300 PS Leistung ist der SEAT Leon Supercopa zweitstärkstes Cup-Fahrzeug an den Wochenenden. Regelmäßige Teilnahmen von VIP-Gästen gehören zum Rezept der Spanier. Die „Tourenwagen-Schule" des Polo-Cup bietet Aufsteigern aus dem Kartsport die Möglichkeit, im Automobilrennsport Fuß zu fassen. 2010 wird der Polo-Cup durch den attraktiven Scirocco-Cup ersetzt – mit Bioerdgas als Antriebskonzept.

Steter Begleiter – die Formel 3 Euro Serie startet 2009 immer zusammen mit der DTM

passte und in seiner Komplexität erweiterte Maßnahme nur noch die beiden engagierten Hersteller Audi und Mercedes-Benz, jedoch betrachtet nach Fahrzeugjahrgängen. 2009 sieht das Regelwerk für den besser platzierten Hersteller ein Plus, für den unterlegenen ein Minus von fünf Kilogramm vor. Der Vergleich wird zwischen den Fahrzeugen 2009er-Machart einerseits und den Vorjahres- und Vorvorjahreswagen andererseits gezogen. Begrenzende Maxima sorgen dafür, dass die Aus- und Zuladungen auf 15 und zehn Kilogramm – verglichen mit dem Basisgewicht – limitiert sind. Dank je dreier Rennsiege bedeutet das für Brands Hatch:

Gewichts-Gleichstand bei den Fahrzeugen 2009er-Jahrgangs. Di Resta und Scheider als jeweilige Speerspitzen gehen also mit dem Basisgewicht von 1.050 Kilogramm an den Start.

Vorsprung ausbauen, obendrein anschließend an Gewicht ausladen und damit einen Vorteil für den weiteren Saisonverlauf bekommen? Platz zwei wäre für Scheider also das absolute Optimum.

So gesehen läuft das Rennen beinahe wie geplant. Vom Start weg setzt sich Paul Di Resta an die Spitze. Und Scheider bleibt in der bequemen Verfolgerposition. Doch in diesem Spiel werden aus Scheiders Sicht zwei unvorhergesehene Ereigniskarten

Glanzpunkt – Paul Di Resta gewinnt in Brands Hatch sein einziges Saisonrennen

aufgedeckt. Die beiden Boxenstopps bringen für Scheider Ungemach: Bei Nummer eins steht Markengefährte Christian Bakkerud bei der Boxenausfahrt im Weg, bei Nummer zwei klemmt eine Radmutter.

Gary Paffett, der zu Beginn von Tom Kristensen aufgehalten wird

wegen Bakkerud einen Platz verloren, dann fuhr im zweiten Stint Bruno Spengler vor mir spazieren. Und der zweite Stopp ging auch noch daneben. Gary Paffett kam immer näher und näher ..." Der Champion

„Es war taktisch kaum etwas zu machen. Als ich zu Timo aufschloss, war es zu spät"

Während Di Resta vorn alles überragt und ungefährdet zu seinem einzigen Saisonsieg fährt, findet sich Scheider auf Rang drei wieder – unmittelbar vor Titelgegner Gary Paffett, der sich nach vorn gearbeitet hat. „Erst habe ich beim ersten Stopp bekommt jedoch Schützenhilfe von Martin Tomczyk. Der Abt-Sportsline-Stallgefährte überlässt in Runde 51 Scheider still und

Flaschenkind – der erst 23 Jahre alte Paul Di Resta zählt in der DTM bereits zu den Podiums-Routiniers

heimlich Rang zwei und ist fortan der Bodyguard. „Mein Auto ging gigantisch", so Tomczyk. Der erneut stark aufgelegte Wahl-Basler hatte sich von Startplatz fünf nach vorn gebracht.

Auf dem Weg in Richtung Podestplatz drei legt sich Tomczyk mit Bruno Spengler an. Der HWA-Pilot leidet im zweiten Stint an einem schleichenden Plattfuß hinten rechts. Als Spengler in Turn 1 zudem einen Fehler einbaut und mit ausgangs von Turn 3 mit nachlassender Traktion eher wehrlos ist, schiebt sich Tomczyk daneben. Noch heftiger gerät der Lackaustausch anschließend zwischen Spengler und Kristensen, der dem Dänen das Aus beschert. Zwar fällt der achtmalige Le-Mans-Sieger im ersten Stint Stück für Stück zurück, doch mit Reifensatz zwei und drei ist der 42-Jährige wieder bei der Musik. Die endet nach einem Rempler von Spengler mitten im Akkord. „Spengler hat mich schon am Start getroffen. Dann ist er mir später in Clearways so hart reingefahren, dass die Spurstange gebrochen ist."

Kristensen ist nicht der einzige Abt-Sportsline-Pilot, der mit dem Schicksal hadert. Für Mattias Ekström ist das Rennen eigentlich schon nach dem Qualifying gelaufen. Von Startplatz sieben soll die bewährte Radikal-Taktik mit zwei späten Stopps für die Wende sorgen. Die hatte Ekström schon 2007 an gleicher Stelle den

Quetschverbindung – Gary Paffett kämpft sich an Tom Kristensen vorbei

Sieg beschert. Doch Ekström ist nicht schnell genug, um den Vorteil der beiden ersten langen Stints voll zu nutzen. Aus Runde eins kehrt er als Achter zurück – bis zum Zielstrich kann sich der Schwede so nur auf Position fünf verbessern.

Von den Problemen und Problemchen der Verfolger profitiert vorn allein einer: Paul Di Resta kann sich sein Tempo frei einteilen. In Runde 36 und 55 setzt er seine Boxenstopps und teilt die Distanz optimal in Drittel. Ein klarer, ein locker-leicht herausgefahrener Sieg. Di Resta ist in Brands Hatch eine Klasse für sich. AMG-Weiß triumphiert. GW:plus-Schwarz gewinnt.

Sand und Leute – in England erlebt Ralf Schumacher einen ungeplanten Ausflug

Pinnwand DTM Brands Hatch

1 Bedingt klopffest – Martin Tomczyk legt sich Bruno Spengler im Rennen zurecht **2** Unter Landsmännern – Jamie Green dreht beim Heimspiel Oliver Jarvis um und kassiert eine Drive-through-Strafe **3** Doppelspitze – Teamboss Hans-Jürgen Abt sieht auch nach Brands Hatch mit Scheider und Ekström zwei Äbte vorn in der Tabelle positioniert **4** Bunt – Helmdesign von Kristensen **5** Skeptisch – Mattias Ekström startet von Position sieben **6** Stark – Martin Tomczyk wird Dritter **7** Profi-Funker – Alexandre Prémat und die Brands-Hatch-Faszination

Meisterstück

Von fünf auf eins – Audi-Mann Timo Scheider gelingt in Barcelona der Start des Jahres. Und damit die vermeintliche Vorentscheidung im Titelkampf

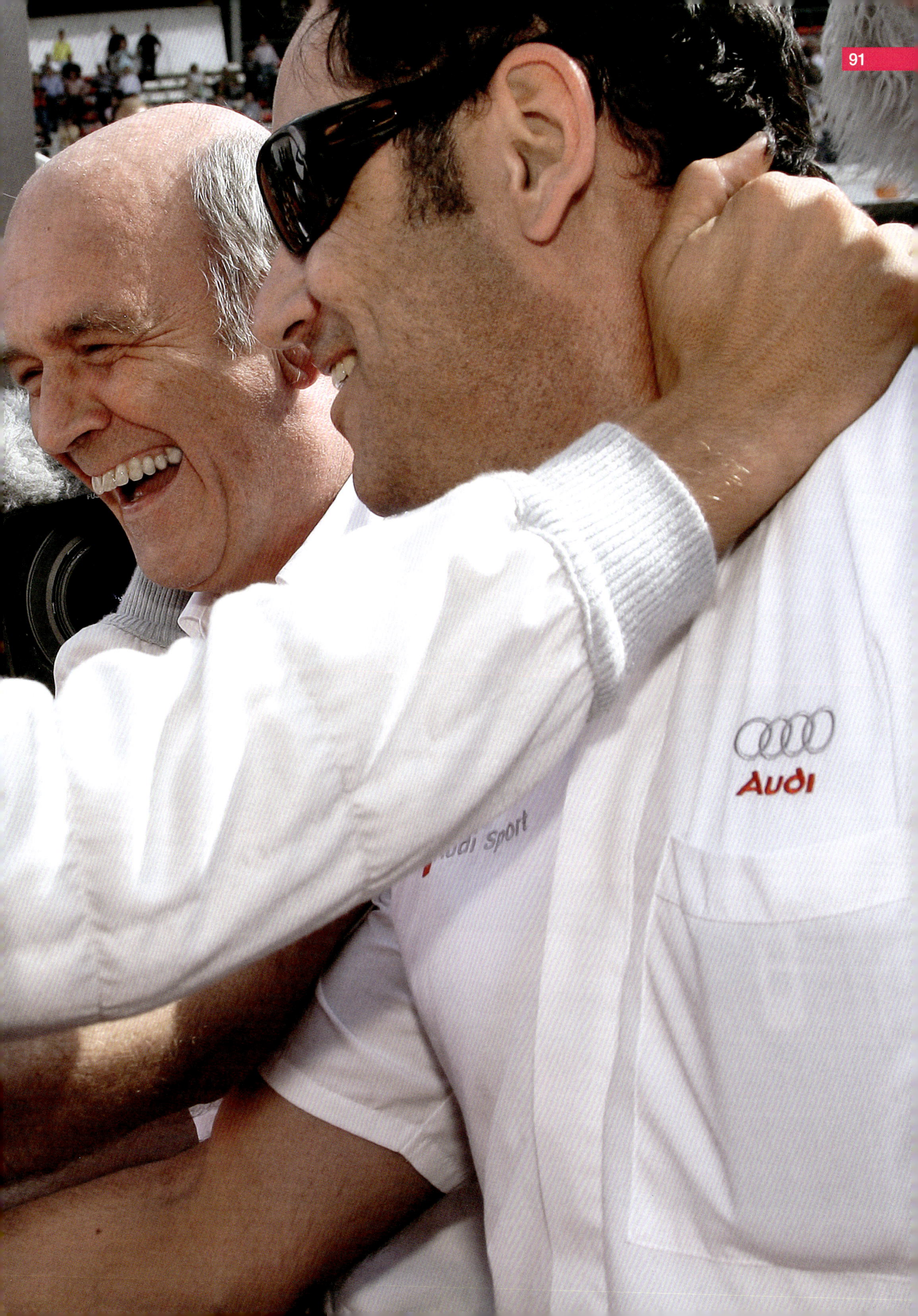
Audi

Abt Sportsline pflegt eine schöne Tradition. Im Falle eines Titelgewinns lädt die Kemptener Truppe das betreffende Meisterauto zum Fototermin. Ins Studio, mit allerlei aufwendiger Beleuchtung. Vor die Linse eines Profis. Das dabei entstehende Foto nennen sie „Meisterstück". Und sie rahmen es edel ein. Die limitierte Zahl dieser mit Champion-Signatur zu Einzelstücken hinter Glas veredelten Lichtbilder gehen an Partner und Freunde. Memorabilien mit Langzeitwert. 2009 ist jedoch eine andere Vorgehensweise angeraten. Denn als Motiv für das „Meisterstück" des Jahres, für dessen Fälligkeit nach dem Rennen in Barcelona die Wahrscheinlichkeit exorbitant gestiegen ist, bietet sich die Startszene des achten Saisonlaufes an. Eine Szene, die womöglich die Vorent-

0 CHANCE lassen die Mechaniker von Abt Sportsline den Gegnern, beim Boxenstopp Boden gutzumachen: Die vier schnellsten Services im Rennen sind die der „Äbte".

scheidung im Titelkampf pro Audi und Abt Sportsline bringt.

Wenige Minuten vor dieser denkwürdigen Begebenheit wird Timo Scheider zum Fernsehinterview gebeten. Startplatz fünf hat der amtierende Champion herausgefahren. Titelgegner Paffett steht auf der Vier, Ekström auf der Sechs. Wie denn die Taktik für den Start aussehe, wird Scheider gefragt. Der grinst. „Na, ich gehe links, ‚Eki' rechts vorbei", lässt er wissen. Klar, ganz einfach.

Es wird ein Überfallkommando mit Ansage. Denn Scheider löst seinen Teil des

Polesitter Tom Kristensen, der von Timo Scheider beim Start überholt wird

„Erst dachte ich, dass Timo Scheider einen Frühstart hatte. Denn meiner war schließlich auch nicht schlecht. Das war definitiv sein Meisterstück"

Start des Jahres in Bildern – Timo Scheider geht außen herum als Zweiter in die erste Kurve, einen Knick später ist er in Führung

Versprechens tatsächlich ein, erwischt Schleifpunkt der Kupplung und Drehzahl perfekt, hat die schnellste Reaktion beim Erlöschen der Startampel – und geht wie angedroht auf die linke Umlaufbahn. Das Manöver wird von den Teamkollegen perfekt synchronisiert. Polesitter Tom Kristensen wählt den einmal erlaubten Spurwechsel – von links nach rechts – und blockt gemeinsam mit Martin Tomczyk damit den Versuch von Mercedes-Mann Paul Di Resta ab, sich an die Spitze zu setzen. Auf der linken Seite, der Außenseite für die erste Kurve entsteht viel Raum für Scheiders ungebremste Beschleunigung. Der Champion setzte sich in Kurve eins dank seines Parade-Starts außen neben Tom Kristensen, der die Pole-Position bis hierher in die Führung umgemünzt hat. Bis hierher. Denn für den folgenden Links-Knick ist Scheider auf der besseren Linie. Die Gegenwehr von Kristensen hält sich in teamintern verhaltenen Grenzen. Während Scheider in Führung geht, kehren Paffett und Ekström als Fünfter und Siebter aus der ersten Runde zurück. Es läuft

Kurvendiskussion – Gary Paffett, Martin Tomczyk und Timo Scheider in Erwartung der Sieger-Pressekonferenz

wieder für den Champion. „Ich habe einen guten Start erwischt und rechts dicht gemacht. Und plötzlich taucht dieses schwarze Auto neben mir auf", so Kristensen, der in den ersten Runden nur auf die Verhängung der Durchfahrtsstrafe gegen Scheider wartet. So ein Start, der kann nur zu früh erfolgt sein. Aber nix da, er irrt sich. „Das war heute definitiv Timos Meisterstück."

Doch nicht nur der Start allein ist der Garant für Scheiders zweiten Saisonsieg nach Oschersleben. Mit einem beeindruckenden ersten Stint legt Scheider viel Raum zwischen sich und Kristensen. Innerhalb der ersten sechs Runden sind es allein 2,3 Sekunden. Während die Rundenzeiten bei Scheider und den weiteren Abt-Sportsline-Piloten konstant hoch sind, brechen jene bei den Mercedes-Mannen dramatisch ein. Der Kommandostand der Stuttgarter befiehlt die Piloten deshalb zu zwei frühen Stopps. In der Zwischenzeit gelingt es Audi-Pilot Martin Tomczyk, mit flotten Runden vor seinem ersten Stopp so viel Zeit gutzumachen, dass er Paul Di Resta per Boxenstopp kassiert. Di Resta erwischt zudem einen dramatisch schlech-

„Ich lief auf Katherine Legge auf. Sie machte einen Fehler, da hab ich's halt probiert. Die Drive-through ist zu hart"

Susie Stoddart, die im Rennen
Katherine Legge unsanft abräumt

Jahrgangs-Bester – Tomáš Kostka wird bester Kolles-Pilot

ten dritten Reifensatz. Er muss wehrlos zusehen, wie die Konkurrenz in der Frontscheibe kleiner und die im Rückspiegel größer wird. So wird er auch von Mattias Ekström in einem Tomczyk-gleichen Verfahren überholt. Allein Gary Paffett kann sich in der Nähe der drei Audi-Mannen in Front halten. „Ich habe ziemlich bald gemerkt, dass ich die Pace zwar mitgehen kann", so der Brite in HWA-Diensten. „Doch an Attacke war überhaupt nicht zu denken. Ich habe mich also auf Ekström konzentriert."

Der versucht mit aller Macht, an dem langsamer werdenden Mercedes-Titelkandidaten vorbeizukommen, der ihn – die üblichen zwei langen ersten Stints bestreitend – mit alten Reifen deutlich sichtbar aufhält. Während von weiter hinten Bruno Spengler naht. Ekströms erster Versuch wird von der Rennleitung mit einer Verwarnung quittiert. „Paffett fuhr Zickzack, sein gutes Recht", grollt Ekström. „Doch ich war eine Sekunde pro Runde schneller – da muss es erlaubt sein, zu attackieren. Wenn wegen solcher Kleinigkeiten eine Verwarnung ausgesprochen wird, können wir gleich aufhören, Rennen zu fahren."

Als sich die noch zu absolvierenden Rennrunden neigen, sind die drei zu einem kompakten Bündel verschmolzen. Paffett wehrt sich gegen Ekström, der sieht sich zudem den Angriffen von Spengler ausgesetzt. In der vorletzten Runde wagt Ekström die Attacke außenherum. Paffett und Ekström touchieren leicht und verlieren an Schwung. Den nutzt Spengler, um sich – ebenfalls rempelnd – an Ekström vorbeizuschieben. Nicht Rang vier ist es also für den tapfer kämpfenden Wikinger, sondern Rang sechs. „Als Mattias' Angriff auf Gary danebenging, hab ich mir gedacht: ,Jetzt oder nie'." Die Nummer glückt, allerdings mit Randnotiz: Für den Tuscher gegen Ekström wird auch Spengler anschließend verwarnt.

Heimspiel – Mathias Lauda hat seinen Wohnsitz in Barcelona

Vierter von vieren: die „Schumi 2"-Bilanz

Zweites Jahr der DTM, aufgestiegen vom DTM-Azubi zum Gesellen: Ralf Schumacher startet im Jahr 2009 erstmals mit aktuellem Material im Mercedes-Benz-Werksteam HWA. Doch statt des Aufschwungs erlebt Schumacher eine bescheidene zweite DTM-Saison. Immer wieder samstags büßt der Kerpener bessere Rennergebnisse ein. Freilich nicht immer aus eigener Schuld. Im Qualifying bleiben mehr als einmal bessere Platzierungen liegen. Der Einzug in Q4 gelingt einmal nur beinahe: Am Norisring dreht der 34-Jährige zu viele Runden und bekommt die Zeiten, die zur Teilnahme berechtigt hätten, gestrichen. Der Rest ist Tristesse. „Meine Bilanz fällt trotzdem positiv aus", so Schumacher. „Auch in dieser Saison war es das Ziel, zu lernen, ein DTM Auto schnell am Limit zu bewegen. Das ist angesichts weniger Testkilometer und nur zehn Rennen im Jahr nicht gerade leicht." Im Rennbetrieb ist Schumacher häufig konkurrenzfähig – kein anderer Pilot macht verglichen mit den Startplätzen so viele Positionen gut. Dennoch liegt er in der Endabrechnung der Saison nur als Vierter von vier HWA-Fahrern auf Tabellenrang elf. Erst das Rennen in Dijon-Prenois wird das Saisonhighlight für den Mercedes-Mann bringen.

Kritische Fragen – Ralf Schumacher muss sich samstags häufig früh den Medien stellen

Späte Premiere – Alexandre Prémat sammelt in Barcelona erstmals 2009 einen Zähler

Doch da ist das ansonsten eher fade Rennen ohnehin entschieden. Weil im Warm-up kleinere Probleme mit der Vorderachse von Timo Scheider und seinem Renningenieur Armin Plietsch genau richtig angegangen werden, verfügt der Champ im Rennen über das schnellste Auto im Feld. „Armin hat nach dem Warm-up absolut ins Schwarze getroffen", so Scheider. „Das Auto ging einfach gigantisch gut."

Der Vorsprung des Wahlösterreichers ist nach dem Barcelona-Triumph auf zwölf Punkte gegenüber Teamkollege Mattias Ekström und auf deren 14 gegenüber Gary Paffett angewachsen. Unter normalen Umständen und bei noch zwei ausstehenden Rennen ist das kaum noch einzuholen. Oder? „Ich weiß viel zu gut, was in der DTM alles passieren kann", beschwichtigt Scheider, der unmittelbar nach der Zieldurchfahrt in den Auf-dem-Teppich-bleiben-Modus schaltet. „Ich erinnere nur an Hockenheim und an Ekströms Reifenschaden zwei Runden vor Schluss. Erst wenn ich nach Dijon mehr als zehn Punkte Vorsprung habe, ist eine Entscheidung gefallen." Wie wahr.

Pinnwand DTM Barcelona

1 Edelweiß – Tom Kristensen und Paul Di Resta (Auto Bildmitte) erobern Reihe eins **2** Auf Kuscheltour – Timo Scheider liebt seinen A4 **3** Durchgeboxt – Bruno Spengler erobert in letzter Minute Rang fünf **4** O'zapft is – Dr. Wolfgang Ullrich beim Fassanstich in der Audi-Hospitality **5** Ladykracher – Katherine Legges Rennen endet im Zickenkrieg

Starker Beginn –
Timo Scheider
erwischt einen
perfekten Start und
eine unwiderstehliche
Anfangsphase

Pneu à Pneu

Reifen für Reifen verbessern sich im französischen Dijon-Prenois die Titelchancen von Mercedes-Pilot Gary Paffett. Denn die fliegen den Audi-Speerspitzen reihenweise um die Ohren

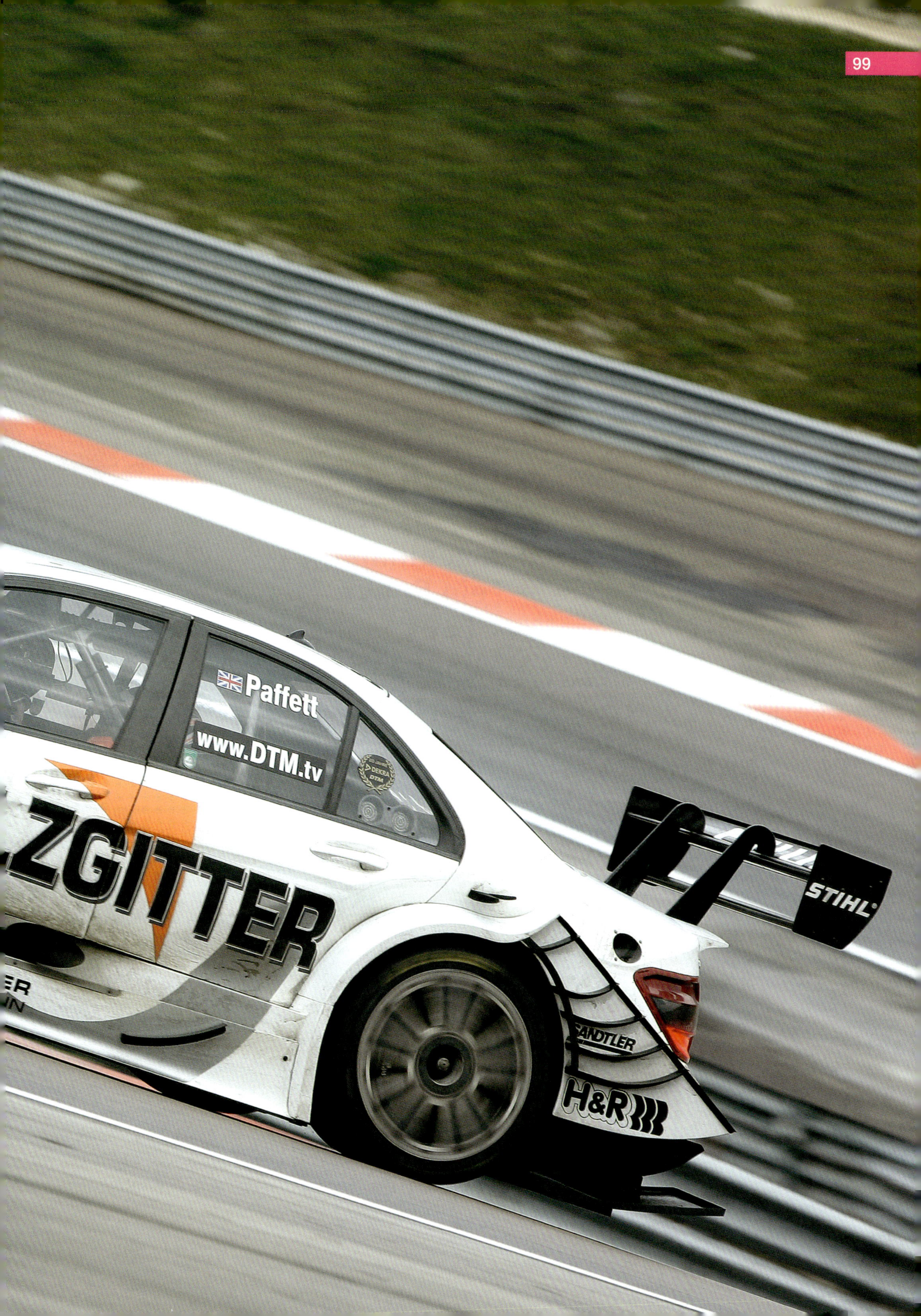
Paffett
www.DTM.tv
ZGITTER
STIHL
SANDTLER
H&R

Es ist ein Reifendrama in zwei Akten. Und es ist dramaturgisch exquisit gelungen. Ein jeder Akt hat ein eigenes Thema, jeweils sind die drei ernstlich verbliebenen Titelkandidaten Timo Scheider, Mattias Ekström und Gary Paffett die Hauptfiguren in diesem Spiel. Und es gibt jedes Mal unter ihnen einen Nutznießer und zwei tragische Helden. Des Dramas erster Teil. Samstag, Qualifying von Dijon-Prenois.

Dass Mitte Oktober auch das Burgund von herbstlich-trübem Nieselregen heimgesucht wird, macht die viergeteilte Zeitenjagd zu einer taktisch-kniffeligen Aufgabe. Denn in Q1 trocknet die Berg-und-Tal-Bahn am Rande des verschlafenen Dorfes Prenois zusehends ab. Und der Tabellenführer zockt: Im ersten Versuch legt Timo Scheider

„Nach vier Mal Top Ten endlich einmal ein Punkt. Ein super Wochenende für mich"

Mathias Lauda, der in Dijon seinen einzigen Zähler holt

7

RENNEN hat die DTM erst in Frankreich absolviert. Vor Dijon-Prenois standen Magny-Cours und Le Mans auf dem Kalender.

die sechstbeste Zeit hin. Die Verlockung, frische Reifen für das Rennen zu sparen, ist groß, denn auch mit den gebrauchten Pneus wähnen sich Scheider und Renningenieur Armin Plietsch in der Lage, am Ende der Session bei besseren Bedingungen eine Top-14-Zeit zu absolvieren. „Wir hatten geglaubt, dass Regen kommen würde, und deshalb den Sturz etwas verringert", so Scheider. „Dadurch war das Auto in schnellen und mittelschnellen Kurven auf der Hinterachse nicht besonders gut." Hilflos muss Scheider zusehen, wie er auf Rang 16 zurückgereicht wird. In Q1 schon raus – angesichts der Tatsache, dass er hier in Frankreich seinen ersten Matchball verwandeln kann, ein Desaster.

Doch der bereits früh im Qualifying auf der Strecke gebliebene Champion kann zusehen, wie im stärker werdenden und doch immer wieder aussetzenden Regen von Q2, Q3 und Q4 ein Titelgegner die sich bietende Chance nicht in vollem Umfang

Schwarze Serie – nach dem Warm-up werden die Reifen bei Audi nach Tests für okay befunden, im Rennen platzen sie der Reihe nach

ergreifen kann. Im dritten Zeittrainings-Abschnitt vergreift auch Gary Paffett sich im Reifenpoker. „Gary war zur rechten Zeit mit den falschen Reifen draußen und umgekehrt", fasst es Mercedes-Sportchef Norbert Haug zusammen. In der Tat: Wo Regenreifen besser sind, wählt die HWA-Mannschaft für den Briten Slicks. Nach der Korrektur dieses Fauxpas ist Paffett dann mit Regenreifen unterwegs, als Slicks bereits die besseren Haftwerte erzielen. Der Champion von 2005 wird so nur Achter. Allein einer der drei Titelkandidaten erreicht den vierten Abschnitt des Zeittrainings: Audi-Mann Mattias Ekström bildet mit Teamkollege Tom Kristensen Reihe zwei hinter den Mercedes-Youngstern Bruno Spengler und Paul Di Resta.

Verspekuliert – Timo Scheider lässt im Zeittraining mit Reifenpoker eine gute Ausgangslage liegen

DTM Dijon-Prenois

Ein Zwischenspiel. Nach dem Warm-up herrscht reges Treiben hinter den Audi-Boxen. Renningenieur Armin Plietsch, Abt-Technikchef Albert Deuring und Audi-Sportchef Dr. Wolfgang Ullrich versammeln sich zur Laufflächen-Analyse der in den morgendlichen Longruns verwendeten Reifen. Die Mienen sind ernst, die Lage angespannt. Bereits bei den Testfahrten vor der Saison platzen die Dunlop-Einheitspneus bei beiden Herstellern regelmäßig. Man will ganz sicher gehen – und erhält das Okay der Dunlop-Technikern für die geplanten Sturzwerte der Fahrzeuge. Die Temperatur liegt bei zwölf Grad.

Des Dramas zweiter Teil. Sonntag, Rennen von Dijon-Prenois. Die Temperaturen sind merklich gestiegen. 20 Grad zeigt das Quecksilber zu Rennstart an, dazu ist die morgendliche Feuchte auf der Strecke gänzlich gewichen. Am Start setzt sich Polesitter Bruno Spengler mit seiner C-Klasse an die Spitze, nur Tom Kristensen im Audi und Spengler-Stallgefährte Di Resta tauschen die Plätze. Mattias Ekström ist Vierter. Seine Titelkontrahenten wursch-

Alexandre Prémat, der beim Heimspiel Elfter wird

„Das Ergebnis nach diesem Durcheinander am Ende ist natürlich nicht das, was es sein sollte"

teln sich in der Anfangsphase Stück für Stück nach vorn. Dazu wählen Paffett und Ekström die exakt gleiche Strategie, um sich Platz für Platz zu verbessern: einen kurzen ersten Stint. Schon in Runde zwölf absolvieren die beiden ihren ersten Pflicht-

Kein Kommentar – Markus Winkelhock fährt im Rennen auf die zehnte Position

Verbesserungen im Detail: der Kalender

In Sachen Rennkalender kann die DTM seit Jahren auf große Konstanz verweisen. Dennoch gibt es immer wieder Verbesserungen im Detail. 2009 wird auf Wunsch der engagierten Hersteller die Zahl der Rennen auf zehn verkürzt – unter dem Schlagwort Kostenersparnis. Weichen muss deshalb der Lauf im italienischen Mugello. Statt Le Mans – wo wenige der Auflagen der ITR auch in die Tat umgesetzt wurden – wird das französische Gastspiel erstmals in Dijon-Prenois ausgetragen. In der Vorbereitung kommen Vertreter der Organisatoren zu jedem DTM-Rennen, um sich vor Ort zu informieren. Die Premiere gelingt ordentlich, Kritikpunkte gibt es wenige. Allein die Zufahrtswege stellen sich beim großen Ansturm der Zuschauer als Nadelöhr heraus. Das Konzept der schrittweisen Anpassung des Kalenders soll sich angesichts guter Erfahrungen auch im Folgejahr bewähren: Auftakt und Finale werden ohnehin traditionell in Hockenheim ausgetragen, EuroSpeedway, Oschersleben, Norisring und Nürburgring sind die festen deutschen Größen. Brands Hatch und Zandvoort gelten als fixe Auslandsrennen. Allein in Spanien steht ein Wechsel zur Debatte: Statt Barcelona soll Valencia das Rennen austragen.

Au revoir, Le Mans – das Rennen in Dijon-Prenois feiert 2009 eine gelungene Premiere

Bestes Saisonrennen – von Startplatz sechs gelingt Ralf Schumacher mit Position fünf das bislang beste DTM-Ergebnis

stopp. Als in Runde 21 Timo Scheider erstmals zum Wechsel kommen will, platzt ihm zwei Kurven vor der Boxeneinfahrt hinten links der Reifen. Der Tabellenführer rettet sich mit nur fünf Sekunden Zeitverlust an die Abt-Box. Doch der zerfetzte Reifen hat reichlich Carbonteile am Heck seines A4 DTM zerschlagen. Dennoch: Glück im Unglück. Andere erwischt es härter.

Als die Pflichtstopps erledigt sind, liegt Mattias Ekström an der Spitze des Feldes, dicht gefolgt von Gary Paffett. Das Duo fährt sich mit mörderischen Zeiten einen satten Vorsprung von etwa zehn Sekunden auf Platz drei heraus. Als in Runde 45 auch der linke Hinterreifen von Tom Kristensen hochgeht, wird es im Teamfunk hektisch. Ekström erhält die Anweisung, langsamer zu fahren und Paffett vorbeizuwinken. Denn Platz zwei wäre gleichbedeutend mit weiter intakten Titelchancen, derweil sich Timo Scheider zwar in die Punkte vorgefahren hat, aber auf Rang sieben festhängt. Doch auch Ekström ereilt ein Reifenschaden. Ausgangs der Pouas-Kurve ist auch sein hinterer linker Pneu dahin – und der Weg zur Box weit.

Nach dem fünften Reifenschaden des Tages – Martin Tomczyk erwischt es in der Anfangsphase untypischerweise vorn rechts, Oliver Jarvis mit dem Hinten-links-Klassiker in Runde 42 – wird überall im Feld Tempo herausgenommen. Beim nun

104 DTM Dijon-Prenois

Logenplatz – Gary Paffett hetzt Mattias Ekström vor sich her, bis dieser einen Reifenschaden erleidet

Timing ist alles – Martin Tomczyk und die Konkurrenz müssen im Zeittraining auf die richtigen Reifen setzten. Nicht allen gelingt das

Kämpferherz – Tomczyk hält in der Schlussphase eine ganze Meute in Schach

Führenden Paffett mischt sich – und das ist selten – Mercedes-Benz-Sportchef Norbert Haug in den Funk ein. Seine Anweisung ist eindeutig: weniger Tempo, keine Fahrten mehr über Kerbs. Absolute Vorsicht. Die waltet auch bei Timo Scheider, der Rang sechs zu verteidigen sucht und dabei auf die Schützenhilfe von Martin Tomczyk angewiesen ist. Der gebürtige Rosenheimer hält gekonnt eine ganze Meute von Jahreswagenfahrern beider Lager und damit auch Teamkollege Mattias Ekström in Schach, der sich nach dem dritten Reifenwechsel kurzzeitig Rang acht sichert, dann aber von Mathias Lauda im Mercedes-Benz-Jahreswagen kassiert wird. Damit endet das Rennen auf dem Klimax.

Und das Reifendrama von Dijon hat einen echten Gewinner. Gary Paffett lächelt im Ziel ein bisschen schief, als er sagt: „Jetzt sieben Punkte Rückstand sind besser als vorher 14. Wir haben hier sieben gutgemacht, warum sollte das beim Finale in Hockenheim nicht auch klappen? Aufgegeben wird jedenfalls noch nicht." Der einzige, der weiter abwiegelt, ist Norbert Haug. Der hatte Audi bereits in Barcelona zum Titel gratuliert.

Pinnwand DTM Dijon-Prenois

1 Danksagung – Bruno Spengler erobert die Pole-Position **2** In der Kritik – mit mäßigem Tempo steht Maro Engel im Rennen Mattias Ekström im Weg **3** Anführer – Mercedes feiert Fünffachsieg, Paffett gewinnt **4** Relaxt – Tom Kristensen holt Startplatz drei **5** Kommunikator – Rosberg-Teamchef Arno Zensen **6** Qual der Wahl – Regenreifen oder Slicks ist die Frage im Zeittraining **7** Geplatzt – Reifen und Punktetraum von Oliver Jarvis

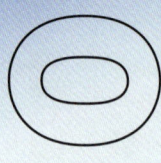

Doppler-Effekt

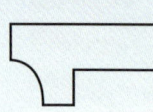

Zweiter Titel dank Rang zwei. Timo Scheider sichert sich in Hockenheim mit dem Platz hinter Rennsieger Gary Paffett die Meisterschaft. Eine mit Nachhall in der DTM-Geschichte. Denn der Audi-Mann ist erst der zweite erfolgreiche Titelverteidiger nach Bernd Schneider

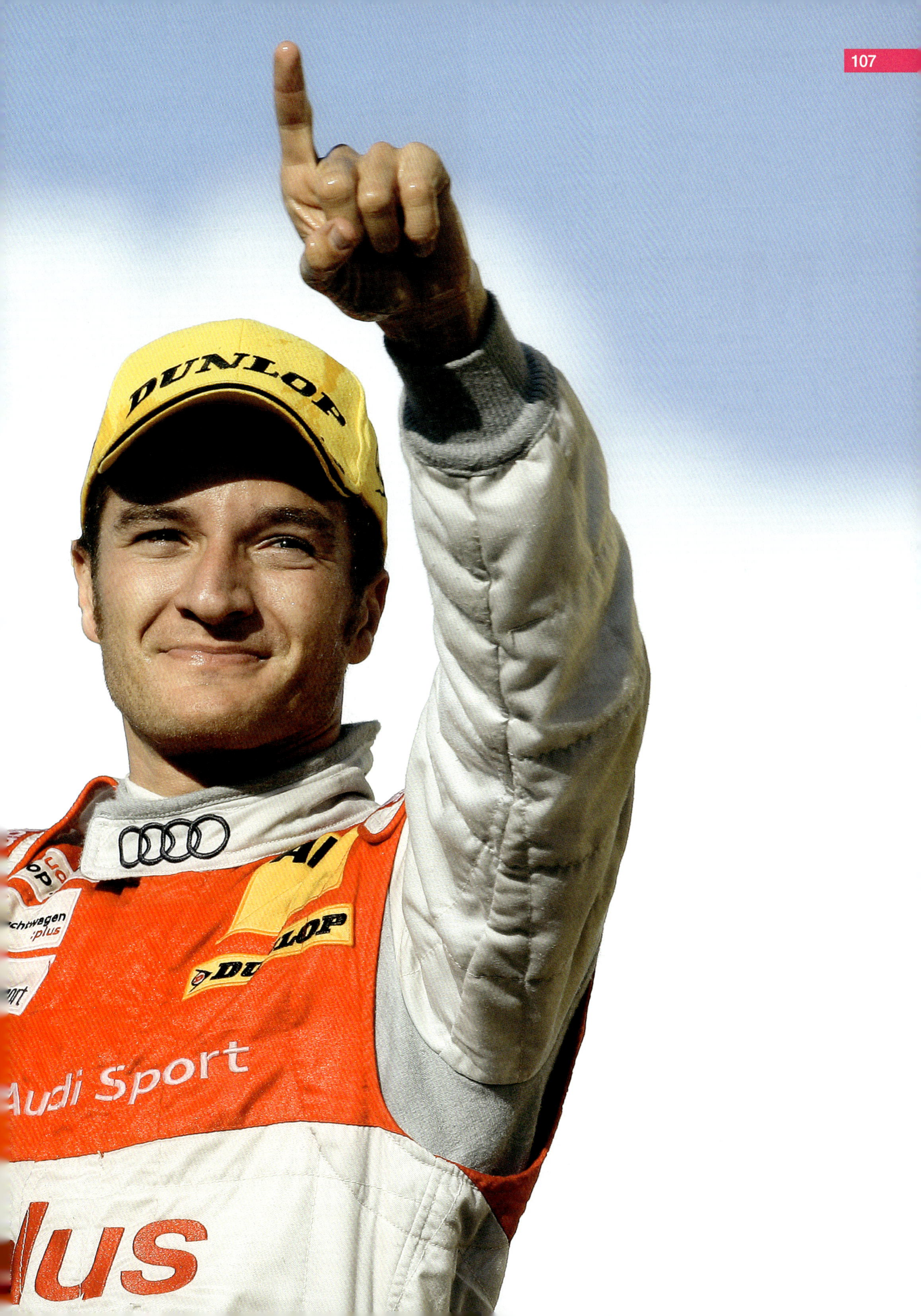
DUNLOP
Audi Sport
DUNLOP

Mercedes-Benz-Tribüne. Fahrer der Stuttgarter Marke bedanken sich mit sogenannten Donuts. Das letzte DTM-Rennen ist vorbei. Die letzten Reifensätze der Saison werden vor den treuen Fans brachial zum Zwecke der Show heruntergeschmirgelt. Es sind deren vier Mercedes-Mannen, die dieses Schauspiel liefern. Der Rauch legt sich, die Mercedes-Mannen setzen ihre Auslaufrunde fort. Zurück bleiben auf dem Asphalt: vier Ringe aus Dunlop-Gummi.

> „Erst Bremsprobleme, dann Übersteuern. Ich war froh, als es endlich vorbei war"
> **Markus Winkelhock, der beim Finalrennen den letzten Punkt für Rang acht einstreicht**

333

RENNEN feiert Hans Werner Aufrecht als ITR-Vorsitzender in Hockenheim. Sein erstes wurde am 13. Juli 1986 auf dem Nürburgring ausgetragen. Als Erinnerung gibt es eine Kollage mit Fahrersignaturen.

Die Stimme überschlägt sich. „Ihr seid die Geilsten". Der Funk gerät an die Grenzen der Übertragungsqualität. Für derartige Stimmgewalt und derlei bahnbrechende Emotion ist er nicht konstruiert. Es krächzt und scheppert gewaltig. In den Kopfhörern der Ingenieure und der Audi-Verantwortlichen muss sich dieser Satz aus technischer Hinsicht grauenvoll anhören. Doch inhaltlich klingt er wie Musik. Als Timo Scheider beim Saisonfinale der DTM die Ziellinie überquert und die traditionellen Pyrotechniken die Start-Ziel-Gerade in eine Partyzone verwandeln, schallt noch mehr, noch Bedeutenderes, durch den Äther. „Danke, Jungs, ihr habt mich zu dem gemacht, was ich bin", schickt der alte und neue Champion unter Tränen hinterher. Er hat Geschichte geschrieben. Ist der einzige DTM-Pilot nach Bernd Schneider, dem die erfolgreiche Titelverteidigung gelingt. Und Audi der erste Hersteller, der drei Meisterschaften in Folge holt.

Geschichte wiederholt sich. Timo Scheider steht unter Druck, ganz wie im vergangenen Jahr. Zwar ist der Punktevorsprung vor dem Abschlussrennen der Saison größer als im Vorjahr – ein Aussetzer darf allerdings nicht passieren, sollte der einzige verbliebene Gegner, Gary Paffett,

Vierter Sieg – gäbe es einen Medaillenspiegel, Gary Paffett läge im Jahr 2009 vorn

siegen oder Zweiter werden. Um aus eigener Kraft die Entscheidung herbeizuführen, muss Scheider mindestens Fünfter werden. Vergangene Saison standen vor dem Finale deshalb maximale Konzentration und Entspannung auf dem Programm: Damals quartierten die „Äbte" ihren Piloten im Allgäu in ein Edelhotel ein. Alle Ablenkung wurde ausgeschaltet. Ein gutes, ein erfolgreiches Rezept. Wiederholung 2009? Nein. Denn Timo Scheider geht diesmal einen ganz anderen Weg. Statt die Nerven zu beruhigen, unternimmt der Wahlösterreicher einen Fallschirmsprung. Purer Adrenalin-Kick statt Wellness.

Die Ausgangslage verbessert sich im Zeittraining weiter zugunsten von Timo Scheider. Zwar tut Gary Paffett, wie ihm geheißen, wird Zweiter und steht damit in der ersten Startreihe. Doch Scheider gibt sich ebenfalls keine Blöße, qualifiziert sich für Zeittrainingsabschnitt vier und darin auf Platz drei. Noch besser: Teamkollege Mattias Ekström, der beim vergangenen Rennen in Dijon-Prenois eines Reifenplatzers wegen seine Titelchancen eingebüßt hat, erobert die Pole-Position. Auch der Rest der Startaufstellung entspricht den träumerischsten Audi-Erwartungen: Fünf Audi A4 DTM liegen in den Top Sieben. Und

Junger Stern – Jamie Green ist bester Gebrauchtwagen-Pilot 2009

Abschied von Tom Kristensen

Mit dem Rennen auf dem Hockenheimring beendet Tom Kristensen seine DTM-Karriere. Für den „König von Le Mans" steht in Zukunft das Sportwagen-Programm von Audi im Vordergrund. Bei seinem 60. DTM-Rennen wird der sympathische Däne angesichts seines Abschieds mehrfach geehrt. Augenscheinlichste Danksagung für die gemeinsame Zeit: eine Sonderlackierung des Audi A4 DTM. „Als ich am Freitag in die Box kam und den Schriftzug ‚Danke Tom' sah, war ich schon bewegt", so Kristensen. „Mit Menschen, die irgendwann zu Freunden werden, gemeinsam etwas zu schaffen – das ist es, was den Rennsport schön macht." Auch seine Teamkollegen schicken einen Gruß in Richtung des 42-Jährigen: eine Gehhilfe für Senioren im Renntrimm, Helm im Gepäckkorb und ein im Rückspiegel eingeklebten Foto von Lieblingsgegner Bruno Spengler. Das schönste Präsent wird Kristensen jedoch von der ITR gemacht. Kult-Karikaturist Jim Bamber zeichnet eines seiner in der Motorsport-Szene berühmt gewordenen Bilder. Auch hier: Gehhilfen und Seitenhiebe auf das Alter Kristensens inklusive. Es wird jedoch ganz sicher ein Wiedersehen geben. „Hans-Jürgen Abt hat mir versprochen, dass ich das Renntaxi fahren darf."

Bewegter Abschied – Tom Kristensen bekommt eine Karikatur von Jim Bamber überreicht

sämtliche Abt-Sportsline-Piloten reihen sich beim Start auf der linken, der besseren Startseite auf. Zwar postiert sich Mercedes-Youngster Paul Di Resta neben Timo Scheider, doch der Schotte ist die einzige Hilfe, die Gary Paffett erwarten kann. Der 23-Jährige übt sich in psychologischer Kriegsführung: „Gary soll sich nur darauf konzentrieren, das Rennen zu gewinnen. Ich kümmere mich dann schon um Timo Scheider." Große Töne.

Und tatsächlich geht es im Anfangsstadium des Rennens rustikal zu. Ekström und Scheider erwischen einen guten Start. Während der Schwede die Führung übernimmt, setzt sich Scheider neben Paffett, ist aber in der Nordkurve außen und muss dem Briten den Vortritt lassen. Der setzt sich hartnäckig mit Wikinger Ekström auseinander: Der Brite drückt Ekström leicht

Turbulentes Finale – Mathias Lauda ist schnell, trifft aber auch Tom Kristensen

aufs Gras und geht vorbei, in der Spitzkehre folgt der versuchte Konter. Zweimal klopft Ekström am Heck von Paffett an. Weiter hinten im Feld fallen zwei Audianer einer Startrangelei zum Opfer. Ralf Schumacher verbremst sich in der Spitzkehre, schiebt Tomczyk in Engel und Kristensen. Eine

Letzte Motivationsspritze – das süße Lächeln der Gridgirls

Der Anfang von Ende – am Start zum Finale hat Mattias Ekström die Nase noch vorn, scheidet aber später aus

Kurve später – vor der Mercedes-Benz-Tribüne – muss sich Timo Scheider der Angriffe von Paul Di Resta erwehren, blockt diese jedoch gekonnt ab. Da der HWA-Mann die weite Linie wählen muss, nutzt Oliver Jarvis die Gelegenheit. Doch dieser Platztausch wird bereits eine Runde später wieder zurückabgewickelt.

Ein beinhartes Duell liefern sich weiterhin auch Mattias Ekström und Gary Paffett. Als der Brite sich in Runde zwei vor der Spitzkehre verbremst, setzt sich Ekström daneben, hat aber in der Folge wieder das Nachsehen. Dasselbe Schauspiel eine Runde später, doch diesmal ist Ekström vorbei. Sein Audi A4 DTM ist jedoch von der herzhaften Rangelei gezeichnet: Heimlich, still und leise tröpfelt bereits Kühlflüssigkeit aus einem Leck im Kühler. Zwei Runden später muss Ekström tatsächlich aufgeben. „Das ist Racing", lautet sein Kommentar. „Und so soll das ja auch sein." Gegner Paffett stimmt zu: „,Eki' fährt hart, ich aber auch. Wir sind immer ordentlich miteinander umgegangen. Und ich war fest entschlossen, das Rennen zu gewinnen."

Die Vorzeichen haben sich mit der Anfangsphase also gedreht. Jetzt ist nicht mehr Paffett, sondern Scheider auf einsamem Posten. Doch anders als die verbale Drohung nach dem Qualifying vermuten lässt, hält sich Paul Di Resta auf Rang drei fair mit Angriffen zurück. Scheiders Aufgabe ist jetzt schlicht und einfach: Auto nach Hause tragen, mindestens Fünfter

Susie Stoddart, die nach einem Unfall ausscheidet

„Leider brach die Aufhängung und ich bin eingeschlagen. Lieber schnell und in der Mauer als langsam und im Ziel"

werden. „Keine leichte Situation", so Scheider nach dem Rennen. „Obwohl ich schnell gemerkt habe, dass ich meine Pace selbst bestimmen kann. Ich hätte Paul durchlassen oder sogar Gary angreifen können. Doch ich bin vorsichtshalber nur 95 Prozent gegangen." Scheider meidet die Kerbs und herumliegende Carbonteile. Den Funkspruch, neue Reifen zu fassen, quittiert Scheider betont cool mit einem langen „Ooookaaaay". Die psychologische Hilfe für seine Jungs wirkt: Beide Stopps gelingen exquisit. Eine Safety-Car-Phase kurz vor Schluss des Rennens, verursacht von Mercedes-Dame Susie Stoddart, kommt Scheider darüber hinaus eher gelegen. So kann er materialschonend seine Kreise drehen.

Im Schatten der Top Drei dreht Alexandre Prémat zum Saisonabschluss noch mal auf und erntet begeisterte Ansagen seines Renningenieurs via Funk. Der Franzose hat einen perfekt liegenden Vorjahres-Audi-A4-DTM zur Verfügung und macht davon Gebrauch. Prémat arbeitet sich mit einem langen, konstant schnellen ersten Stint auf die vierte Position nach vorn. Er ist jetzt Scheiders Lebensversicherung. Beim Restart hält Prémat großen

Unter uns – Oliver Jarvis (links) und Markus Winkelhock fahren beim Finale in die Punkte

Dry Scotch – der Schotte Paul Di Resta verspritzt als Dritter beim Finale noch einmal „Henkell trocken"

Flink in Pink – Mercedes-Lady Susie Stoddart absolviert die siebtschnellste Rennrunde

Hoher Besuch – Formel-1-Vizeweltmeister Sebastian Vettel hält beim Mercedes-Kader Visite

Abstand zu den Vordermännern, um kniffligen Situationen vorzubeugen.

Gary Paffett ist der Triumph nicht mehr zu nehmen. Es ist sein vierter in der Saison. „Doppelt so viel wie der zweitbeste", wie der „Vize"-Champion betont. „Es war ein sehr, sehr gutes Jahr für mich. Ich habe vier außergewöhnliche Siege gefeiert." Doch nicht er, sondern Konkurrent Timo Scheider feiert am Ende den Titel. „Damit habe ich gerechnet. Er hat es verdient."

Denn Scheiders Geduld hält bis zum Schluss. Rang zwei hinter Sieger Gary Paffett bedeutet den zweiten Titelgewinn in Folge. Die Freude des 30-Jährigen kennt keine Grenzen. Auf der Auslaufrunde hält Scheider an und macht's wie Helio Castroneves in der Indy Racing League: Er stürmt den FIA-Sicherheitszaun und jubelt den Fans zu – ein deutscher Spiderman. Die Boxengasse entwickelt sich zum Tollhaus: Auf schwarzen T-Shirts präsentieren die Audianer die Botschaft des Tages: „07/08/09 – Hattrick" steht darauf zu lesen. In Ingolstadt ist man stolz auf das Erreichte. Und der Champion erst: „Dieser Titelgewinn ist das Allergrößte für mich."

Pinnwand DTM Hockenheim

1 Promis I – Fernsehkommentator Heiko Wasser und Starkoch Steffen Henssler
2 Promis II – Ex-Formel-1-Teamchef Eddie Jordan **3** Promis III – Air-Race-Champion Hannes Arch mit Martin Tomczyk **4** Promis IV – Boxerin Ina Menzer zu Besuch bei Mercedes
5 Promis V – Boris Becker bei einer Renntaxi-Fahrt **6** Promis VI – Topmodel Eva Padberg stattet der DTM in Hockenheim ebenfalls einen Besuch ab

114 **TOURENWAGEN-WM** Saison 2009

Rollentausch

Vom Jäger zum Gejagten. 2008 noch Gesamtzweiter der Tourenwagen-WM, ein Jahr später Champion. Gabriele Tarquini ist mit 47 Jahren auf dem Höhepunkt seiner Motorsport-Karriere angekommen

TOURENWAGEN-WM Saison 2009

Das Beste kommt bekanntlich zum Schluss. Eine Floskel. Die gilt aber für die World Touring Car Championship (WTCC) im Jahr 2009 zu 100 Prozent. Siege, Niederlagen, Tränen, Unfälle. Alles hält die WM-Saison bereit. Aber das Drama beim Saisonfinale hätte kein Drehbuchautor schreiben können.

Die Voraussetzung: zwei SEAT-Piloten an der Spitze der Tabelle. Gabriele Tarquini, Gesamtzweiter 2008, führt mit 115 Punkten. Yvan Muller, Titelverteidiger, folgt mit 113 Punkten. Auf Rang drei lauert BMW-Fahrer Augusto Farfus mit 102 Zählern. Der Brasilianer hat zumindest noch eine theoretische Titelchance.

Die WTCC reist zum traditionellen Saisonfinale nach Macau. Tarquini oder Muller? Das ist hier die eigentliche Frage. Kein Fahrer des Aspiranten-Trios zeigt im ersten von zwei Qualifying-Teilen eine Schwäche. Alle rücken in den zweiten Teil vor. Dann geschieht das Unfassbare: Tarquini und Muller rutschen auf Bindemittel aus, das die Rennleitung wegen eines Unfalls aus der vorigen Session auf dem Asphalt verteilt hat. Beide krachen in die Streckenbegrenzung und können das Zeittraining abhaken. Nur die Startplätze sieben und acht. Augusto Farfus könnte der lachende Dritte sein. Kurz vor Quali-Ende liegt er an der Spitze des Zeitentableaus, wird aber noch von Chevrolet-Mann Robert Huff und Markenkollege Andy Priaulx überholt.

Im ersten Lauf stellt Tarquini die Weichen Richtung Titel, als er sich dank eines guten Starts von Rang sieben auf Platz drei nach vorn katapultiert. Am Ende wird es sogar Rang zwei, Muller wird nur Fünfter. Der Vorsprung beträgt schon sechs Punkte. Im zweiten Lauf macht der Italiener den Sack zu. Rang fünf reicht, während Muller dank Rang drei auf das letzte Podest der Saison klettert. Die beiden Laufsiege sichern sich Robert Huff und Augusto Farfus. Tarquini stellt mit seinem Triumph einen Rekord auf: Mit seinen 47 Jahren ist er der älteste Rennfahrer, der einen von der FIA ausgeschrieben WM-Titel feiert.

Zwei weitere Titel heimst SEAT ein: Die Lorbeeren in der Privatfahrerwertung erntet Leon-Privatier Tom Coronel, den Titel in der Konstrukteurswertung verteidigen die Spanier mit Bravour.

Die Hände zum Himmel – Gabriele Tarquini reichen beim Saisonfinale in Macau ein zweiter und ein fünfter Rang zum Gewinn des Fahrertitels

Finito – das letzte Rennen der Saison in Macau gewinnt Augusto Farfus vor Jörg Müller (beide BMW)

Gabriele Tarquini nach dem Gewinn der WTCC-Fahrertitels

Teams und Fahrer
Neuzugang Lada – herzlich willkommen

„So einen wichtigen Titel nach so einer langen Karriere zu gewinnen – unfassbar"

Er ist keine Erfolgsgarantie, aber auf jeden Fall ein großer Vorteil: der werksseitige Renneinsatz einer Marke. SEAT, BMW und Chevrolet werden seit dem Comeback der WTCC im Jahr 2005 von den jeweiligen Autokonzernen unterstützt. Auf technischer, personeller und finanzieller Ebene. Das Prinzip ist simpel: Der Hersteller investiert in den Motorsport und erhofft sich durch die Platzierung der Marke auf einer attraktiven Plattform einen Image- und dadurch Absatz-Zugewinn im Segment der Straßenwagen. Diesen Weg beschreitet 2009 Lada ebenfalls. Zumindest in der Theorie begegnen sich die vier werksunterstützten Marken auf Augenhöhe. In der Praxis weniger. Ein Blick in die Lager vor Saisonbeginn.

SEAT ist Titelverteidiger. Sowohl in der Fahrer- als auch in der Konstrukteurswertung. Das muss SEAT-Sport-Direktor Jaime Puig runtergehen wie Öl. Im vergangenen Jahr, im vierten Anlauf, haben die Spanier die Siegesserie von BMW und Andy Priaulx durchbrochen. Ein durchschlagender Erfolg. Es gibt keinen Anlass, für 2009 irgendetwas zu ändern. Weder das Auto, noch das Fahrerteam. So schickt Puig mit Weltmeister Yvan Muller, Jordi Gené, Tiago Monteiro, Rickard Rydell und dem Gesamtzweiten von 2008, Gabriele Tarquini, das Quintett des Vorjahres ins Rennen. Als fahrbarer Untersatz dient erneut der SEAT León TDI. T – D – I. Drei Nadelstiche für Konkurrent BMW, die immer noch nicht verheilt sein dürften. Der Siegeszug der gelben Renner mit Dieselantrieb in der zuvor von BMW mit benzinbetriebenen Fahrzeugen beherrschten Szene hatte 2008 eine riesige Diskussion um die verschiedenen Systeme in Gang getreten und die Saison beherrscht. Die Regelhüter waren mehrfach während der Saison damit beschäftigt, die Lager durch Technikeinschnitte anzugleichen. Ob es letztendlich gelang, sei dahingestellt. SEAT triumphierte jedenfalls und peilt auch 2009 ein erfolgreiches Jahr an.

Fünf Musketiere – die SEAT-Werkspiloten Jordi Gené, Rickard Rydell, Tiago Monteiro, Gabriele Tarquini und Yvan Muller (von links)

118 TOURENWAGEN-WM Saison 2009

Inner circle – die fünf Werkspiloten der BMW-Länderteams: Alessandro Zanardi, Sergio Hernández, Jörg Müller, Andy Priaulx und Augusto Farfus (von links)

Um die erfolgreichste Marke der WTCC-Geschichte BMW gibt es schon zum Ende der abgelaufenen Saison ein großes Rätselraten. Schreiben sich die Münchener auch für die Saison 2009 ein? Hintergrund dieser Hängepartie ist die in den Augen von Motorsport-Direktor Dr. Mario Theissen unklare Regulierung der verschiedenen Antriebssysteme. BMW will weiterhin – sollten sie 2009 starten – auf die bewährten 320er mit Benzinantrieb setzen. Um einem erneut möglichen Ungleichgewicht zwischen Diesel- und Benzinautos aus dem Weg zu gehen, kündigt Theissen an, nur in der WM zu bleiben, wenn schon vor der Saison ein ausgeklügeltes System zur Ausbalancierung der Leistungspotenziale vorliege. Ende November atmen dann alle Fans auf: BMW bleibt. „Ich freue mich, dass hinsichtlich des 2009er-Reglements ein Kompromiss erreicht wurde und ein fairer und ausgeglichener Wettkampf zwischen den Herstellern ermöglicht ist", so Theissen. Im Klartext: Die Motorsportbehörde FIA dreht den Turbo-Dieseln den Hahn zu. Der relative Ladedruck wird auf 2,5 bar begrenzt und der Luftmengenbegrenzer um einen auf 34 Millimeter verringert. Das kostet etwa 18 PS. Die Ausgangsposition ist für BMW in der Saison 2009 eine ungewohnte: Zum ersten Mal in der Geschichte der Meisterschaft stehen die Piloten vor der Aufgabe, den WM-Titel zurückzuerobern, anstatt ihn zu verteidigen. Vor 2008 hatte BMW bei jeder Ausgabe der WTCC triumphiert. 1987 errang Roberto Ravaglia am Steuer eines BMW M3 den ersten je im Tourenwagensport vergebenen WM-Titel, dann ließ Andy Priaulx nach der langen WTCC-Pause zwischen 2005 und 2007 drei weitere Titel folgen. Auch bei den Herstellern setzte sich BMW drei Mal en suite durch. Die Chancen auf ein Titel-Comeback stehen angesichts des namhaften Fahreraufgebotes hervorragend. BMW schickt auch 2009 drei Länderteams an den Start. Das BMW Team Germany von Schnitzer Motorsport mit Teammanager Charly Lamm tritt wie schon 2007 und 2008 mit der Fahrerpaarung Augusto Farfus und Jörg Müller an. Im BMW Team Italy-Spain von Ravaglia und Umberto Grano fährt Alessandro Zanardi in diesem Jahr an der Seite seines neuen Teamkollegen Sergio Hernández, der Félix Porteiro beerbt. WTCC-Rekordchampion Priaulx kämpft erneut für das BMW Team UK von Bart Mampaey um Punkte und Siege. Das Einsatzauto des Quintetts ist ein in vielen Bereichen weiter optimierter BMW 320si.

Blaue Armada – Robert Huff, Alain Menu und Nicola Larini (von links) fahren für das Chevrolet-Werksteam. 2009 feiert der neue Einsatzwagen Cruze sein Debüt

Generationen – das Lada-Team setzt 2009 sowohl das alte Modell 110 (hinten) als auch den neuen Priora ein

Während BMW und SEAT gewohnte Wege in Sachen Einsatzfahrzeug gehen, steht für den dritten Global Player im Bunde, Chevrolet, die wohl wichtigste WTCC-Saison in den Startlöchern. Die Briten des in Northamptonshire beheimateten Einsatzteams Ray Mallock Ltd haben den seit 2005 eingesetzten Lacetti eingemottet und vertrauen ab sofort auf das neue Modell Cruze. Noch vor dem Ende der 2008er-Saison lädt „Chevy" zu einem Showdown der besonderen Art nach Portugal ein: Der designierte Rentner Lacetti und der Newcomer Cruze stehen sich auf dem Circuito do Estoril gegenüber. Die Jungfernfahrt des Cruze glückt. Bei der Fahrerwahl lässt Chevrolet hingegen Konstanz walten: Mit Robert Huff, Alain Menu und Nicola Larini greift auch in dieser Saison das bewährte Erfolgs-Trio in das Steuer.

Bei Werksneuling Lada gehen zu Beginn der Saison Jaap van Lagen, Kirill Ladygin und Teamchef Viktor Shapovalov noch mit dem Modell der Vorsaison, dem Lada 110, auf Punktejagd. Zur Saisonmitte soll dem Trio dann das neue Modell Priora Flügel verleihen. In Porto, also mit Beginn der zweiten Saisonhälfte, setzt Lada sein Versprechen um. Die Überraschung allerdings: Nicht van Lagen, Ladygin oder Shapovalov gebührt die Ehre der Debütfahrt unter Wettbewerbsbedingungen, sondern James Thompson. Der Brite war Opfer des Ausstiegs des privaten N.Technology-Teams geworden und hatte für die neue Saison kein Stammcockpit ergattert. Thompson, WM-Dritter im Jahr 2007, unterstützt das Lada-Team an vier Rennwochenenden. Ab Oschersleben nehmen alle drei Lada-Piloten in einem Priora Platz.

Die Werksteams sind die Basis. Aber was wäre die Basis ohne eine ansprechende Garnitur? Funktioniert auch in der WTCC nicht. Und daher engagieren sich Jahr für Jahr zahlreiche Privatteams, die versuchen, die „Großen" zu ärgern, Geld zu verdienen und ihre Sponsoren zu präsentieren. Nur zum Vergleich: Die Heerschar der bei den Privaten eingesetzten Piloten ist doppelt so groß wie die Stammfahrerschaft der Werksteams. Mit Wiechers-Sport und Team Engstler samt Chef Franz Engstler sind auch 2009 wieder zwei deutsche Privatteams mit von der Partie.

Neuigkeiten
Neuzugang Marokko – herzlich willkommen

Die Tourenwagen-Weltmeisterschaft erschließt mit der marrokanischen Metropole Marrakesch auch 2009 wieder ein neues Fleckchen Erde. Damit ist die WTCC die erste Weltmeisterschaft unter dem Dach der FIA, die nach mehr als 15 Jahren wieder Motorsport auf dem Schwarzen Kontinent betreibt. Marrakesch selbst, auch die „Perle des Südens" genannt, heißt zum ersten Mal seit dem Formel-1-Rennen im Jahr 1958 wieder eine FIA-WM willkommen. Man merkt schon: Die Millionen-Metropole am Fuße des zumeist schneebedeckten Atlas-Gebirges ist ein Exot im Terminkalender. Auf die Akteure wartet bei etwa 30 Grad Celsius Lufttemperatur ein neuer Stadtkurs, dessen Schirmherrschaft König Mohammed VI. höchstpersönlich innehat.

Hängepartie – für Rickard Rydell ist der neue Kurs in Marokko kein gutes Pflaster

Keine neue Saison ohne neue Regeln. Das System der Handicap-Gewichte wurde überarbeitet. Demnach löst das sogenannte Kompensationsgewicht den bisherigen Erfolgsballast ab. Der größte Unterschied ist dabei, dass nicht mehr das Auto des einzelnen Piloten beschwert oder entlastet wird, sondern dass die Gewichtsregelung auf alle Fahrer einer Marke angewendet wird – ähnlich wie in der DTM. Die WTCC-Organisatoren versprechen sich davon mehr Chancengleichheit. Zudem wurde das Qualifying wie schon in vielen anderen Rennserien geteilt. Fortan nehmen alle Piloten in der ersten Session Q1 teil, die zehn besten Fahrer machen in Q2 dann die ersten fünf Startreihen unter sich aus. Die übrigen Platzierungen ergeben sich aus dem Q1-Ergebnis. Die Startaufstellung des zweiten Rennens ergibt sich weiterhin aus dem Ergebnis des ersten Rennens, wobei die ersten acht Fahrer in umgekehrter Reihenfolge starten.

Perfekt – Yvan Muller, Jordi Gené, Rickard Rydell und Gabriele Tarquini (von links) feiern beim Auftakt in Brasilien einen Vierfachsieg für SEAT

Saisonverlauf
Und jährlich grüßt das Murmeltier

Die Wogen im Streit um die verschiedenen Antriebssysteme scheinen also im Gegensatz zum vergangenen Jahr frühzeitig geglättet. Dann steht einem ausgeglichenen und fairen Marken- und Fahrerkampf um die WM-Titel wohl nichts mehr im Wege, oder? Pustekuchen. Schon beim Zeittraining des ersten Rennwochenendes in Brasilien sehen die Zuschauer gelb: Alle fünf SEAT-Werkspiloten platzieren sich im ersten zweigeteilten Qualifying der Serien-Geschichte auf den Rängen eins bis fünf. Ein Schlag ins Gesicht für die etablierten Gegner BMW und Chevrolet. Aber noch halten sich die Proteste zurück. Die SEAT-Konkurrenz lobt lieber die Stärke der Selbstzünder, als schon wieder zu einem so frühen Zeitpunkt das Balance-Konzept der Systeme in Frage zu stellen. Lediglich Andy Priaulx bläst öffentlich Trübsal: „Die TDI-Motoren haben die Konkurrenzfähigkeit dieser Meisterschaft auf den Kopf gestellt. Ich hoffe sehr, dass wir dieses Jahr besser dastehen." Zumindest in den beiden Rennen im Zuckerhut-Land geht der Wunsch des dreimaligen Weltmeisters noch nicht in Erfüllung. Titelverteidiger Yvan Muller feiert den Sieg beim ersten Rennen des Jahres. Seine Diesel-Kumpel Jordi Gené, Rickard Rydell und Gabriele Tarquini folgen auf den Rängen zwei bis vier. Hoffnung für BMW: Félix Porteiro startet im zweiten Lauf von der Pole-Position. Im Rücken weiß der Spanier mit Andy Priaulx, Sergio Hernández und Augusto Farfus drei Markenkollegen. Erst dann folgen die SEAT auf

Glanzvoll – Regen und Sonne lassen den Kurs in Curitiba erstrahlen

100 ODER MEHR PUNKTE erreichen mit Gabriele Tarquini, Yvan Muller und Augusto Farfus 2009 drei Piloten. Bisher einmalig in der WTCC seit dem Comeback 2005

Jäger und Sammler – Andy Priaulx (links) und Augusto Farfus fahren in Mexiko überraschend gute Ergebnisse für BMW ein

den Rängen fünf bis acht. Aber es hilft alles nichts. Nicht mal der Regen, der den Kurs in Curitiba überflutet. Am Ende stehen wieder vier Diesel-SEAT mit Sieger Tarquini an der Spitze ganz vorn, gefolgt von drei BMW. Mit Jörg Müller meldet sich der nächste Kritiker zu Wort. Der Deutsche scheidet im ersten Brasilien-Lauf aus, im zweiten fährt er sensationell von Startrang 21 auf Rang fünf vor. „Ich finde das wirklich schlecht für die Meisterschaft und sehe ohne eine Änderung des Reglements absolut keine Chance, in diesem Jahr die Meisterschaft zu gewinnen", so der Vorwurf des Deutschen gegenüber der FIA, den auch Chevrolet-Fahrer Alain Menu unterschreibt: „Die Eingriffe der FIA waren einfach nicht tiefgehend genug."

Die SEAT-Konkurrenz rechnet am zweiten Rennwochenende mit dem Schlimmsten. Zu Recht, denn die Läufe in Puebla liegen den Turbo-Fahrzeugen wegen der Lage auf 2.300 Höhenmetern ohnehin. Dann aber die Überraschung: Mit Augusto Farfus und Andy Priaulx teilen nach dem Zeittraining zwei BMW-Piloten die erste Startreihe unter sich auf. Priaulx begründet dieses Ergebnis mit dem deutlich höheren Grip-Niveau des mexikanischen Asphalts im Gegensatz zum Vorjahr. Im ersten Lauf geht dann auch alles gut. Fast alles. Lediglich ein Herr namens Rickard Rydell, seines Zeichens – wie sollte es anders sein – SEAT-TDI-Pilot, vermiest BMW einen Zweifachsieg. Der Schwede überholt von Startplatz vier aus gleich zu Beginn das Führungs-Duo mit einem sehenswerten Manöver auf der Außenbahn der ersten Kurve und bringt den Vorsprung standesgemäß ins Ziel. Zwar kein Sieg für BMW, aber dank der beiden Podestplätze für Farfus und Priaulx die Gewissheit, dass Hopfen und Malz in dieser Saison doch noch nicht verloren sind. Auch im zweiten Lauf zeigt BMW eine

Exotentriumph – Lokalmatador Mehdi Bennani gewinnt in Marokko die Privatfahrer-Wertung

Erfüllung – Nicola Larini feiert in seinem 89. WTCC-Rennen den ersten Sieg

starke Mannschaftsleistung. Priaulx, Farfus, Hernández und Alex Zanardi entern die Top Sechs. Kleiner Schönheitsfehler: Mit Yvan Muller gewinnt erneut ein SEAT-Pilot.

Geschichtsbuch um ein paar Zeilen erweitert: Robert Huff ist der erste Fahrer, der ein Rennen in Marokko gewinnt. Gleichzeitig beschert er dem Chevrolet Cruze seinen Debütsieg. Und mit Lokalmatador Mehdi Bennani gewinnt erstmals ein Afrikaner die Wertung der Privatfahrer. Hinter Huff halten vier Diesel-SEAT die beiden anderen Cruze-Fahrer in Schach. Engstler kann seinen viel versprechenden Startplatz nicht in Zählbares ummünzen. Noch nicht. Im zweiten Lauf kauft der Procar-Meister von 2007 den Werks-BMW wie schon im Qualifying den Schneid ab und holt sich mit Rang acht den Sieg bei den Privaten. Einen noch größeren Triumph feiert Nicola Larini. Das italienische Urgestein beendet sein insgesamt 89. WTCC-Rennen zum ersten Mal auf dem ersten Platz.

Blaues Wunder

Marrakesch, Marokko. WTCC-Neuland. Im Prinzip ist es völlig offen, wer hier die Vormacht übernimmt. Aber eigentlich kann es nur heißen: SEAT oder BMW. Der erste Durchgang des Zeittrainings. Und vorn stehen – drei Chevrolet. Huch? Was ist denn da passiert? Ein Ausrutscher vielleicht? Doch keineswegs: Nach dem zweiten Quali-Segment stehen mit Robert Huff und Alain Menu immer noch zwei Chevy-Piloten ganz vorn. Lediglich Nicola Larini hat es auf Rang sechs ein wenig nach hinten verschlagen. Doppel-Pole für Chevrolet – die aber nur kurze Zeit später wieder gesprengt wird. Der Cruze von Menu lässt sich nach dem obligatorischen Wiegen nicht mehr starten. Entsprechend des Reglements werden dem Schweizer alle Zeiten aus Q2 gestrichen. Er fällt auf Startplatz zehn zurück.

Sein erstes Ausrufezeichen der Saison setzt Franz Engstler. Der Fahrer seines eigenen Teams Engstler qualifiziert sich für Startrang sieben. Damit ergattert er nicht nur die Pole-Position der Privatiers, sondern ist auch bester BMW-Pilot. Noch vor den Werkspiloten Jörg Müller und Andy Priaulx. Im ersten Rennen wird das WTCC-

Pinnwand Tourenwagen-WM

1 Zweiradler – Robert Huff auf ungewohntem Verkehrsmittel **2** Perfekte Welle – Kirill Ladygin im „Schwimmbad" von Curitiba **3** Relaxed – Jörg Müller in Marokko in Meditationspose **4** Kunststück – Alain Menu mit einer Sonderlackierung des Siegers eines Designwettbewerbs **5** Schwarz wie die Nacht – Tom Boardmans SEAT in Oschersleben

Das Marokko-Wochenende hat ein Nachspiel für alle Beteiligten. Kein sportliches, sondern ein politisches. BMW legt Protest gegen das Ergebnis ein. Hintergrund: wieder einmal die Diesel-Power der SEAT-Piloten. Die FIA hatte immer betont, dass die technischen Möglichkeiten, um eine Maximalgrenze des Ladedrucks zu überprüfen, nicht ausgereift seien. Nach einer ursprünglichen Ablehnung dieser Begrenzung wurde der Wert von 2,5 bar mit einer Toleranz von 0,4 bar aber trotzdem im Reglement verankert. Ein Widerspruch. Vermutet zumindest BMW und will die Sachlage klären lassen. Eine Woche später das Ergebnis: Tatsächlich war Tiago Monteiro, einer der fünf TDI-Piloten, mit einem zu hohen Ladedruck unterwegs. Der Portugiese wird nachträglich aus der Wertung ausgeschlossen. Die FIA setzt den Ladedruck auf 2,5 bar ohne Toleranz fest. Basta. Ein Teilerfolg für BMW, aber noch keine Befriedigung. Das Diesel-Thema schwelt weiter.

Der WTCC-Tross reist nach Pau, Frankreich. Das Qualifying schlägt ein weiteres Kapitel im „Diesel-Streit" auf. Sechs BMW, alle drei Chevrolet und nur ein SEAT rücken in das zweite Zeittraining-Segment vor. Und der einsame SEAT ist auch noch der Benziner von Tom Coronel. Die TDI-Armada ist durch die gedrosselte Power erheblich eingebremst. Bester Mann aus dem Quintett ist Rickard Rydell auf Rang 15. Nach am gleichen Abend gibt die SEAT-Führung ein offizielles Statement heraus, in dem sie sich über die Schwankungen im Regelwerk beschwert und sogar mit dem Ausstieg aus der Serie droht. In Pau will man jedoch auf jeden Fall fahren – nur eben nicht wie gewohnt an der Spitze, wie der erste Lauf zeigt: Robert Huff erwehrt sich tapfer der Angriffe eines BMW-Quintetts und feiert seinen zweiten Saisonsieg. Bester TDI-SEAT-Pilot ist Yvan Muller auf Rang elf. Im zweiten Lauf ist es zunächst Franz Engstler, der für Schlagzeilen sorgt. Der Deutsche katapultiert sich dank eines tollen Starts von Rang drei an die Spitze. Hinter ihm fliegen die Fetzen. Eine Reihe von Piloten kollidiert miteinander. Die Rennleitung reagiert und bereitet das Safety-Car auf einen Einsatz vor. Wie sich nach späteren Untersuchungen herausstellt, fährt der Fahrer des Sicherheits-Autos ohne das „Go" der

Spritziges Vergnügen – die beiden Chevy-Piloten Alain Menu (links) und Robert Huff gewinnen in Pau jeweils einen Lauf

Kuriosum – Franz Engstler (rechts) kollidiert mit dem Safety-Car

Perlenschnur – die Piloten der Tourenwagen-Weltmeisterschaft sind bei Autogrammjägern heiß begehrt

Leitung auf die Strecke. Obendrein zu langsam und auch noch direkt auf die Ideallinie. Fahrlässig hoch zehn. Engstler schießt bei vollem Tempo um die Kurve – und in das blockierende Safety-Car hinein. Das kuriose und bittere Aus für den Deutschen. Die Rennleitung bricht das Rennen ab. Den Neustart und auch das Rennen entscheidet Alain Menu für sich. Zweiter Doppelsieg für Chevrolet in Folge. Mit Gabriele Tarquini und Yvan Muller auf den Rängen sechs und sieben schaffen es immerhin zwei SEAT-TDI-Piloten in die Punkte.

Fünf Tage nach dem Chaos-Wochenende in Pau erscheint mal wieder die FIA

Wiedergutmachung – Yvan Muller (vorn links) schlägt nach einem mageren Pau-Wochenende in Valencia mit einem Sieg zurück

TOURENWAGEN-WM Saison 2009

mit einem neuen Beschluss auf der WTCC-Bildfläche. Inhalt: Die Diesel-SEAT fahren fortan mit einem Ladedruck von 2,7 bar. Ein Kompromiss aus dem Wert zu Beginn der Saison und dem Wert, der in Frankreich zum schlechtesten SEAT-Saisonresultat führte. BMW und Chevrolet fügen sich zähneknirschend und verwundert dieser erneuten Regel-Sprunghaftigkeit.

Gestatten: Augusto F. – Draufgänger

Es läuft wieder bei SEAT. Vor heimischem Publikum in Valencia feiert die spanische Marke dank Yvan Muller, Tiago Monteiro und Gabriele Tarquini einen Dreifachsieg im ersten Rennen. Der zweite Lauf ist dagegen in BMW-Hand. Augusto Farfus heimst seinen ersten Saisonsieg ein und auch Jörg Müller feiert auf dem zweiten Rang sein bis dato bestes Saisonergebnis. Hinter dem schnellsten SEAT-Fahrer Gabriele Tarquini rangieren auf den Rängen vier bis sechs drei weitere Fahrer der Bayerischen Motoren Werke.

Die gute BMW-Form scheint sich in Tschechien zu bestätigen: Starträngen eins bis drei. Doch eine Massenkarambolage in der ersten Kurve des ersten Laufs macht alle Hoffnungen zunichte. Polesitter Farfus, der mit nur drei Zählern Rückstand auf Muller nach Brünn gereist war, rammt beim Sprint auf die erste Kurve Markenkollege Andy Priaulx, rutscht quer über die Piste und räumt dabei noch alle drei Chevrolet ab. Alle Beteiligten bis auf Priaulx geben das Rennen auf. Es gewinnt trotzdem ein BMW. Alex Zanardi überholt nach der fälligen Safety-Car-Phase Gabriele Tarquini und feiert seinen ersten Sieg seit – ja genau: Brünn vor einem Jahr. Im zweiten Durchgang rechtfertigt Sergio Hernández seine Verpflichtung fürs BMW-Werksteam. Sieg für den Spanier. Es ist Saisonhalbzeit.

Aber viel Zeit bleibt den Piloten gar nicht, um sich zu erholen. Nur zwei Wochen später stehen zwei Läufe in Porto auf dem Programm. Abermals zeichnet sich der erste Lauf unrühmlich durch zwei heftige Massenkollisionen in der Startphase aus. Während alle SEAT-TDI-Fahrer und die beiden Chevy-Piloten Robert Huff und Nicola Larini unbeschadet aus dem Durcheinander herauskommen, ist es einmal mehr Augusto Farfus, der sich mit seinem rigorosen Fahrstil um mehr Punkte bringt. Am Ende – Tarquini triumphiert – ist es nur seinen Markenkollegen zu verdanken, dass

Hoffnungsträger – James Thompson soll in Porto für das Lada-Werksteam mit dem neuen Priora die ersten WM-Zähler holen

Tatort – Augusto Farfus scheidet im ersten Lauf von Brünn aus. Vorn: die Front von Andy Priaulx' 320si

Herzlich – Alex Zanardi siegt in Tschechien. Wie auch schon 2008

der Brasilianer wenigstens für Lauf zwei eine optimale Ausgangsposition hat. Privatier Stephano D'Aste und Andy Priaulx winken Farfus praktisch auf Rang acht durch und bescheren ihm damit die Pole-Position. Ein Negativ-Beispiel für die Regelung der umgekehrten Startreihenfolge. Farfus nutzt seine Chance und gewinnt Lauf zwei. Yvan Muller baut seine Tabellenführung mit den Rängen drei und zwei weiter aus. Aushilfsfahrer James Thompson pilotiert den neuen Lada Priora bei seinem Renneinsatzdebüt auf hintere Mittelfeldränge.

Brands Hatch. Nichts Neues von der Insel. Startcrash. Zum wiederholten Male. Man ist schon fast geneigt zu sagen: und wie immer mittendrin – Augusto Farfus. Der Titelkandidat der BMWler kennt in dieser Phase der Saison nur hopp oder top. Wie schon in Porto reiht sich der 26-Jährige im Hinterfeld wieder ein und startet eine Aufholjagd. Sie endet wieder genau auf Rang acht im Ziel. Dieses Mal muss man Farfus aber zugute halten, dass kein Markenkollege nachgeholfen hat. An der Spitze macht Alain Menu seinen zweiten Saisonsieg perfekt. Am Rennnachmittag wird Farfus seinem Ruf als Spezialist für zweite Läufe gerecht und siegt.

Nach der siebenwöchigen Sommerpause hält Oschersleben, der einzige WTCC-Austragungsort im deutschsprachigen Raum, gleich eine Vielzahl spektakulärer Momente der Saison 2009 bereit. Der Reihe nach. Pünktlich zum Zeittraining öffnet der Himmel seine Schleusen und überschwemmt die Motorsport Arena mit kühlem Nass. Die Lotterie beginnt. Wenig Glück haben diese namhaften Herren: Andy Priaulx (15.), Yvan Muller (17.), Alain Menu (19.), Jordi Gené (22.) und Tiago Monteiro (26.) scheiden allesamt im ersten Quali-Durchgang aus. In den Top Ten ist ordentlich Platz frei. In die Lücke stoßen Marin Colak, SEAT-Privatfahrer, und Jaap

Hopp oder top – Augusto Farfus fährt eine wilde Saison. Hier siegt er im zweiten Rennen von Brands Hatch

van Lagen. Der Niederländer beschert dem Lada Priora seinen ersten Einzug in eine zweite Zeittrainings-Session. Zur Erinnerung: Nach Brands Hatch ging der Lada 110 in Rente. Ab Oschersleben sind alle Fahrer mit dem Priora unterwegs. Und es kommt noch besser: Nach Q2 schlägt Startplatz vier für van Lagen zu Buche. Nicht minder überraschend ist der zweite Startrang Colaks. Im ersten Rennen hält der Kroate dem Tempo allerdings nicht stand. Ganz im Gegensatz zu van Lagen, der bis zur letzten

Altmeister – für den Tourenwagen-Weltmeister der Jahre 2005 bis 2007, Andy Priaulx, verläuft das Jahr 2009 enttäuschend. Der Sieg in Oschersleben lindert den Ärger

128 TOURENWAGEN-WM | Saison 2009

Fast-Sensation – Jaap van Lagen fehlt in Oschersleben nur eine Runde für die ersten Lada-WM-Punkte

Kurve der letzten Runde auf Rang fünf liegend die ersten WM-Punkte für seinen Hersteller vor Augen hat. Doch dann kommt Nicola Larini und verhindert die Überraschung mit einem unfairen Schubser gegen das Heck des roten Priora. Van Lagen fällt auf Rang elf zurück, Larini kassiert nachträglich eine Durchfahrtsstrafe, die ihn aus den Punkterängen kegelt. Unnötige Aktion. Altmeister Andy Priaulx feiert seinen ersten Saisonsieg. Auch im zweiten Rennen ist BMW nicht zu schlagen. In der Anfangsphase behaupten noch die Privatiers Stephano D'Aste und Franz Engstler ihre guten Startpositionen, bald darauf ziehen jedoch die Werks-BMW-Fahrer vorbei. Im Ziel heißt es: Augusto Farfus vor Andy Priaulx und Gabriele Tarquini. Yvan Muller sammelt in Deutschland wie schon in Großbritannien nur zwei WM-Zähler und fällt hinter den neuen Spitzenreiter Tarquini und den Gesamtzweiten Farfus zurück auf Rang drei. Das Spitzen-Duo trennt nur ein Punkt voneinander.

Aus drei mach zwei

Aber dann kommt Imola. SEAT schlägt in souveräner Titelverteidiger-Manier zu. Lauf eins: Gabriele Tarquini vor Yvan Muller. Lauf zwei: Yvan Muller vor Gabriele Tarquini. Optimale Punkteausbeute für die beiden Titelaspiranten. Und der Dritte im Bunde? Der ist wieder in Startscharmützel verwickelt. Augusto Farfus kommt nicht heil durch das Tohuwabohu in der ersten Kurve und scheidet mit zerstörtem Auto

Halleluja – was Teamkollege Jaap van Lagen in Deutschland noch nicht gelingt, holt James Thompson zwei Wochen später in Imola nach. Der britische Aushilfspilot holt für das neue Lada-Werksteam mit zwei sechsten Plätzen die ersten WM-Punkte der Geschichte

früh aus. Alle Titelchancen dahin, auch wenn der Pechvogel im zweiten Lauf mit Rang acht noch einen WM-Punkt rettet. Die zweite Geschichte des Wochenendes schreibt James Thompson. Der WM-Dritte aus dem Jahr 2007 hilft in Italien wie verabredet erneut im Lada-Werksteam aus und versucht, den Russen die ersten WM-Punkte zu bescheren. Und es funktioniert tatsächlich. Durch die Un- und Ausfälle der Konkurrenten wird Thompson aus dem Mittelfeld in die Spitzengruppe gespült und findet sich auf dem sechsten Rang wieder. Trotz einiger Kampfspuren an der Stoßstange des Priora wehrt der Brite erfolgreich alle Überholversuche der Nachfolger ab und erntet drei Punkte. Thompson wiederholt im zweiten Durchgang das Kunststück. Wieder Platz sechs. „Ein großartiges Wochenende für Lada, auf einem Kurs, den ich einfach liebe", so Thompson, der in Imola im Vorjahr schon mit dem privat eingesetzten Honda von N.Technology einen Überraschungstriumph gefeiert hatte.

109 zu 102 steht es in der Fahrerwertung zugunsten Tarquinis vor dem Rennwochenende in Okayama. Mit seiner dritten Pole-Position in Folge schafft der Italiener schon einmal beste Voraussetzungen für einen möglichen vorzeitigen Titelgewinn. Muller startet nur von Rang sieben. Aber alles kommt anders. Bei

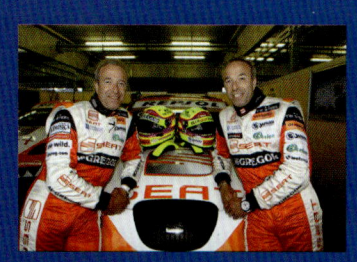

Knalleffekt – mit einem Sieg und einem zweiten Platz stellt Gabriele Tarquini in Imola die Weichen für den WM-Titel. Der Italiener war 2008 Gesamtzweiter hinter Yvan Muller

Eineiig – Tim und Tom Coronel sind nicht zu unterscheiden

Twins on tour

Noch vor der WTCC-Saison 2009 taucht das Brüderpaar Tom und Tim Coronel in ein nicht minder aufregendes Abenteuer ein: die Rallye Dakar 2009. 15 Tage und 9.000 Kilometer durch Argentinien und Chile. Knochenarbeit, die sich aber auszahlt. Die beiden Niederländer, die in der WTCC für das private SEAT-Team Sunred Engineering fahren, erreichen das Ziel auf dem 70. Gesamtrang. Highlight: Auf der zwölften Etappe feiern die Coronels in ihrem Bowler-Nemesis einen herausragenden elften Tagesrang. Für den WTCC-Champion von 2008, Yvan Muller, verläuft die „Dakar" dagegen weniger zufriedenstellend. Auf der fünften Etappe muss der Franzose seinen Traum von der Zielankunft beenden. Sein SMG-Buggy fängt nach einer Kollision mit einem Lkw des Portugiesen Elisabete Jacinto Feuer und wird irreparabel zerstört. Die Unglücksfahrer bleiben unverletzt. „Ich habe eine Woche lang Staub geschluckt", resümiert Muller. „So sehe ich keinen Grund darin, noch einmal an diesem Rennen teilzunehmen."

Sandig – die Coronels erreichen bei der Rallye Dakar 2009 Gesamtplatz 70

Ewiger Zweiter – auch in Japan schafft Jörg Müller seinen ersten Saisonsieg nicht

heftigem Regen rutschen sowohl Tarquini als auch Muller und Farfus früh von der Strecke, können das Rennen aber fortsetzen. Die beiden SEAT-Fahrer sammeln auf den Rängen vier und fünf wichtige Zähler, Farfus ergattert einmal mehr mit Rang acht die Pole-Position für Lauf zwei. Den Sieg schnappt sich Andy Priaulx vor Jörg Müller. Auch am Nachmittag regnet es in Japan. Erneut kommen die BMW-Piloten am besten zurecht: Farfus siegt vor Priaulx. Muller macht mit Rang drei weitere Punkte auf den siebtplatzierten Tarquini gut. Vor dem Saisonfinale in Macau trennt das Duo nur noch zwei Zähler voneinander. Sogar Farfus hat nach seinem fünften Saisonsieg noch eine rechnerische Titelchance.

Vorschau
Quadratur des Kreises

2008 Diesel-Streit, 2009 Diesel-Streit. Was hat die Tourenwagen-WM im kommenden Jahr zu erwarten? Das steht in den Sternen. Fix ist hingegen das Konzept für 2011. In zwei Jahren, so hat die FIA während dieser Saison beschlossen, sollen nur noch 1,6-Liter-Einheitsmotoren zum Einsatz kommen. Und zwar Benziner mit Turboaufladung. Allerdings auch hier schon die erste Einschränkung. Übergangsweise dürfen Hersteller ein herkömmliches Konzept weiter verwenden. Heißt: SEAT kann immer noch mit Diesel-Power fahren. Die nächsten Streitpunkte scheinen schon programmiert ...

Lichtblick – Yvan Muller holt in Okayama fünf Punkte auf Gabriele Tarquini auf

Früher Vogel fängt den Wurm – bereits in diesem Jahr wird das Motorenkonzept für 2011 festgelegt: Turbo-Benziner für alle

Spitz auf Knopf

Fünf, vier oder auch nur null Punkte Vorsprung: Hochspannung bei den Titelentscheidungen der internationalen Tourenwagen-Serien

Die Nerven sind zum Zerreißen gespannt, Taschenrechner rattern, Strategien werden ausgeklügelt, angespannte Gesichter. Es ist Saisonfinale. Und der Meister steht noch nicht fest. Ein Wunsch-Szenario jedes Motorsport-Fans. Auf welchem Platz muss Fahrer A landen, wenn Fahrer B gewinnt? Was passiert, wenn einer der beiden Titelkandidaten ausfällt? Ist der Vorsprung schon groß genug oder gibt es eine Überraschung? Diese Fragen stellen sich die Beteiligten der Meisterschafts-Entscheidungen in den internationalen Tourenwagenserien. Großbritan-

Herzschlagfinale – Colin Turkington (vorn links) behält in der Britischen Tourenwagen-Meisterschaft nach 30 Rennen die Nase mit nur fünf Zählern vorn

BTCC-Meister Colin Turkington nach dem Saisonfinale in Brands Hatch

„Das Rennen meines Lebens. Auf diesen Moment habe ich acht Jahre lang hingearbeitet"

nien, Schweden und Dänemark – überall steht es vor den letzten Rennen Spitz auf Knopf. Im NASCAR-Sprint-Cup ist die Angelegenheit dagegen etwas deutlicher.

In der Britischen Tourenwagen-Meisterschaft (BTCC) sind es vor dem Saisonfinale in Brands Hatch drei Piloten, die sich Hoffnungen auf den Titel machen. Colin Turkington, 27-jähriger „Rising Star" führt die Fahrerwertung mit 249 Zählern an. Fabrizio Giovanardi, 42-jähriger Meister der Jahre 2008 und 2007, folgt mit 236 Punkten vor Jason Plato (221 Punkte), ebenfalls 42 Jahre alt, und mit je zwei zweiten und dritten Gesamtplätzen in den vergangenen fünf Jahren einer der erfolgreichsten BTCC-Piloten. Es heißt also Youngster gegen zwei „alte Hasen". BMW gegen Vauxhall und Chevrolet. An einem Wochenende werden drei Rennen ausgefahren. Maximal sind 52 Punkte zu vergeben. Das Zeittraining bringt zusätzlich Salz in die Suppe. Plato und Giovanardi wissen mit den Rängen zwei und drei zu gefallen. Tabellenführer Turkington enttäuscht auf Rang zehn. Den Sieg im ersten Rennen schnappt sich Plato mit einem Überholmanöver in der letzten Runde gegen Polesitter Tom Chilton. Giovanardi wird Dritter, Turkington nur Achter. Die Sache spitzt sich zu.

Durchgang zwei: Wieder siegt Plato. Giovanardi folgt auf Rang zwei. Turkington macht vier Ränge gut und nimmt dank Rang drei einen kleinen Vorsprung in den letzten Lauf mit. Den gewinnt erneut Plato. Er ist damit erst der zweite Pilot in der BTCC-Geschichte, der alle Rennen eines Wochenendes für sich entscheidet. Fabrizio Giovanardi ist auf Rang vier raus aus dem Titelrennen. Colin Turkington reicht Platz zwei für die Krone. Von 28 Zählern Vorsprung vor Giovanardi bleiben am Ende nur fünf übrig.

Genauso eng geht es in der Dänischen Tourenwagen-Meisterschaft (DTC) zu. Die drei Dänen Henrik Lundgaard (230 Punkte, Chevrolet Lacetti), Jan Magnussen (225, BMW 320si) und Michel Nykjær (223, Chevrolet Lacetti) eifern um die Titellorbeeren. Tabellenführer ist James Thompson (239). Aber der Engländer setzt wie auch schon am vorletzten Wochenende aus. Auch in der DTC werden pro Rennwochenende drei

Ausgebremst – Jason Plato gewinnt zwar alle drei Läufe beim BTCC-Saisonfinale in Brands Hatch, muss sich aber Meister Colin Turkington geschlagen geben

Endspurt – vor dem Saisonfinale der Dänischen Tourenwagen-Meisterschaft liegt Michel Nykjær (links) noch zwei Zähler hinter Jan Magnussen (rechts) zurück. In den Läufen auf dem Jyllandsringen holt der Chevrolet-Pilot dann noch sechs Punkte auf und triumphiert

Läufe gefahren. Tatort des Finalgeschehens ist der Jyllands-Ringen in Silkeborg. Mit Michel Nykjær ergattert der punktschlechteste aller drei Kandidaten die Pole-Position. Titelverteidiger Magnussen ist Zweiter, Lundgaard Fünfter. Im ersten 12-Runden-Rennen setzt sich Nykjær gegen alle Angriffe und eine durch Regen überschwemmte Strecke durch. Magnussen lässt auf Rang sechs Federn, Lundgaard muss das Rennen drei Umläufe vor Schluss vorzeitig beenden. Der zweite Durchgang verläuft kurios: In einer heftigen Startkollision scheiden sowohl Lundgaard als auch Nykjær und Magnussen aus. Null Punkte für die Konten und schlechte Startplätze für das letzte Rennen. Die Mechaniker leisten Schwerstarbeit, bekommen die Autos aber rechtzeitig wieder flott. Michel Nykjær arbeitet sich im letzten Rennen bravourös durch das Feld und wird Fünfter. Das reicht zum Titel, denn Magnussen und Lundgaard sammeln mit den Plätzen drei und neun nicht genug Punkte. Nykjær triumphiert mit vier Zählern Vorsprung.

Die Rollen in der Schwedischen Tourenwagen-Meisterschaft (STCC) sind vor dem Saisonfinale verteilt: Der Schwede Thed Björk führt die Fahrerwertung mit 89 Zählern vor dem Norweger Tommy Rustad (80 Punkte) an. Ein satter Vorsprung. In zwei Rennen im Mantorp Park gibt es noch maximal 20 Zähler zu gewinnen. Rustad holt in seinem Volvo C30 mit einem Sieg im ersten Durchgang das Maximum heraus

„Fremdkörper" – mit Tommy Rustad (links) gewinnt ein Norweger den Titel in Schweden. Thed Björk (rechtes Foto, links) verspielt alle Chancen

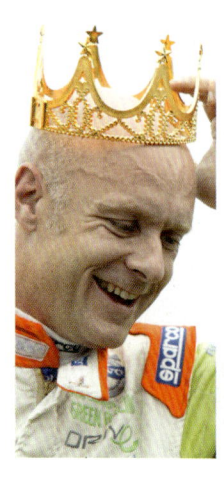

und verbessert sogar seine Ausgangslage für Rennen zwei, da Björk mit Rang vier nur fünf Punkte sammelt. Der zweite Durchgang bietet den Fans in Schweden ein Drama à la Hitchcock. In Kurve eins rauschen Björk und Titelverteidiger Richard Göransson ineinander und müssen das Rennen mit demolierten Autos aufgeben. Der Weg für Rustad ist frei. Allerdings muss er Fünfter werden. Zur Rennmitte wird er von Markenkollege Robert Dahlgren überholt, kann aber kontern. Im Ziel schlägt tatsächlich Rang fünf zu Buche. Es steht 94 zu 94 Punkte. Das STCC-Reglement besagt, dass bei Punktgleichheit der besser platzierte Fahrer des letzten Rennens vorn liegt. Und das ist Rustad. „Ich bin so stolz darauf, als Norweger die wichtigste Tourenwagen-Serie in Skandinavien gewonnen zu haben", so der Champion.

Das Reglement richtet über den Meister. So geschehen in der STCC und im Europäischen Tourenwagen-Cup (ETCC). Die Einmal-Veranstaltung, bei der sich Super-2000-Tourenwagen-Piloten aus verschiedenen Meisterschaften an einem Wochenende messen, wird zum sechsten Mal ausgetragen. In Braga, Portugal, siegt im ersten Lauf der Ungar Nobert Michelisz. Der Deutsche Franz Engstler wird Zweiter, James Thompson Dritter. Im zweiten Lauf siegt Thompson, Engstler ist erneut Zweiter. Beide haben 16 Punkte. Wie meistens üblich, sehen die Regeln den Fahrern mit den besseren Einzelergebnissen vorn. Und das ist ETCC-Sieger Thompson.

Zwei Sieger – James Thompson (Mitte) und Franz Engstler (links) ergattern beim Europäischen Tourenwagen-Cup je 16 Punkte. Thompson ist Sieger

Knapp, knapper am knappsten. Das ist das Motto bei den internationalen Titelentscheidungen. Nur die NASCAR-Serie weicht von diesem Schema ein bisschen ab. In der beliebtesten Motorsport-Meisterschaft der USA fällt der Kampf um die Krone deutlicher aus. Zugunsten Jimmie Johnsons. Nach einem holprigen Saisonstart kommt der Kalifornier gerade gegen Ende des Jahres sehr gut in Fahrt und feiert insgesamt sieben Siege. Nach dem Finale beträgt sein Vorsprung auf den Zweiten Mark Martin 141 Zähler. In der NASCAR-Serie auch nicht gerade viel. Johnson ist spätestens jetzt eine NASCAR-Legende. Kein anderer Fahrer hat bisher vier Titel in Folge gewonnen. „Wir haben Geschichte geschrieben", so der Rekordhalter.

Rauchig – NASCAR-Champion Jimmie Johnson lässt es bei einem Burnout für die Fans ordentlich qualmen

136 24-STUNDEN-RENNEN 2009

Manthey
P1
2006
–
2009

Und am Ende gewinnt doch wieder …

2006 Manthey, 2007 Manthey, 2008 Manthey, 2009 Manthey – so liest sich die Siegerliste der vergangenen vier Jahre bei den 24 Stunden am Nürburgring. Das ist kein Zufall, sondern Kalkül des Teams. Das Geheimnis des Erfolgs ist vielschichtig

138 24-STUNDEN-RENNEN 2009

Frühstarter – schon zu Beginn des 24-Stunden-Rennens mischen zwei Manthey-Porsche an der Spitze des Feldes mit

Vier Siege in Folge – eines einzelnen Teams. In Markenpokalen keine Seltenheit. Auch in Rennserien wie der DTM, Formel 1 oder Rallye-WM kommt es ab und an schon mal vor. Aber bei einem Rennen, das einen ganzen Tag dauert? An dem 180 Autos teilnehmen? Das von der Distanz mehr als zwei ganzen DTM-Saisons entspricht? Das kann doch kein Zufall sein. Ist es auch nicht. Entschlüsseln wir, warum Manthey Racing bei den 24 Stunden am Nürburgring schier unbesiegbar scheint.

Eckdaten: Die Manthey Racing GmbH wurde 1996 von Namensgeber Olaf Manthey gegründet. Das Meuspather Team entwickelt, baut und setzt Rennfahrzeuge der Marke Porsche ein. Heutzutage vorzüglich im Langstrecken-Bereich, früher auch sehr erfolgreich im Porsche Supercup und – allerdings Marke Mercedes – in der DTM. So weit, so normal. Die 24 Stunden vom Nürburgring sind das ausgemachte Saison-Highlight von Olaf Manthey. Nicht umsonst rückt er jedes Jahr mit vier bis fünf seiner Fahrzeuge an. Am Ende steht dann aber doch immer dasselbe ganz vorn.

Grund Nr. 1: das Auto. Wirft man einen Blick auf die Starterliste des Eifel-Klassikers in diesem Jahr, zählt man 29 Teams

37

JAHRE ist es her, dass ein BMW Alpina erstmals bei den 24 Stunden Nürburgring startete. 2009 setzt Alpina-Chef Andreas Bovensiepen zwei B6 GT3 ein.

und Fahrerkombinationen, die auf einen Porsche vertrauen. Auf 911 GT3 Cup, 997 Cup S, 997 RSR, 996 GT3 Cup beispielsweise. Das Manthey-Siegerauto ist ein 911 GT3 RSR und unterscheidet sich von den meisten anderen nur marginal. Im Grunde sind es alles Porsche der Modellreihe 911. Auch Olaf Manthey sagt: „Nein, der Autotyp an sich ist kein Geheimnis. Aber wir vertrauen dem 911er, weil er ein Dauerläufer ist. Er läuft und läuft und läuft. Wie ein Volkswagen Käfer. Die Zuverlässigkeit des Autos ist bei einem 24-Stunden-Rennen enorm wichtig." Die Renn-911er werden in der Grundausstattung nach ALMS- oder nach FIA-GT-Reglement ausgeliefert und sind damit nicht optimal auf das Anforderungsprofil der Nordschleife zugeschnitten. In der Spezialklasse „SP7" für Fahrzeuge bis vier Liter Hubraum, in der die Titelverteidiger starten, sind leichte Modifikationen an Fahrwerksteilen und an der Aerodynamik erlaubt. Am Unterboden darf weniger verändert werden. Viel wichtiger als die Autotechnik sei laut Manthey die Reifenwahl. Und da habe man vor Jahren mit Michelin einen Volltreffer gelandet.

Grund Nr. 2: die Fahrer. Ein Auto über die Nordschleife zu lenken, ist an sich schon eine Kunst. Irgendwie durchkommen würden sicherlich auch du und ich. Den Dabei-sein-ist-alles-Anspruch mögen auch einige kleinere Teams verfolgen. Nicht so aber die Piloten des 911er mit der Startnummer 1. Timo Bernhard, Deutscher, 28 Jahre alt, Porsche-Werksfahrer. Klassensieger bei den 24 Stunden von Le Mans, Klassen-Gesamtsieger in der American-Le-Mans-Serie – zwischen 2006 und 2009 im 24h-Manthey-Sieg-Porsche. Marc Lieb, Deutscher, 29 Jahre alt, Porsche-Werksfahrer. Klassensieger bei den 24 Stunden von Le Mans, Klassen-Gesamtsieger in der American-Le-Mans-Serie, in der Le-Mans-Serie und in der FIA-GT-Meisterschaft – zwischen 2007 und 2009 im 24h-Manthey-Sieg-Porsche. Romain Dumas, Franzose, 31 Jahre alt, Porsche-Werksfahrer. Klassen-Gesamtsieger in der American-Le-Mans-Serie – zwischen 2007 und 2009 im 24h-Manthey-Sieg-Porsche. Marcel Tiemann, Deutscher, 35 Jahre alt, ehemaliger DTM- und V8-Star-Pilot. Zwischen 2006 und 2009 im 24h-Manthey-Sieg-Porsche, zusammen mit dem Eifel-Sieg 2003 alleiniger Rekord-Sieger beim 24-Stunden-Rennen. Welche Rolle spielt das Fahrer-Quartett für das Abschneiden in der „Grünen Hölle"? Manthey: „Eine viel größere als das

Black is beautiful – der Audi R8 LMS beeindruckt bei seinem Eifel-Debüt: Rang zwei für das Team Abt Sportsline

„Das war mit Sicherheit das aufregendste 24-Stunden-Rennen, das ich je erlebt habe"

Manthey-Teamchef Olaf Manthey nach dem Sieg auf der Nordschleife

Auto. Wenn es ein Erfolgsgeheimnis geben sollte, dann sind es die Fahrer. Sie müssen einen fehlerfreien Job machen, dürfen keinen Unfall riskieren und sollten trotzdem brandschnell sein." Was auffällt: Drei der Erfolgs-Piloten sind bei Porsche als Werksfahrer angestellt. „Sie haben dort eine tolle Ausbildung genossen, verstehen den Sport seit jeher als Teamsport. Wir haben zum Glück keine Egoisten im Team", sagt Manthey. „Ich freue mich, dass alle Jungs Jahr für Jahr wieder für uns fahren. Never change a winning team."

Grund Nr. 3: das Team. Manthey Racing besteht seit 13 Jahren. Einige der Mitarbeiter gehören der Truppe schon länger als zehn Jahre an. Und zwar durchgehend. Bei vielen Motorsport-Rennställen ist es üblich, dass Mitarbeiter saisonal, also für die laufende Rennzeit verpflichtet und im Winter dann wieder entlassen werden. Bei Manthey wird zwölf Monate im Jahr beschäftigt. Es gibt nur langfristige Verträge. Zusätzlich zum Rennsport veredelt die Firma auch

Straßenwagen. „Da wird jede Hand benötigt", sagt Manthey. „Wir wollen Kontinuität in das Team bringen. Die Fluktuation ist sehr gering. Meine Männer müssen sich nur anschauen und das Gegenüber weiß schon, was der andere will. Da wird nicht viel gesprochen. Viele Aktionen geschehen auf Basis von Vertrauen."

Grund Nr. 4: der Teamchef. Viele kleinere Teams nehmen das Abenteuer auf eigene Faust, also ohne speziell ausgebildete Mechaniker und ohne Teamchef in Angriff. Von daher ist es generell ein Vorteil, einen Boss zu haben, der die Zügel in der Hand hält. Aber Boss ist eben auch nicht gleich Boss. „Auf einem Normallevel an

Triumph perfekt – Emmanuel Collard, Wolf Henzler, Richard Lietz und Dirk Werner fahren in einem weiteren Manthey-Porsche (vorn) auf den dritten Gesamtrang

Alzen-Brüder erneut auf getrennten Wegen

Sie haben in der Vergangenheit so manche Schlacht in der „Grünen Hölle" geschlagen. Und zwar gemeinsam. In einem Team. Die Rede ist von den Brüdern Jürgen und Uwe Alzen. 2008 dann die erste Trennung: Jürgen startet mit seinem eigenen Team und scheidet früh aus. Uwe fährt nicht in der Eifel, sondern im Porsche Supercup: Rang vier in Monaco. In diesem Jahr für beide eine ganz ungewohnte Situation. Sie starten beide am Nürburgring, aber nicht im gleichen Team. Uwe, der vier Jahre jüngere Bruder, rückt mit seinem eigenen Rennstall „Uwe Alzen Automotive" in einem giftgrünen Porsche 997 GT3 Cup an. Jürgen Alzen versucht sein Glück im in Eigenregie aufgebauten Porsche 997 GT3 RSR. Der Ausgang des Langstrecken-Klassikers – höchst unterschiedlich für Familie Alzen. Uwe feiert zusammen mit Sascha Bert, Lance David Arnold und Christopher Mies einen unerwarteten vierten Gesamtrang und kann sein Glück kaum fassen: „Das Ergebnis ist für uns mit einem Sieg gleichzusetzen, denn unser Auto war kein Siegauto. Ein Traumergebnis." Jürgen scheidet mit seiner Truppe auf Rang zwölf liegend mit Motorschaden aus.

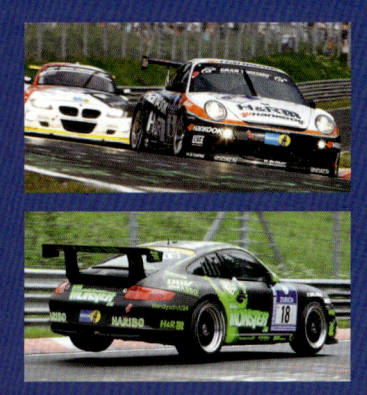

Die Alzens auf Achse – Uwe (unten) wird in der Eifel Vierter, Jürgen scheidet technisch bedingt aus

142 24-STUNDEN-RENNEN 2009

Atemberaubend – darum lieben die Fans das 24-Stunden-Rennen am Nürburgring: Stimmung pur bei Nacht

Ehrgeiz braucht man das Rennen gar nicht erst zu starten. Ein Extraschuss Herzblut und Leidenschaft sind schon vonnöten", sagt Manthey. Und wie es so häufig ist: Hinter jedem erfolgreichen Mann steckt auch eine starke Frau. Bei Olaf Manthey ist es nicht anders: „Meine Frau ist für mich eine sehr große Stütze. Schon in der Zeit, in der ich selbst gefahren bin. Ich hatte auch viele Rückschläge zu verkraften. Sie war immer mein größter Fan und gleichzeitig mein größter Kritiker." Sein persönliches Geheimnis: den anderen immer einen Schritt voraus sein. Sich nie auf den Lorbeeren ausruhen.

Fertig ist also die Anleitung für den Eifel-Sieg nach Mantheyscher Art: Man nehme vier schnelle Fahrer, ein solides Auto, ein erfahrenes Team mit einem leidenschaftlichen Chef an der Spitze. So einfach ist das? „Anscheinend", sagt Manthey. „Ich wundere mich ja auch, dass es auf einmal so gut klappt. Wir fahren schon lange bei den 24 Stunden mit, aber ganz offensichtlich haben wir seit 2006 die perfekte Rezeptur gefunden."

Am Ende gewinnt eben doch immer wieder Manthey. Aber wie schon so oft in den vergangenen Jahren ist es auch 2009 wieder knapp. Einige der Fahrer und viele der 235.000 Zuschauer sprechen von dem besten Rennen seit dem Debüt 1970. Was ist passiert? Überraschend ergattert der Ford GT der Raeder Automotive GmbH mit Dirk Adorf, Marc Henerici, Thomas Mutsch und Rennstrecken-Architekt Hermann Tilke die Pole-Position und sorgt damit für ein Novum in der Rennhistorie. Zum ersten Mal sind die nach GT3-Reglement aufgebauten Autos in der Eifel zugelassen und gleich sichert sich eines Startplatz eins. Mit dieser einschneidenden Maßnahme verspricht sich der Deutsche Motor Sport Bund einen qualitativen Aufschwung im Teilnehmerfeld. Und er wird nicht enttäuscht.

Inkognito – unter dem Decknamen „Morizo" steuert Toyota-Chef Akio Toyoda einen Lexus LF-A des Teams Gazoo Racing

Zu Beginn der 37. Auflage des Langstreckenklassikers liefert sich Polesitter Dirk Adorf mit Manthey-Pilot Lieb einen beherzten Kampf, der erst endet, als der Ford beim Überrunden ein langsameres Fahrzeug touchiert und zurückfällt. Die Rolle des Co-Spitzenreiters übernimmt der Audi R8 LMS mit Marc Basseng, Marcel Fässler, Mike Rockenfeller und Frank Stippler – ebenfalls ein GT3-Auto. Als auch dieser nach einem Antriebswellendefekt Federn lässt, erobert das Schwesterauto von Abt Sportsline Platz zwei. Nach 155 Nordschleifen-Runden überquert der Manthey-Porsche als Erster die Ziellinie. „Ich bin unglaublich stolz auf meine Fahrer", sagt Olaf Manthey. „Ein besseres Quartett als Timo, Marc, Romain und Marcel kann ich mir für dieses Rennen nicht vorstellen." Der zweite Platz des R8 LMS von Christian Abt, Jean-François Hemroulle, Pierre Kaffer und Lucas Luhr bestätigt die Organisatoren in ihrer Reglement-Revolution. Rang drei belegt ein weiterer Porsche mit Emmanuel Collard, Wolf Henzler, Richard Lietz und Dirk Werner am Steuer. Übrigens – des Teams Manthey. Überraschung.

Pinnwand 24-Stunden-Rennen

1 Gastspiel – die DTM-Piloten Mattias Ekström und Timo Scheider belegen im Audi R8 LMS Rang 23 **2** Innovativ – der Volkswagen Scirocco mit Erdgas-Antrieb **3** Siebter – ein weiterer Manthey-Porsche in den Top Ten **4** Stimmungskanonen – die Vorjahresdritten Sabine Schmitz und Klaus Abbelen **5** Pole-Position – der Ford GT der Raeder Automotive GmbH

Meister – das Team Black Falcon mit den Piloten Sean Paul Breslin, Christer Jöns und Alexander Böhm (vorn, von links) und dem BMW Z4

Kampf der Systeme

1,4-Liter-Flitzer gegen 500-PS-Monster. Das ist die VLN. Ungerecht? Nein. Am Ende jubeln alle

Groß gegen klein, alt gegen jung, Diesel gegen Benziner. Das Konzept der Veranstaltergemeinschaft Langstreckenpokal Nürburgring (VLN) ist auch in der 33. Saison einfach: Ein freizügiges Reglement, geringe Einsatzkosten und die schönste Rennstrecke der Welt sorgen für ein kunterbuntes Teilnehmerfeld von bis zu 200 Piloten je Rennen.

Ford Fiesta bis Dodge Viper – es ist alles dabei. 2009 erweitert die VLN die Riege der Fahrzeugklassen um zwei weitere. Erstmals sind Autos der Klassen GT3 nach FIA- und GT4 nach SRO-Reglement zugelassen. So feiern spektakuläre Sportwagen ihre Rennpremiere auf der Nordschleife. Mit Alpina kehrt ein Stück Rennsporthistorie in den Motorsport zurück. Die BMW-Veredler sorgten in den 1960er- und 1970er-Jahren für Aufsehen und schicken 2009 Claudia Hürtgen und Andreas Bovensiepen in einem neu entwickelten BMW Alpina B6 GT3 an den Start der Langstreckenmeisterschaft. Ebenso mit Vorfreude erwartet wird das neue Audi-Kundensportprojekt. Die

Ehre des ersten Renneinsatzes des R8 LMS gebührt Hans-Joachim Stuck, Frank Biela und Emanuele Pirro.

In den kleinen Klassen gilt die Aufmerksamkeit dem Titelverteidiger-Team Black Falcon. Teamchef und Meister Alexander Böhm, Juniormeister Christer Jöns und Sean Paul Breslin teilen sich ein Cockpit. Vor der Saison ist angedacht, das Fahrzeug und damit die Klasse zu wechseln. Von BMW 325i, Klasse V4, auf BMW Z4 si, Klasse V5. Allerdings ist der neue Z4 zu spät fertiggestellt, die Testmöglichkeiten fehlen. Zudem stellt sich in den ersten Rennen heraus, dass die Klasse V5 teilnehmerschwach ist. Das Projekt Titelverteidigung ist in Gefahr. Daher geht Böhm auf Nummer sicher. Die Truppe nimmt wieder im bewährten 325er Platz. Im letzten Saisonrennen kommt der Z4 zum Einsatz.

Eigentlicher Star – der BMW 325i von Black Falcon

Aber wieso haben nun auch die Kleinen gegen die Großen eine Chance? Ganz einfach. Das Punktesystem der VLN sorgt für ausgeglichenen Rennspaß innerhalb

146 **LANGSTRECKE 2009** Saison 2009

Siegauto – der Porsche 911 von Manthey Racing (rechts vorn)

„Jeder Sieg ist ein grandioses Erlebnis. Wenn ich antrete, will ich natürlich auch gewinnen"

Arno Klasen (links) nach dem fünften Saisonsieg des Teams Manthey Racing in der Langstreckenmeisterschaft Nürburgring

Endspurt – der Porsche von Mamerow Racing fährt am Saisonende drei Siege in Folge ein

der Klassen. Denn im Prinzip fährt nicht jeder gegen jeden, sondern die Meisterschaftszähler werden nur unter Gleichgesinnten verteilt. So kann der Fiesta, der in der Gesamtwertung Rang 107 belegt, trotzdem Schnellster seiner Klasse sein und kassiert ordentlich ab. Der Clou: Je mehr Teilnehmer in einer Klasse, desto mehr Punkte werden vergeben. Damit gewährleistet die VLN, dass alle Teilnehmer auch im Kampf um den Titel Chancen haben.

Beim Rennen um die Tagessiege der zehn Saisonläufe übernimmt von Saisonbeginn an Manthey Racing die Vorreiter-Rolle: Sieg für Marcel Tiemann und Timo Bernhard im Porsche 911 beim Auftakt. Das bedeutet im VLN-Punktesystem: Tiemann/Bernhard belegen Gesamtrang eins, siegen in ihrer Klasse SP7 mit zehn Teilnehmern und kassieren 9,5 Punkte. Böhm/Jöns/Breslin landen auf Gesamtrang 49, gewinnen ihre Klasse mit 13 Teilnehmern und ernten 9,62 Zähler.

Im Kampf um die Gesamtsiege entbrennt ein heißes Duell zwischen Manthey

Versicherungen
Vorsorge
Risikomanagement

Zurich HelpPoint®

Je schneller Ihr Auto wieder fährt, desto schneller können Sie wieder richtig durchstarten.

Zurich HelpPoint® ist für Sie da, wenn Sie mehr als nur eine Versicherung brauchen. Sobald Ihr Auto nach einem Unfall repariert werden muss, machen sich unsere Reparaturpartner ans Werk, damit Sie es möglichst schnell wieder zurückbekommen. Auf Wunsch wird Ihr Fahrzeug auch abgeholt und nach der Reparatur gereinigt wieder zurückgebracht. Mehr über Zurich HelpPoint® und unsere flexiblen Kfz-Tarife erfahren Sie bei Ihrem Versicherungspartner und unter www.zurich.de

Weil Sie uns wichtig sind.

ZURICH®

Because change happenz®

LANGSTRECKE 2009 — Saison 2009

Emsiges Treiben – Arbeiten am Porsche GT3 von Jürgen und Uwe Alzen

Racing und einem weiteren Porsche-Team der Klasse SP9: Mamerow Racing. Nach vier Läufen steht es 3:1 für Manthey. Dann die große Überraschung. Den Sieg im fünften Lauf sichert sich das Audi-Team Phoenix Racing mit dem neuen R8 LMS. Hans-Joachim Stuck, Marc Basseng und Frank Biela sei Dank. Nach der Halbzeit setzt Manthey seine beeindruckende Erfolgsserie fort: Marcel Tiemann erringt mit wechselnden Fahrerkollegen die Saisonsiege vier und fünf. Die letzten drei Läufe entscheiden Chris Mamerow und Dirk Werner für sich. Aus oben geschilderten Arithmetik-Gründen spielen aber die Fahrer beider Teams keine Rolle im Titelkampf.

Um die VLN-Krone 2009 duellieren sich Böhm/Jöns/Breslin mit Rolf Derscheid und Michael Flehmer der Klasse V2. Nach Abzug der üblichen zwei Streichergebnisse schlagen beim Titelverteidiger-Team acht von acht möglichen Klassensiegen zu Buche.

Ehre, wem Ehre gebührt

Die Champions in der Langstreckenmeisterschaft Nürburgring heißen Christer Jöns, Alexander Böhm und Sean Paul Breslin. Das ist aber nicht der einzige Titel, der in der beliebten Breitensport-Serie vergeben wird. Die Lorbeeren in der Junior-Cup-Wertung gehen mit Christer Jöns ebenfalls an einen Fahrer des Erfolgsteams Black Falcon. Der Youngster hat einen riesigen Vorsprung vor seinen Verfolgern. Frank Totz und Peter Kreuser heißen die Meister im Honda Civic Cup. Den New Renault Clio Cup entscheiden Elmar Jurek und Jannik Olivo für sich. Nach zehn Läufen in der SEAT Leon Langstrecken Challenge nehmen Marc und Dennis Busch den Pokal entgegen. In der neu geschaffenen Peugeot Langstreckentrophy fährt das Vater-Sohn-Gespann Rink Racing, bestehend aus Ralph-Peter und Christopher Rink, einem ungefährdeten Titel entgegen.

Erstmals startberechtigt – GT3-Autos wie der Audi R8 LMS von Phoenix Racing

Audi-Trio – Biela, Stuck und Basseng (v.l.) bieten der Porsche-Übermacht die Stirn

Familien-Clan – Vater und Sohn Rink mit ihrem Peugeot 207 RC „VLN"

Derscheid/Flehmer gefallen mit sieben Klassensiegen ebenfalls, haben aber in der Endabrechnung 1,13 Punkte Rückstand, weil sie eben in der im Schnitt teilnehmerschwächeren Klasse unterwegs sind. Vorjahresmeister Böhm und sein Team haben sich mit der Titelverteidigung einen Platz in den Geschichtsbüchern der Langstreckenmeisterschaft gesichert. Zuletzt gelang dieses Kunststück Dirk Adorf in den Jahren 1996 und 1997. Die Titelverteidigung eines Teams datiert aus den Jahren 1994 und 1995. „Diesen Triumph widme ich dem gesamten Team", so Böhm. „Wir hatten nicht einen technischen Ausfall zu beklagen. Eine ganz starke Leistung." Im kommenden Jahr plant Böhm mit einem leistungsstärkeren Auto den Angriff auf die Gesamtsiege.

Pinnwand Langstrecke

1 Motorsport-Klassiker – der BMW M1 von Peter und Achim Heinrich **2** Ausflug auf vier Rädern – der ehemalige Radsportler Jan Ullrich erlebt den Mythos Nordschleife **3** Nostalgisch – Andreas Schall, Ralf Schall und Volker Strycek vertrauen auch 2009 auf ihren Opel Astra V8 Coupé, der Anfang des Jahrtausends in der DTM zum Einsatz kam **4** Auch ein Nürburgring-Fan – Tourenwagen-WM-Pilot Jörg Müller

Wir gratulieren Audi und dem Team ABT Sportsline zum Meistertitel in der DTM und bedanken uns bei unseren Kunden, Partnern und Fahrern für eine tolle Saison 2009.

THUM-DESIGN.DE

- HELMLACKIERUNGEN
- DIGITALDRUCK
- FAHRZEUGGESTALTUNG
- VOLLVERKLEBUNG
- MOTORSPORTHELME
- UVEX MOTORSPORTBEKLEIDUNG

Tel.: 06434 - 901134

Das Erbe des Charlie G.

Charlie Geipel steht vor dem letzten Saisonrennen praktisch als Champion der ADAC-Procar-Division 1 fest. Dann ein Reifendrama. Remo Friberg erbt unverhofft die Lorbeeren. Die Titelträger der Divisionen 2 und 3 heißen Thierfelder und Schläppi

E s ist eine dieser verrückten Geschichten, die nur der Motorsport schreibt. Jaja, Floskelalarm. Aber es stimmt. Der Titel in der Division 1 der ADAC-Procar-Serie liegt Charlie Geipel schon zu Füßen. Dann das letzte Rennen der Saison. Ein Malheur, er kann nicht starten, der Traum ist ausgeträumt, der Titel passé. Kontrahent Remo Friberg weiß gar nicht, wie ihm geschieht, nimmt das Erbe aber dankend an.

Die Ausgangslage: In der Frühphase der Saison drängen sich mit dem 19-jährigen Charlie Geipel sowie den erfahrenen Piloten des Engstler-Teams, Remo Friberg und Roland Hertner, drei potenzielle Meisterschafts-Kandidaten auf. Das Trio macht die ersten vier Läufe unter sich aus. Nach dem Saison-Highlight, dem Rennen bei den 24 Stunden am Nürburgring, gerät Hertner in Hockenheim ins Straucheln. Doppel-Ausfall, Titelchance ade. Fortan streiten sich nur noch Geipel und Friberg um die Krone in der Division 1 der Super-2000-Tourenwagen.

Vor dem letzten Rennwochenende hat Charlie Geipel einen kleinen Vorteil. Es steht 92 zu 88 in der Punkteabrechnung. Nach dem ersten von zwei Läufen sieht es sogar noch besser aus. Geipel gewinnt vor Friberg. 102 zu 96. Im zweiten Durchgang, dem letzten Rennen der Saison, lautet Geipels Auftrag denkbar simpel: einfach nur durchkommen. Die Rechnung: sechs Teilnehmer sind in Oschersleben in der Division 1 gemeldet. Mathias Schläppi, der

Knutsch – Remo Friberg bedankt sich bei seinem BMW 320i

Rad und Titel futsch – Charlie Geipel kann das letzte Saisonrennen wegen einer defekten Radnabe (links) nicht starten. Der 19-Jährige hätte nur noch das Ziel erreichen müssen, um Procar-Champion der Division 1 zu werden

nach seinem vorzeitigen Titelgewinn der Division 3 zwei Klassen höher als Gast startet, ist nicht punkteberechnet. Sollte Friberg gewinnen, kassiert er zehn Zähler. Für Rang sechs würde Geipel vier Punkte erhalten. Es stünde 106 zu 106. Weil er mehr Saisonsiege vorzuweisen hätte, wäre Geipel Meister.

Alles nur noch Routine. Konzentrieren, aus Scharmützeln heraushalten, sicher ins Ziel fahren. Das hat in dieser Saison schon bei 14 Rennen funktioniert. Dann der Schock in der Einführungsrunde: Die Radnabe des linken Hinterrades am Toyota Auris S2000 hält den Scherkräften nicht mehr stand und bricht. Das Rad löst sich. Der Tabellenführer rettet sich noch in die Box, kann aber das Rennen nicht starten.

Plötzlich steht die Tür zum Titel für Remo Friberg sperrangelweit offen. Sein korrigiertes Ziel: mindestens Zweiter werden. Die ersten beiden von zwölf Rennrunden führt der Schweizer das Teilnehmerfeld an. Im dritten Umlauf wird er von Mathias Schläppi überholt. Eine Runde später wieder ein Wechsel an der Spitze. Andrei Romanov hechtet von Rang drei ganz nach vorn. Friberg bleibt Zweiter. Nach gut 20 Minuten ist die Überraschung perfekt: Romanov siegt, Friberg ist Champion. „Ich kann es einfach nicht fassen", so der 43-jährige BMW-Pilot. Ein geknickter Charlie Geipel fragt sich einfach nur: Womit habe ich das verdient? Schwacher Trost: Die Wertung des besten Division-1-Neulings geht an ihn.

Die Titelkämpfe der Divisionen 2 und 3 gestalten sich weitaus weniger dramatisch. In der zweiten Klasse der 1.600-Kubikzentimeter-Flitzer dominiert Guido Thierfelder konkurrenzlos die Szene. Insbesondere zu Beginn der zweiten Saisonhälfte legt der 39-jährige Kfz-Mechaniker in seinem

Noch zwei Meister – Renault-Pilot Guido Thierfelder (links) und der Schweizer Mathias Schläppi sicherten sich in ihren Divisionen 2 und 3 ungefährdet die Procar-Titel

Peugeot 207 Sport einen Zwischenspurt hin: vier Siege in Folge am EuroSpeedway und in Oschersleben. Am vorletzten Rennwochenende der Saison auf dem Sachsenring hat Thierfelder bereits die Chance, den Sack zuzumachen. Gelingt ihm aber nicht. Dafür vier Wochen später in Oschersleben. Thomas Mühlenz und Dino Calcum haben das Nachsehen.

Noch eindeutiger ist das Geschehen in der neuen Division 3. In der früheren Klasse für Diesel-Renner starten 2009 Autos mit Zwei-Liter-Saugmotor nach ehemaligem DTC-Reglement. Die Show legt nur ein Pilot auf den Asphalt. Mathias Schläppi, wie Remo Friberg Eidgenosse, ist ab dem zweiten Lauf von Zandvoort nicht mehr zu schlagen und feiert zehn Siege in Folge. Sowohl den Titel der Division 3 als auch den Titel im New Renault Clio Cup, dessen Teilnehmer innerhalb der Procar-Division 3 fahren, hat er am Sachsenring vorzeitig sicher.

Segen und Fluch. Zwar ist die Procar-Serie ein Sammelsurium an unterschiedlichsten Autotypen und -marken, erreicht diesen Status aber nur durch die Zusammenlegung dreier Klassen. Im Prinzip werden drei einzelne Meisterschaften ausgefahren. Ausgerechnet beim Saisonfinale schlägt der Saison-Minus-Wert von nur insgesamt 16 Teilnehmern zu Buche.

Kunterbunt – die Procar-Serie zeichnet sich durch ihre Markenvielfalt aus

Pinnwand ADAC Procar

1 Eilgenossen – die Schweizer Remo Friberg, Peter Rikli und Mathias Schläppi (von links) räumen am EuroSpeedway massenweise Pokale ab **2** Gastspiel – der Belgier Vincent Radermeker, Procar-Meister der Saison 2006, startet 2009 ausschließlich in Oschersleben und gewinnt einen Lauf **3** Verschwommen – Marc-Uwe von Niesewand muss sich Division-3-Meister Schläppi geschlagen geben. Gesamtrang zwei **4** Blickfänger – Grid-Girls in der Procar-Serie **5** Antriebs-Exot – Thomas Mühlenz pilotiert 2009 einen Autogas-Ford

H&R
Das Fahrwerk!

Tagesaktuelle Typenlisten unter:
www.h-r.com

H&R8

Wir gratulieren dem Team ABT-sportsline und Christian Abt zum Titelgewinn der ADAC GT Masters 2009

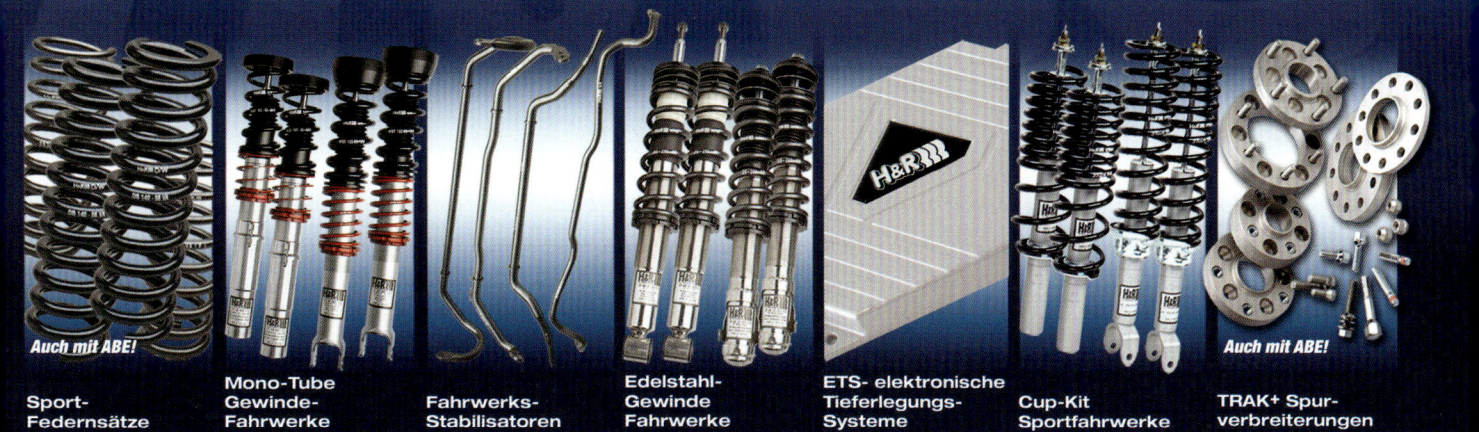

Sport-Federnsätze — *Auch mit ABE!*

Mono-Tube Gewinde-Fahrwerke

Fahrwerks-Stabilisatoren

Edelstahl-Gewinde Fahrwerke

ETS- elektronische Tieferlegungs-Systeme

Cup-Kit Sportfahrwerke

TRAK+ Spurverbreiterungen — *Auch mit ABE!*

H&R Spezialfedern GmbH & Co.KG - Elsper Straße 36 - D-57368 Lennestadt - e-mail: info@h-r.com - www.h-r.com

154 SEAT LEON SUPERCOPA | Saison 2009

Ewige Liebe

18 Jahre Markenpokal. Und ein Ende ist noch nicht absehbar. Thomas Marschalls Beziehung zu Hersteller-Cups ist innig und erfolgreich. 2009 holt der „Oldie" im SEAT Leon Supercopa seinen elften Titel

Aller guten Dinge sind drei – 2005, 2007, 2009. Thomas Marschalls Meister-Bilanz im SEAT Leon Supercopa

Die einmalige Karriere startet 1992 mit dem Titelgewinn im Ford Fiesta Mixed Cup. Peugeot 306 Cup, Ford Escort Cup, Renault Megane Cup, Ford Puma Cup und Renault Clio V6 Trophy sind weitere Erfolgskapitel in der Chronik Thomas Marschalls. Seit 2004 fährt der 45-Jährige im SEAT Leon Supercopa und schnappt sich alle zwei Jahre den Titel. 2009 ist es der dritte. Der elfte in einem Markenpokal. Eine einmalige Geschichte in der deutschen Motorsport-Landschaft.

Andere Piloten schwärmen von futuristischen Prototypen oder PS-starken Formel-Autos. Interessiert Thomas Marschall alles nicht. Sein Metier sind die Markenpokale. Hier ist er zu Hause, hier weiß er, was er hat. Gründe? Klar: Chancengleichheit. Nur in einer Rennserie mit weitestgehend baugleichen Autos ist messbar, wer wirklich der schnellste Pilot ist. Was Marschall aber viel wichtiger ist: die abschätzbaren Kosten. „Die sind in einem Markenpokal überschaubar", so Marschall. „Man kann am Anfang des Jahres bis auf 20.000 Euro genau kalkulieren, was einen die Saison kosten wird. Bei einer offenen Meisterschaft, in der die Entwicklung während der Saison immer weiter vorangetrieben wird, können die Finanzen ins Uferlose ausarten." Das ist für einen Fahrer, der mit privaten Geldern im Motorsport unterwegs ist,

Am Boden – aber nur auf diesen Fotos. Christer Jöns (links), Gesamt-Zweiter, und Damian Sawicki, Gesamt-Dritter, fahren eine gute Supercopa-Saison

ein immens hohes Risiko. Und diesem geht Marschall aus dem Weg: „Ich weiß von vielen Kollegen, dass sie vor der Saison noch gar nicht wissen, ob sie alle Rennen bestreiten können. Meine Saison war finanziell komplett abgedeckt." Und zwar ohne die Preisgelder, die im SEAT Leon Supercopa durchaus hoch sind, mit ins Kalkül zu ziehen. Marschall hatte auch schon einen Start im Porsche Carrera Cup in Betracht gezogen, „aber dort muss man schon wieder doppelt so viel Geld in die Hand nehmen. Ich bin ein bodenständiger Typ und kein Draufgänger. Solche Geschichten sind mir zu riskant."

2004 der Einstieg in den Supercopa, 2005 gleich der erste Titel. Ebenso 2007 und jetzt 2009. Eine Regelmäßigkeit, für die Thomas Marschall eine Erklärung hat: „In meinem Alter tut man sich manchmal schwer, sich nach einer guten Saison wieder auf den Punkt für die folgende Saison zu motivieren. Scheinbar hat in den schwachen Jahren immer etwas gefehlt. Ich habe einen auf den Deckel bekommen und mich dann wieder richtig zusammengerissen."

Das Alter ist ein gutes Stichwort. Mit 45 Jahren gehört man im Motorsport schon zu den Fastrentnern. Nur Wolfgang Klein hat im Supercopa 2009 noch ein paar Lenze mehr auf dem Buckel. Wie ist es denn, als Super(C)opa gegen die vielen „jungen Wilden" anzutreten? Marschall: „Ganz unterschiedlich. Wenn ich Top-Resultate einfahre, dann ist man bei den Youngstern ein gefragter Ratgeber. Aber wehe, wenn es schlecht läuft. Dann wird man nicht mehr für voll genommen. Dann heißt es nur noch ‚Lass den alten Sack mal reden. Der kann ja eh nichts mehr'." Auch im Bereich Fitness, Konzentration und Sinnschärfe hat es Marschall gegenüber seinen jungen Konkurrenten etwas schwerer. Er müsse mehr tun als am Anfang seiner Karriere und wahrscheinlich auch mehr als manch junger Kollege. Zwei bis drei Mal Fitnessstudio und zwei bis drei Mal joggen. Ein straffes Wochenprogramm. Der Körper wolle eben nicht mehr so wie bei einem 20-Jährigen. „Ich habe früher nie etwas gemacht, bis ich 30 oder 35 Jahre alt war. Dann habe ich gemerkt, dass ich gerade gegen Ende des Rennens immer zu kaputt bin und konnte mich nicht mehr richtig konzentrieren. Darum habe ich angefangen, Sport zu treiben. Jetzt habe ich das Gefühl, ich könnte auch doppelt so lange Renndistanzen absolvieren", sagt Marschall.

Und genau aus diesem Grund denkt er auch noch lange nicht daran, den Helm an den Nagel zu hängen. Alljährlich liest man in Interviews mit Thomas Marschall, dass er überlege, aufzuhören. Der richtige Zeitpunkt müsse abgepasst werden. Aber alljährlich taucht sein Name dann doch wieder in der Starterliste des Supercopa auf. „Man spürt, wenn es reicht. Ich denke von Jahr zu Jahr. Und mein Entschluss für 2010 steht schon fest: Ich hänge noch ein Jahr dran." Denn noch lässt der Stress auch sein wichtigstes „Hobby" im Leben zu: die Karriere seines Sohnes Dennis. Denn der wandelt auf den Spuren von Papa und möchte auch Rennfahrer werden. Seit drei Jahren fährt er Kart, in letzter Zeit immer erfolg-

Guter Einstand – als Rookie gleich zwei Siege. Dem Südafrikaner Shane Williams gelingt der Umstieg aus dem ADAC Volkswagen Polo Cup prächtig

Ausgeträumt – Philipp Leisen startet gut in die Saison, spielt aber im Titelkampf keine Rolle

reicher. Marschall senior: „Ich versuche, möglichst bei all seinen Rennen dabei zu sein, und je besser er wird, desto stressiger wird es auch für mich, meine eigene und seine Karriere unter einen Hut zu bekommen. Sobald Dennis in den Tourenwagen- oder Formel-Sport einsteigt, werde ich mit Sicherheit aufhören."

So mancher Supercopa-Rivale mag sich diesen Rücktritt schon das ein oder andere Jahr früher wünschen, denn Marschall dominiert die Saison 2009 nach Belieben. Den Grundstein für den Titel legt er schon zu Beginn der Saison. Drei Siege in Serie, vier in den ersten fünf Rennen. Zur Halbzeit führt Marschall die Fahrerwertung mit 140 Punkten an. Sein Teamkollege

Pinnwand SEAT Leon Supercopa

1 Gastspiel – die Nummer „1" steuern prominente Fahrer wie Timo Scheiders Freundin Jasmin Rubatto **2** Auch ein Sieger – Heiko Hammel gewinnt einen Lauf in Zandvoort **3** Überraschung – der tschechische Serienneuling Petr Fulin triumphiert bei einem Lauf in der Motorsport Arena Oschersleben **4** Ausrutscher – Andreas Pfister auf kieseligen Abwegen **5** Schaltzentrale – Blick ins Cockpit eines Supercopas

bei Black Falcon, Christer Jöns (115 Punkte), und Damian Sawicki (104) weisen bereits einen Respektabstand auf. Insbesondere der 22-jährige Jöns, der seine Debütsaison im Supercopa fährt, startet eine Aufholjagd, während Marschall schwächelt. Zwei Wochenenden vor Saisonschluss beträgt Jöns' Rückstand nur noch 16 Zähler. In Dijon-Prenois erlebt Jöns dann ein rabenschwarzes Wochenende: Unfall im ersten und technischer Defekt im zweiten Lauf. Nur zwei Zähler für das Punktekonto. Marschall feiert einen Sieg und einen vierten Platz. Der vorzeitige Titelgewinn ist perfekt. Beim Saisonfinale streiten sich Jöns und Sawicki um den „Vize"-Titel. Jöns setzt sich durch und beschert Black Falcon einen perfekten Saisonabschluss.

Augenweiden – schöne Frauen wie die beiden Moderatorinnen Manuela Klein (links) und Christina Surer trifft man in der Supercopa-Szene häufig an

seat.de

ADRENALIN ON HOLD

DER SEAT LEON SUPERCOPA GEHT IN DIE WINTERPAUSE.

Diese Supercopa-Saison hatte es wirklich in sich. Wir danken allen Fahrern, Teams und vor allem den rennsportbegeisterten Fans für eine Atmosphäre, die atemberaubender kaum hätte sein können. Wir sehen uns im nächsten Jahr. Noch stärker. Noch packender. Noch härter. Tickets erhalten Sie unter Tel. 01805-723000.*

14 Cent/Min. aus dem Festnetz der Deutschen Telekom AG, ggf. abweichende Preise aus dem Mobilfunknetz. SEAT Hotline: 01805-73284636.

EINE MARKE DER VOLKSWAGEN GRUPPE

160 ADAC VOLKSWAGEN POLO CUP Saison 2009

Hängepartie – Maciek Steinhof (vorn) sieht zu Saisonbeginn schon wie der souveräne Meister aus

Wackelkandidat

Bei Saisonbeginn des ADAC Volkwagen Polo Cup hat Maciek Steinhof schon einen riesigen Vorsprung auf seine Verfolger. Doch am Ende wird es noch einmal knapp

Auf Maciek Steinhof lastet vor der Saison 2009 des ADAC Volkswagen Polo Cup eine gewisse Erwartungshaltung. Mit Champion Alexander Rambow sowie Shane Williams, Andreas Simonsen und Thor Qualmann sind die vier bestplatzierten Piloten des Polo-Cup 2008 in andere Rennserien gewechselt. Steinhof, der Gesamtfünfte des Vorjahres, steigt praktisch automatisch zum Titelfavoriten auf. Es deutet sich schnell an: Er kann mit dem Druck umgehen. Aber die Art und Weise – die überrascht dann doch.

Hockenheim, EuroSpeedway, Norisring: Steinhof-Land. Der Pole stellt mit vier Siegen – in der Lausitz werden zwei Rennen gefahren – einen neuen Startrekord für den Polo-Cup auf. Spätestens jetzt ist klar: Maciek Steinhof ist nicht nur auf dem Papier der heißeste Titelanwärter. 180 Punkte bedeuten die optimale Ausbeute. Elia Erhart folgt mit 122 Zählern auf Rang zwei,

Zerreißprobe – bis zum letzten Lauf ist die Titelfrage zwischen Max Sandritter (links) und Maciek Steinhof offen

Maximilian Sandritter, der beste Serienneuling 2008, hat als Dritter 79 Zähler auf seinem Konto. Das sind Welten. Die Sache scheint entschieden. Herzlichen Glückwunsch, Maciek Steinhof, zum Titel.

Der Markenpokal ist tot, lang lebe der Markenpokal

Der eine geht, der andere kommt. Nach sechs spannenden Jahren ist mit dem Titelgewinn von Maciek Steinhof das letzte Kapitel des ADAC Volkswagen Polo Cup geschrieben. Aber Volkswagen sorgt für adäquaten Ersatz: In der kommenden Saison gibt der Scirocco-Cup sein Stelldichein als offizielle DTM-Partnerserie. Im neuen Markenpokal kommen mit Bioerdgas angetriebene Fahrzeuge zum Einsatz. Die Motorleistung der baugleichen Autos beträgt 220 plus 30 Extra-PS bei Bedarf durch das „Push-to-pass"-System. Im Gegensatz zum ADAC Volkswagen Polo Cup ist der Scirocco-Cup nicht als reine Nachwuchs-Rennserie ausgelegt. Im Prinzip kann jedermann teilnehmen: Talente, Profis und Legenden.

Aber eben jener Maximilian Sandritter fügt sich noch nicht in sein Schicksal und startet eine furiose Aufholjagd. Zwei Siege in Oschersleben, Sieg auf dem Nürburgring und Platz zwei in Barcelona. Eine gute Vorgabe. Maciek Steinhof zeigt ungeahnte Schwächen. Zwei zweite Plätze in der Magdeburger Börde sind nur menschlich, aber ein siebter Platz in Spanien ist für steinhofsche Verhältnisse fast schon unterirdisch. Vor dem letzten Saisonrennen in Hockenheim ist der Titel noch nicht vergeben. Steinhof führt zwar nach wie vor mit 344 Zählern, aber Sandritter ist ihm mit 307 Punkten noch auf den Fersen. Für einen Sieg gibt es im Polo-Cup 60 Punkte. Die Rechnung ist einfach: Rang zehn reicht Steinhof. Es wird Platz fünf. Sandritter siegt. Nach neun Rennen beträgt der Vorsprung gerade einmal noch neun Punkte. Eine echte Zitterpartie.

Maciek Steinhof. Aus der zweiten Reihe ins Rampenlicht. Was ist das Erfolgsgeheimnis des 24-Jährigen? Maciek Steinhof ist nur selten allein. Meist ist er umgeben von einer kleinen Crew: Bruder Bartek, Cousin Kristofer und Vater Tomek sowie Freund Piotr, der sich in der Boxengasse um die Abstimmung des Autos kümmert. Eines ist klar: Für Steinhof ist Motorsport Teamsport, auch wenn er im Cockpit auf sich allein gestellt ist. „Den Erfolg haben wir alle gemeinsam eingefahren. Ohne die Unterstützung meiner Familie und meiner Freunde wäre der Titel niemals möglich gewesen", sagt Steinhof. Er kennt seine Wurzeln. Die ganze Familie hat Benzin im Blut. Schon sein Großvater war Rennfahrer, sein Bruder hat mehrere Titel im polnischen Renn- und Rallyesport gesammelt.

Dementsprechend ist der gemeinsame Jubel grenzenlos, als nach der letzten Zielflagge die Anspannung von allen abfällt. „Ich kann es eigentlich gar nicht glauben. Für mich ist mein großer Traum in Erfüllung gegangen", so Steinhof. Dieser Meilenstein der noch jungen Karriere ist das Resultat klarer Ziele. „Für mich kommt es im Motorsport vor allem darauf an, an sich selbst zu glauben, ein klares Ziel zu haben und es auf direktem Weg zu verfolgen", sagt der BWL-Student, der auch beruflich genaue Vorstellungen hat: „Ich möchte

Zwischenspurt – Maximilian Sandritter macht die Meisterschaft mit drei Siegen am Stück spannend. Am Ende triumphiert Maciek Steinhof

ADAC VOLKSWAGEN POLO CUP — Saison 2009

Auf der Überholspur – die Starter im Polo-Cup streben eine steile Motorsport-Karriere an

später ein eigenes Unternehmen aufbauen. Und ich glaube, der Motorsport kann mir dabei helfen. Konzentration, psychische Stärke, Gelassenheit – das sind Dinge, die ich für das Leben lerne."

Der Titelgewinn im ADAC Volkswagen Polo Cup hat für Steinhof einen außergewöhnlichen Stellenwert: „Hier Champion zu werden, ist etwas Besonderes. Das Fahrerfeld ist enorm ausgeglichen, alle haben die gleichen Chancen. Man darf sich das ganze Jahr keinen Ausrutscher leisten." Für Steinhof, der vor seinem Polo-Cup-Debüt schon Tourenwagen-Rennen in seiner Heimat fuhr, war auch der Wechsel nach Deutschland ein wichtiger Aspekt. „Der Motorsport in Polen ist noch nicht so stark entwickelt wie in Deutschland. Das ganze Umfeld ist hier sehr professionell und hochklassig." Wohin seine Reise als Nächstes führt, hat Steinhof noch nicht entschieden. Eines ist klar: Den Titel im ADAC Volkswagen Polo Cup kann er nicht verteidigen, denn die Nachwuchs-Serie wird nach sechs Jahren durch den neuen Scirocco-Cup abgelöst. Eine Alternative? Steinhof: „Klingt sehr interessant."

Pinnwand ADAC Volkswagen Polo Cup

1 Fräuleinwunder – Sandra Oscarsson ist zusammen mit Vivien Volk die einzige Frau im Starterfeld **2** So schmeckt der Erfolg – Stefan Kolb, Elia Erhart (verdeckt), Nico Schilling und Maciek Steinhof (von links) am EuroSpeedway **3** Lichterspiel – Nebelrennen am EuroSpeedway **4** Sand im Getriebe – der Inder Aditya Patel kommt in seiner ersten Polo-Cup-Saison noch nicht zurecht **5** Lässig – Rookie-Champion Kris Heidorn

www.wige.de

WIGE MEDIA AG

Emotions made by WIGE

Passion
and Profession

WIGE ist der führende Mediendienstleister für nationalen und internationalen Motorsport:

- Live-Produktion und TV-Redaktion
- TV-Vermarktung
- Neue Medien
- Eventtechnik
- Medientechnik
- Daten- und Ergebnisdienstleistungen
- Grafik-Dienstleistungen.

Wir machen Motorsport zum Erlebnis.
Auch mit exklusiven Arrangements und einzigartiger Hospitality in unseren Lounges.

WIGE MEDIA AG | Am Coloneum 2 | 50829 Cologne | Germany | **t** +49 [0] 221_7 88 77_0 | **f** +49 [0] 221_7 88 77_199 | info@wige.de

Rekordmann – mit fünf Siegen in einer Saison stellt Haglöf einen neuen Bestwert für die MINI Challenge auf

Der Rebell

Aufstrebend, ehrgeizig, vielleicht ein bisschen übermotiviert und manchmal auch rücksichtslos. Parallelen sind durchaus vorhanden

Gemeint sind Daniel Haglöf, MINI-Challenge-Meister des Jahres 2009, und Pete Mitchell, Kampfjetpilot im Hollywood-Klassiker „Top Gun", gespielt von Tom Cruise. Wie bitte? Was haben die beiden denn miteinander zu tun?

„Am Anfang meiner Motorsport-Karriere in Schweden war ich ein Heißsporn", so Haglöf. „Ich war talentiert, bin großes Risiko eingegangen, habe oft zu spät gebremst, die Kurven zu stark geschnitten. Seitdem nennen mich meine Freunde ‚Maverick'." Auch Pilot Pete Mitchell, der sich im Film mit anderen Flugschülern anlegt und den Zorn der Ausbilder auf sich zieht, trägt diesen Beinamen. Ein Maverick ist im Englischen eine Person, die Unabhängigkeit in Denken und Handeln zeigt, ein Rebell. Das passt zu Mitchell und auch – natürlich nur beruflich – zu Haglöf.

Der Maverick als Kunstname hat sich in Haglöfs Leben bis heute gehalten. Bis 2008 war die Titulierung noch ein Insider unter Kumpeln, aber seit diesem Jahr fährt der Schwede offiziell mit der Rennlizenz Daniel „Maverick" Haglöf. In Starterlisten, auf Ergebniszetteln – überall taucht sein Alter Ego auf. Der Name ist Programm. Mit seiner rebellischen Fahrweise krönt sich der 30-Jährige 2009 zum MINI-Champion.

Der Triumph kommt mit Ankündigung. Schon 2008, in seinem ersten MINI-Jahr, meldete Haglöf mit den meisten Laufsiegen und den meisten Pole-Positions aller Teilnehmer Ansprüche auf den Titel an. In den letzten beiden Saisonläufen am Salzburgring fuhr er die Konkurrenz in Grund und Boden. Dass es am Ende nur zu Gesamtrang drei reichte, lag an der technischen Unbeständigkeit seines Autos. „Zu viele Ausfälle. Aber kein Wunder, denn ich habe das Auto privat eingesetzt. Nach der Saison erkannte das Gigamot-Team mein Potenzial und verpflichtete mich. Teil eines starken Teams zu sein, ist das Wichtigste im Motorsport." Haglöf hatte mit der Challenge noch eine Rechnung zu begleichen und begleicht sie 2009.

Er startet in Hockenheim in die neue Saison genau so, wie er die alte beendet hat: mit zwei Siegen. Neben Haglöf macht noch ein anderer Fahrer mit den Rängen zwei und vier auf sich aufmerksam. Es ist Christian Vieth, Newcomer in der MINI Challenge und ebenfalls bei Gigamot angestellt. Der Titelkampf ist entbrannt. Zunächst ist es jedoch Haglöf, der am zweiten Rennwochenende in Silverstone seine Titelambitionen mit einem Sieg im zweiten Lauf untermauert. Den ersten gewinnt ein alter Bekannter. Thomas Jäger, ehemaliger DTM-Pilot und MINI-Challenge-Meister von 2006, gibt ein umjubeltes Comeback. Mit dem Erfolg auf der Insel schraubt der Münchner seinen Rekord der meisten gewonnenen MINI-Rennen auf zehn.

Knapp daneben – Hendrik Vieth bleibt am Ende der Saison „nur" Gesamtrang zwei

Aber Daniel Haglöf bleibt Jäger in Sachen Sieg-Bestmarke auf den Fersen. Aus einem Rückschlag mit zwei „Nullern" – Teamkollege Vieth feiert in Hockenheim hingegen seinen ersten Seriensieg und übernimmt die Führung in der Gesamtwertung – geht er gestärkt hervor: Sieg und Rang drei beim vierten Rennwochenende am Nürburgring. Haglöf ist „Halbzeitmeister". Der Schwede: „Mein Ziel vor dem Wochenende war, die Führung in der Meisterschaft zurückzugewinnen. Das habe ich geschafft." Nach acht von 16 Läufen führt er mit 161 Zählern hauchdünn vor Vieth, der 156 Punkte auf dem Konto hat.

Nach einem Monat Sommerpause beschert der erste Lauf am Nürburgring der Serie das dramatischste Rennen der Saison. Wegen dichten Nebels über der Nordschleife ist der Start lange fraglich. Der Zeitplan gerät ins Wanken. Mit einer guten Stunde Verspätung gibt die Rennleitung doch grünes Licht. Trotz anhaltend schwieriger Sichtverhältnisse entwickelt sich ein spannendes, aber auf 25 Minuten verkürztes Rennen, dessen Sieger Hari Proczyk heißt. „Ich habe von der Pole-Position aus die Führung immer behauptet. Unbehindert vornweg zu fahren, ist unter normalen Umständen ein großer Vorteil. Hier war die Sicht aber an einigen Stellen so

Geübt – in Jubelpose sieht man Meister Daniel Haglöf 2009 des Öfteren

MINI CHALLENGE — Saison 2009

Koch am Steuer – Promi-Gastpiloten wie Tim Mälzer geben sich gern die Ehre

eingeschränkt, dass ich mir vorkam wie das Versuchskaninchen des Feldes", so der Gesamtzweite des Vorjahres.

Trotz der ungewöhnlichen Bedingungen lässt sich Promi-Gaststarter Max Mutzke nicht aus der Ruhe bringen. Der Sänger („Can't Wait Until Tonight") belegt Platz 24 und resümiert: „Ich habe es etwas langsamer angehen lassen, in der Hoffnung, dass es vor mir einige Ausfälle gibt, von denen ich dann profitieren kann. Aber alle sind unheimlich diszipliniert gefahren. Gut für meine Konkurrenten, schlecht für mich." Im nebelfreien zweiten Lauf reicht es immerhin zu Rang 19.

Weniger erfolgreich verläuft dagegen der Promiauftritt des Fernseh-Starkochs Tim Mälzer beim Challenge-Wochenende in der Motor Sport Arena Oschersleben. Nach Rang 26 im ersten Lauf ist der Hamburger eingeschüchtert und fährt im zweiten Rennen nach acht Umläufen in die Box, als das rasende Feld eine Runde auf ihn aufgeholt hat und zum Massenüberrunden ansetzt. „Ich habe lieber großzügig Platz gemacht. Die Zuschauer habe ich mit meinen Drehern trotzdem unterhalten."

Die Gastauftritte der Promis – ein Markenzeichen und gleichzeitig auch eine Stärke der MINI Challenge. Hier kann praktisch jeder mitfahren: Profis wie Haglöf und Laien wie Mälzer, Oldies wie die 65-jährige Motorsport-Legende Harald Grohs und Jungspunde wie der 19-jährige Nico Bastian. Durchschnittlich 29 Piloten tummeln sich an den acht Rennwochenenden auf der Strecke. Und einer fährt zielsicher Richtung Titel. Daniel Haglöf stellt in Oschersleben sogar noch im Vorbeifahren einen Serien-Rekord auf. Mit seinem Sieg im zweiten Lauf ist er der erste Challenge-Pilot, der fünf Siege in einer Saison feiert.

Vor dem Saisonfinale hat Haglöf komfortable 34 Zähler Vorsprung vor Vieth und schaukelt dieses Polster mit den Rängen zehn und 15 ins Ziel. Vieth wird Gesamtzweiter und beschert dadurch dem Team Gigamot eine gigantische Saison mit sieben Siegen. Für das Abschluss-Highlight sorgt Stephanie Halm, die den zweiten Lauf in Österreich gewinnt.

Irrfahrt – beim fünften Rennwochenende haben die Fahrer mit Nebel zu kämpfen

Pinnwand Mini Challenge

1 Klassenfoto – die Teilnehmer der MINI Challenge vor der Saison **2** Spannende Duelle – die MINI Challenge bietet dank ihres Markenpokalcharakters allen Fahrern die gleichen Chancen **3** Siegfahrer – Daniel Keilwitz wird am Ende Gesamtdritter **4** Großer Name – der ehemalige DTM-Pilot Thomas Jäger gewinnt einen Lauf in Silverstone

Speed im Blickpunkt

Print Facts

Qualität und Schnelligkeit sind unsere Stärke

Motorsport-Saison 2009:
+++ 392 verschiedene Objekte produziert +++ 6,25 Millionen Druckzylinderumdrehungen +++ 125 Tonnen Papier verarbeitet +++ 1.540 kg Farbe verdruckt +++ 40.430 Transportkilometer +++ 10.673 Sendungen verschickt +++ alles just in time

im Renntempo

hansmannverlag

SPONHOLTZ
VERLAG · DRUCKEREI · WERBEAGENTUR

www.sponholtz-druck.de

168 BMW DE CHALLENGE Saison 2009

Hier ticken die Uhren anders

BMW Driving Experience Challenge. Die etwas andere Rennserie. Andere Autos, andere Fahrer, andere Regeln. Der Gegner ist die Uhr

BMW DE CHALLENGE — Saison 2009

Nummer eins – Meisterfoto mit Ludger Henrich (links) und Jürgen Schulten

Alle Autos starten gleichzeitig, eine bestimmte Rundenanzahl wird gefahren, der Erste im Ziel ist auch der Sieger des Rennens. Nach diesem Schema F laufen die meisten Rundstrecken-Rennserien ab. Nicht so die BMW Driving Experience Challenge. Jedes Team fährt gegen die Uhr, nicht gegen die Konkurrenten. Wie bei einer Rallye. Einen direkten Kampf um Positionen gibt es nicht, nur einen Kampf gegen Strafpunkte. Die Mischung aus Gefühl, Geschick und Geschwindigkeit macht's. Wer die geforderten Aufgaben besser erfüllt, gewinnt.

Die Rundstrecken-Challenge Nürburgring gilt als älteste deutsche Tourenwagen-Serie. Ehemals unter dem Titel Castrol Haugg Cup ausgetragen, heißt die Rennserie seit 2007 BMW Driving Experience Challenge, benannt nach dem Titelpartner. Das BMW-Fahrer-Training bietet Amateur-Rennfahrern Trainingsmöglichkeiten, um bei der planungssichersten Breitensportserie erfolgreich zu sein. Das Konzept der Challenge ist auf möglichst geringe Kosten ausgelegt. Mitfahren kann jeder, dessen Auto die technischen Voraussetzungen erfüllt. Die Marke spielt keine Rolle. Verschiedene Motorsportclubs richten unter dem Zusammenschluss der Rundstrecken-Challenge Nürburgring e. V. (RCN) die acht Saisonläufe auf der Nordschleife aus.

Zu den Regeln. Jedes Rennen umfasst 15 Runden. In jeder Runde muss eine bestimmte Aufgabe bestmöglich erfüllt werden. In der ersten Runde fahren die Teams, die in bestimmten Abständen nacheinander auf die Strecke gehen, eine sogenannte Setzzeit. Eine Zeit zwischen acht und 14 Minuten, die in späteren Runden bestätigt werden muss. Hierbei geht es nicht um Geschwindigkeit. Auch ein Porsche, der die „Grüne Hölle" normalerweise in unter neun Minuten absolviert, kann sich elf oder zwölf Minuten Zeit lassen. Im Anschluss stehen vier Sprintrunden auf dem Programm. In diesen fahren die Teams auf Geschwindigkeit. Jede gefahrene Sekunde zieht einen Strafpunkt nach sich. Für eine Runde von neun Minuten bekommt man also 540 Strafpunkte aufgebrummt. In Runde sechs muss die Setzzeit bestätigt werden. Mit maximal zehn Sekunden Abweichung. Pro Sekunde Abweichung gibt es zehn Punkte auf das Strafkonto. Beispiel: Die Setzzeit eines Teams beträgt zwölf Minuten, in der Bestätigungsrunde braucht es 12.15 Minuten. Abzüglich der zehn Sekunden Toleranz liegt es fünf Sekunden daneben. 50 Strafpunkte sind fällig. Bei einem Blick auf die Ergebnislisten fällt aber auf, dass das Bestätigen für die Teams eine leichte Aufgabe ist. Nur selten fallen Strafpunkte an. Ganz im Gegenteil. Einige Teams bestätigen die Setzzeit auf die Sekunde genau. Eine erstaunliche Leistung

Serientäter – sechs von acht Laufsiegen gehen auf das Konto von Jürgen Alzen ...

Kunterbunt – mehr Marken- und Modellabwechslung als in der BMW Driving Experience Challenge geht nicht. Ein Blick auf den „Parkplatz" der Teilnehmer

angesichts der Strecke von gut 20 Kilometern. In Runde sieben und acht wird getankt und bei Bedarf der Fahrer gewechselt. Die addierte Rundenzeit darf 40 Minuten nicht überschreiten, sonst drohen wieder Strafzeiten. In Runde neun wird ein zweites Mal die Setzzeit bestätigt, Runde zehn bis 14 sind erneut Sprintrunden. Die 15. und letzte Runde ist die Auslaufrunde und wird nicht

... und „Schirmhalter" Gerald Schalk (l.)

gewertet. Am Ende der Challenge schlägt die Gesamtanzahl der Strafpunkte zu Buche. Je weniger desto besser.

Die Sprintrunden überwiegen. Schnell zu sein, ist also das A und O. Ergo: Die Gesamtsiege der BMW Driving Experience Challenge gehen meistens an das schnellste Auto. Zu Saisonbeginn steuern dieses Gerald Schalk und Jürgen Alzen. Die ersten sechs Saisonsiege feiert das Porsche-Duo. Aber der Gesamtsieg ist nicht alles. Wie in der Langstreckenmeisterschaft Nürburgring (VLN), wird auch in der BMW Driving Experience Challenge jede Klasse einzeln bewertet. Je mehr Teilnehmer in einer Klasse, desto mehr Punkte sind zu gewinnen. An dieser Stelle kommen Ludger Henrich und Jürgen Schulten ins Spiel. Die beiden Piloten eines Opel Astra starten in der teilnehmerstarken Klasse H3, in der sich mehr als 40 Teams tummeln. Alzen/Schalk besetzen ihre Klasse zuweilen allein. Nur zum Vergleich: Henrich/Schulten sammeln für ihren Klassensieg beim Auftaktrennen 9,89 Punkte, die Gesamtsieger Alzen/Schalk nur 8,75 Zähler. Aufgrund dieser Punktevergabe wird

Mehr RCN

Neben der BMW Driving Experience Challenge veranstaltet die Rundstrecken-Challenge Nürburgring e. V. 2009 zwei weitere Rennserien. In der Gleichmäßigkeitsprüfung (RCN GLP) messen sich Teilnehmer sieben Mal auf der Nordschleife. So gleichmäßig wie möglich, so zügig wie nötig – das ist das Motto. Ähnlich wie in der BMW Driving Experience Challenge müssen Setzzeiten bei einer festgeschriebenen Durchschnittsgeschwindigkeit bestätigt werden. Am besten gelingt dieses Kunststück den Meistern Zammert/Träger im Volkswagen Golf. Noch einen Schritt weiter geht die RCN GREEN CHALLENGE. In drei Läufen auf der Nordschleife müssen die Teilnehmer festgelegte Zeiten erreichen, und zwar mit möglichst geringem Treibstoffverbrauch. Dabei kommt es vor, dass die Fahrer ihre Autos mit einem Verbrauch unter dem vom Werk angegebenen Normwert fahren. Meister ist Gerhard Diehl im Opel Astra OPC.

Sieger – in der Green Challenge starten nur Serienautos. Der Audi TT Coupé gewinnt zwei Läufe

172 BMW DE CHALLENGE Saison 2009

PS-schwächeren Teams eine Chance im Titelkampf eingeräumt. Jedoch haben Teams teilnehmerschwacher Klassen per se keine Chance. Henrich/Schulten dominieren ihre Klasse und liegen von Saisonbeginn an an der Tabellenspitze. Am Ende feiern sie ungeschlagen den Titel.

Die BMW Driving Experience Challenge. Ein kurioses Konzept in den Augen manches Motorsportlers – bei seinen Anhängern aber nicht nur wegen der sportlichen Herausforderung, sondern auch wegen des sozialen Mehrwertes beliebt. „Die Kameradschaft ist klasse. Jeder kennt jeden. Man isst zusammen und trinkt zusammen", sagt Ludger Henrich, der hauptberuflich eine Autowerkstatt betreibt. „Die Challenge ist für die meisten Piloten ein Hobby. Klar wollen wir alle gewinnen, aber das Umfeld ist auch sehr wichtig. Profi-Teams sucht man vergebens. Man kann auch kein großes Geld verdienen."

Opel Manta, Golf I, Golf II, 3er-BMW. Alle mit riesigen Spoilern und in grellen Farben lackiert. Man mag sich vorkommen wie beim Tuning-Treffen auf der Tankstelle um die Ecke. Trotzdem oder gerade auch deswegen erfreut sich die BMW Driving Experience Challenge einer großen Anhängerschaft. Auf Fahrer- und auf Fanseite.

Prost – nach dem Rennen genehmigen sich die Fahrer gern ein Feierabend-Bier

Erneut Podest – Titelverteidiger Hans-Rolf Salzer wird in seinem BMW M3 Gesamtdritter

Pinnwand BMW Driving Experience Challenge

1 Feurig lackiert – Johannes Trimborn im Audi S2 **2** Eingebaute Vorfahrt – der Mercedes Evo II von Ernst Sinowzik und Thorsten Stadler **3** Giftig und grün – Bastian Hüttinger im Ford Focus **4** Japan-Flitzer – Matthias Holle steuert einen Honda S 2000 GT **5** Wetterfest – der Renault Clio von Karl Brinker **6** „Anhänglich" – selbst ist der Mann bei der BMW Driving Experience Challenge: Auto auf den Trailer und ab zum Rennen **7** Großzügig bespoilert – der Volkswagen Golf I von Uwe Erdtmann

Tourenwagen-Breitensport.

Für jeden das Richtige.

BMW Driving Experience Challenge
RCN Junior Trophy
RCN Light

RCN GLP

RCN GREEN CHALLENGE

www.r-c-n.com

MSC Bork e.V. im ADAC
Scuderia A. Brühl i. BTV e.V. u. ADAC
AC Oberhausen e.V. im ADAC
MC Roetgen e.V. im ADAC
SfG Schönau e.V. im ADAC
BMC Wuppertal e.V. im ADAC

174 STATISTIK DTM

01 DTM Hockenheim 15.–17. Mai 2009

Freies Training
Pl.	Fahrer	Zeit
1.	M. Ekström	1.32,740
2.	T. Kristensen	1.32,929
3.	M. Tomczyk	1.33,114
4.	G. Paffett	1.33,162
5.	P. Di Resta	1.33,188
6.	O. Jarvis	1.33,213
7.	M. Rockenfeller	1.33,369
8.	J. Green[1]	1.33,403
9.	A. Prémat	1.33,421
10.	K. Legge	1.33,541
11.	T. Scheider	1.33,600
12.	M. Engel	1.33,743
13.	M. Winkelhock	1.33,839
14.	B. Spengler	1.33,924
15.	M. Lauda	1.34,004
16.	S. Stoddart	1.34,087
17.	R. Schumacher	1.34,173
18.	C. Bakkerud	1.34,330
19.	T. Kostka	1.35,098
20.	J. Seidlitz	1.35,152

Zeittraining
Pl.	Fahrer	Zeittraining 1		Zeittraining 2		Zeittraining 3		Zeittraining 4	
1.	M. Ekström	1.32,870	(1.)	1.32,377	(5.)	1.32,068	(1.)	1.32,535	(1.)
2.	T. Kristensen	1.33,313	(8.)	1.32,314	(4.)	1.32,188	(3.)	1.32,672	(2.)
3.	M. Tomczyk	1.32,942	(2.)	1.32,192	(1.)	1.32,150	(2.)	1.33,004	(3.)
4.	O. Jarvis	1.33,226	(6.)	1.32,215	(2.)	1.32,387	(4.)	1.33,182	(4.)
5.	T. Scheider	1.33,540	(11.)	1.32,272	(3.)	1.32,391	(5.)		
6.	P. Di Resta	1.33,103	(3.)	1.32,505	(6.)	1.32,456	(6.)		
7.	M. Engel	1.33,133	(4.)	1.32,743	(7.)	1.32,714	(7.)		
8.	M. Winkelhock	1.33,642	(12.)	1.32,751	(8.)	1.32,970	(8.)		
9.	A. Prémat	1.33,263	(7.)	1.32,786	(9.)				
10.	M. Rockenfeller	1.33,470	(10.)	1.32,923	(10.)				
11.	G. Paffett	1.33,173	(5.)	1.33,072	(11.)				
12.	R. Schumacher	1.33,701	(14.)	1.33,226	(12.)				
13.	K. Legge	1.33,455	(9.)	1.33,296	(13.)				
14.	S. Stoddart	1.33,636	(12.)	1.33,339	(14.)				
15.	M. Lauda	1.34,360	(15.)						
16.	T. Kostka	1.34,523	(16.)						
17.	C. Bakkerud	1.34,618	(17.)						
18.	J. Seidlitz	1.35,283	(18.)						
19.	B. Spengler[2]	2.40,586	(19.)						

Warm-up
Pl.	Fahrer	Zeit
1.	M. Ekström	1.34,219
2.	B. Spengler	1.34,229
3.	T. Scheider	1.34,260
4.	J. Green	1.34,397
5.	M. Rockenfeller	1.34,400
6.	M. Tomczyk	1.34,554
7.	T. Kristensen	1.34,597
8.	O. Jarvis	1.34,664
9.	M. Winkelhock	1.34,737
10.	G. Paffett	1.34,749
11.	A. Prémat	1.34,860
12.	K. Legge	1.34,920
13.	P. Di Resta	1.34,937
14.	M. Engel	1.35,060
15.	R. Schumacher	1.35,433
16.	S. Stoddart	1.35,736
17.	M. Lauda	1.35,961
18.	T. Kostka	1.36,244
19.	C. Bakkerud	1.36,570
20.	J. Seidlitz	1.36,837

[1] Unfall, Motorwechsel, Verzicht auf Start im Zeittraining. [2] Schnellste Zeit wegen Verlassens der Strecke gestrichen.

Rennen
Pl.	Nr.	Fahrer (Nation)	Fahrzeug	Team	Jahr	Bewerber	Rd.	Zeit/Ausfallgr.	Schn. Runde	(Pl.)
1.	2	Tom Kristensen (DK)	Audi A4 DTM	Abt	2009	Audi Sport Team Abt	39	1:05.35,819	1.34,770	(3.)
2.	1	Timo Scheider (D)	Audi A4 DTM	Abt	2009	Audi Sport Team Abt	39	+ 0,353	1.34,941	(5.)
3.	15	Oliver Jarvis (GB)	Audi A4 DTM	Phoenix	2008	Audi Sport Team Phoenix	39	+ 4,450	1.34,954	(6.)
4.	12	Markus Winkelhock (D)	Audi A4 DTM	Rosberg	2008	Audi Sport Team Rosberg	39	+ 10,840	1.35,285	(7.)
5.	3	Paul Di Resta (GB)	AMG Mercedes C-Klasse	HWA	2009	AMG Mercedes	39	+ 21,832	1.35,346	(8.)
6.	16	Maro Engel (D)	AMG Mercedes C-Klasse	Mücke	2008	GQ AMG Mercedes	39	+ 24,977	1.35,385	(9.)
7.	5	Mattias Ekström (S)	Audi A4 DTM	Abt	2009	Audi Sport Team Abt Sportsline	39	+ 36,730	1.34,640	(1.)
8.	7	Jamie Green (GB)	AMG Mercedes C-Klasse	Persson	2008	Junge Sterne AMG Mercedes	39	+ 46,347	1.35,966	(13.)
9.	4	Ralf Schumacher (D)	AMG Mercedes C-Klasse	HWA	2009	Trilux AMG Mercedes	39	+ 55,699	1.35,798	(11.)
10.	17	Mathias Lauda (A)	AMG Mercedes C-Klasse	Mücke	2008	stern AMG Mercedes	39	+ 1.00,978	1.35,913	(12.)
11.	20	Tomáš Kostka (CZ)	Audi A4 DTM	Kolles	2007	KOLLES Futurecom-BRT	39	+ 1.15,339	1.36,244	(15.)
12.	21	Katherine Legge (GB)	Audi A4 DTM	Abt	2008	Audi Sport Team Abt Lady Power	39	+ 1.20,682	1.35,706	(10.)
13.	19	Johannes Seidlitz (D)	Audi A4 DTM	Kolles	2007	KOLLES Futurecom-TME	39	+ 1.23,774	1.35,985	(14.)
14.	18	Christian Bakkerud (DK)	Audi A4 DTM	Kolles	2007	KOLLES Futurecom-TME	39	+ 1.35,921	1.36,343	(16.)
	6	Martin Tomczyk (D)	Audi A4 DMT	Abt	2009	Audi Sport Team Abt Sportsline	24	Elektronik	1.34,713	(2.)
	9	Bruno Spengler (CDN)	AMG Mercedes C-Klasse	HWA	2009	Mercedes-Benz Bank AMG	24	Aufhängung	1.34,806	(4.)
	8	Susie Stoddart (GB)	AMG Mercedes C-Klasse	Persson	2008	TV Spielfilm AMG Mercedes	24	Unfallfolgen	1.37,731	(17.)
	11	Mike Rockenfeller (D)	Audi A4 DTM	Rosberg	2008	Audi Sport Team Rosberg	1	Unfall	2.11,662	(18.)
	14	Alexandre Prémat (F)	Audi A4 DTM	Phoenix	2008	Audi Sport Team Phoenix	1	Unfall	2.28,026	(19.)
	10	Gary Paffett (GB)	AMG Mercedes C-Klasse	HWA	2009	Salzgitter AMG Mercedes	0	Unfall		

Report Seite 34–41
Wetter sonnig, 28 Grad
Streckenlänge 4,574 km
Distanz 39 Rd. = 178,386 km
Zuschauer 91.000

02 DTM EuroSpeedway 29.–31. Mai 2009

Freies Training
Pl.	Fahrer	Zeit
1.	A. Prémat	1.18,378
2.	O. Jarvis	1.18,575
3.	T. Scheider	1.18,588
4.	J. Green	1.18,603
5.	T. Kristensen	1.18,676
6.	M. Ekström	1.18,763
7.	P. Di Resta	1.18,786
8.	M. Tomczyk	1.18,803
9.	M. Engel	1.18,805
10.	M. Rockenfeller	1.18,853
11.	B. Spengler	1.18,922
12.	M. Winkelhock	1.19,112
13.	M. Lauda	1.19,137
14.	K. Legge	1.19,220
15.	G. Paffett	1.19,417
16.	S. Stoddart	1.19,456
17.	C. Bakkerud	1.20,094
18.	T. Kostka	1.20,467
19.	J. Seidlitz[1]	1.21,172
20.	R. Schumacher[2]	1.31,547

Zeittraining
Pl.	Fahrer	Zeittraining 1		Zeittraining 2		Zeittraining 3		Zeittraining 4	
1.	M. Ekström	1.33,565	(14.)	1.33,435	(1.)	1.33,230	(2.)	1.33,205	(1.)
2.	G. Paffett[3]	1.25,733	(3.)	1.33,579	(2.)	1.33,154	(1.)	1.33,435	(2.)
3.	P. Di Resta	1.25,969	(4.)	1.33,604	(3.)	1.33,490	(3.)	1.33,534	(3.)
4.	M. Rockenfeller[4]	1.30,776	(11.)	1.34,592	(6.)	1.33,945	(4.)	ohne Zeit	(4.)
5.	T. Scheider	1.31,582	(12.)	1.33,908	(5.)	1.33,983	(5.)		
6.	B. Spengler	1.27,623	(7.)	1.33,724	(4.)	1.34,188	(6.)		
7.	J. Green	1.24,561	(1.)	1.34,958	(7.)	1.34,758	(7.)		
8.	M. Engel	1.27,789	(8.)	1.35,331	(8.)	1.35,683	(8.)		
9.	K. Legge	1.28,356	(9.)	1.35,526	(9.)				
10.	M. Winkelhock	1.33,365	(13.)	1.35,854	(10.)				
11.	T. Kostka	1.26,905	(5.)	1.36,424	(11.)				
12.	M. Lauda	1.27,612	(6.)	1.36,553	(12.)				
13.	C. Bakkerud	1.24,911	(2.)	1.37,522	(13.)				
14.	S. Stoddart	1.29,383	(10.)	1.38,581	(14.)				
15.	A. Prémat	1.33,578	(15.)						
16.	M. Tomczyk	1.33,957	(16.)						
17.	T. Kristensen	1.34,571	(17.)						
18.	O. Jarvis	1.34,648	(18.)						

Warm-up
Pl.	Fahrer	Zeit
1.	T. Kristensen	1.18,610
2.	J. Green	1.18,697
3.	B. Spengler	1.18,734
4.	P. Di Resta	1.18,901
5.	M. Rockenfeller	1.19,010
6.	T. Scheider	1.19,026
7.	G. Paffett	1.19,066
8.	M. Ekström	1.19,113
9.	O. Jarvis	1.19,190
10.	S. Stoddart	1.19,232
11.	A. Prémat	1.19,242
12.	M. Winkelhock	1.19,357
13.	M. Lauda	1.19,392
14.	M. Engel	1.19,458
15.	M. Tomczyk	1.19,472
16.	K. Legge	1.19,495
17.	R. Schumacher	1.19,521
18.	C. Bakkerud	1.20,541
19.	T. Kostka	1.20,969

[1] Unfall, kein Start und keine Teilnahme am Norisring und in Zandvoort. [2] Elektronikprobleme, kein Start im Zeittraining. [3] Strafversetzung um fünf Plätze wegen Kollision in Hockenheim. [4] Verzicht auf Start in Zeittraining 4 nach Abflug in Zeittraining 3.

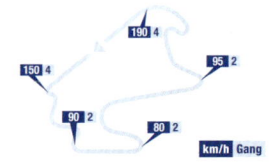

Rennen
Pl.	Nr.	Fahrer (Nation)	Fahrzeug	Team	Jahr	Bewerber	Rd.	Zeit/Ausfallgr.	Schn. Runde	(Pl.)
1.	10	Gary Paffett (GB)	AMG Mercedes C-Klasse	HWA	2009	Salzgitter AMG Mercedes	52	1:10.01,572	1.19,153	(2.)
2.	9	Bruno Spengler (CDN)	AMG Mercedes C-Klasse	HWA	2009	Mercedes-Benz Bank AMG	52	+ 1,115	1.19,206	(3.)
3.	5	Mattias Ekström (S)	Audi A4 DTM	Abt	2009	Audi Sport Team Abt Sportsline	52	+ 14,228	1.19,631	(8.)
4.	3	Paul Di Resta (GB)	AMG Mercedes C-Klasse	HWA	2009	AMG Mercedes	52	+ 15,134	1.19,499	(5.)
5.	1	Timo Scheider (D)	Audi A4 DTM	Abt	2009	Audi Sport Team Abt	52	+ 15,755	1.19,332	(4.)
6.	7	Jamie Green (GB)	AMG Mercedes C-Klasse	Persson	2008	Junge Sterne AMG Mercedes	52	+ 16,326	1.19,040	(1.)
7.	11	Mike Rockenfeller (D)	Audi A4 DTM	Rosberg	2008	Audi Sport Team Rosberg	52	+ 31,172	1.19,559	(7.)
8.	16	Maro Engel (D)	AMG Mercedes C-Klasse	Mücke	2008	GQ AMG Mercedes	52	+ 41,546	1.19,548	(6.)
9.	17	Mathias Lauda (A)	AMG Mercedes C-Klasse	Mücke	2008	stern AMG Mercedes	52	+ 49,968	1.19,875	(10.)
10.	4	Ralf Schumacher (D)	AMG Mercedes C-Klasse	HWA	2009	Trilux AMG Mercedes	52	+ 50,652	1.19,831	(9.)
11.	8	Susie Stoddart (GB)	AMG Mercedes C-Klasse	Persson	2008	TV Spielfilm AMG Mercedes	52	+ 1.16,331	1.20,309	(15.)
12.	2	Tom Kristensen (DK)	Audi A4 DTM	Abt	2009	Audi Sport Team Abt	51	- 1 Rd.	1.19,984	(12.)
13.	20	Tomáš Kostka (CZ)	Audi A4 DTM	Kolles	2007	KOLLES Futurecom-BRT	51	- 1 Rd.	1.21,067	(19.)
14.	18	Christian Bakkerud (DK)	Audi A4 DTM	Kolles	2007	KOLLES Futurecom-TME	51	- 1 Rd.	1.20,578	(18.)
	14	Alexandre Prémat (F)	Audi A4 DTM	Phoenix	2008	Audi Sport Team Phoenix	17	Unfall	1.19,951	(11.)
	15	Oliver Jarvis (GB)	Audi A4 DTM	Phoenix	2008	Audi Sport Team Phoenix	17	Aufhängung	1.20,013	(13.)
	6	Martin Tomczyk (D)	Audi A4 DMT	Abt	2009	Audi Sport Team Abt Sportsline	13	Kühler	1.20,099	(14.)
	12	Markus Winkelhock (D)	Audi A4 DTM	Rosberg	2008	Audi Sport Team Rosberg	11	Unfall	1.20,460	(17.)
	21	Katherine Legge (GB)	Audi A4 DTM	Abt	2008	Audi Sport Team Abt Lady Power	10	Unfall	1.20,376	(16.)
	19	Johannes Seidlitz (D)	Audi A4 DTM	Kolles	2007	KOLLES Futurecom-TME	0	nicht gestartet		

Report Seite 42–49
Wetter wolkig, 23 Grad
Streckenlänge 3,478 km
Distanz 52 Rd. = 180,856 km
Zuschauer 75.000

03 DTM Norisring 26.–28. Juni 2009

Freies Training[1]

Pl.	Fahrer	Zeit
1.	J. Green	48.405
2.	B. Spengler	48.466
3.	M. Ekström	48.547
4.	T. Scheider	48.553
5.	R. Schumacher	48.608
6.	G. Paffett	48.614
7.	A. Prémat	48.634
8.	P. Di Resta	48.689
9.	M. Lauda	48.710
10.	M. Engel	48.768
11.	M. Tomczyk	48.787
12.	T. Kristensen	48.791
13.	S. Stoddart	48.851
14.	M. Rockenfeller	48.856
15.	O. Jarvis	48.995
16.	K. Legge	49.072
17.	M. Winkelhock[2]	49.160
18.	T. Kostka	49.388
19.	C. Bakkerud	49.399

Zeittraining

Pl.	Fahrer	Zeittraining 1		Zeittraining 2		Zeittraining 3		Zeittraining 4	
1.	T. Scheider	53.241	(3.)	48.996	(4.)	49.020	(1.)	49.012	(1.)
2.	M. Ekström	53.677	(8.)	48.918	(1.)	49.177	(2.)	49.123	(2.)
3.	B. Spengler	53.142	(2.)	48.982	(3.)	49.229	(4.)	49.159	(3.)
4.	G. Paffett	53.553	(6.)	49.300	(8.)	49.228	(3.)	49.329	(4.)
5.	K. Legge	54.018	(12.)	49.152	(6.)	49.406	(5.)		
6.	M. Engel[3]	53.600	(7.)	48.926	(2.)	ohne Zeit	(6.)		
7.	R. Schumacher[3]	53.882	(10.)	49.187	(7.)	ohne Zeit	(7.)		
8.	J. Green[3]	52.922	(1.)	49.030	(5.)	ohne Zeit	(8.)		
9.	T. Kristensen	53.744	(9.)	49.356	(9.)				
10.	P. Di Resta[4]	53.375	(4.)	49.440	(10.)				
11.	S. Stoddart	54.053	(13.)	49.511	(11.)				
12.	M. Rockenfeller	53.193	(11.)	49.653	(12.)				
13.	M. Tomczyk	53.550	(5.)	49.939	(13.)				
14.	A. Prémat	54.113	(14.)	49.944	(14.)				
15.	M. Lauda	54.127	(15.)						
16.	T. Kostka	54.178	(16.)						
17.	O. Jarvis	54.199	(17.)						
18.	C. Bakkerud	54.365	(18.)						

Warm-up

Pl.	Fahrer	Zeit
1.	B. Spengler	48.882
2.	M. Lauda	48.903
3.	J. Green	48.907
4.	S. Stoddart	48.945
5.	P. Di Resta	48.984
6.	M. Ekström	49.001
7.	G. Paffett	49.023
8.	T. Scheider	49.023
9.	M. Winkelhock	49.037
10.	T. Kristensen	49.065
11.	R. Schumacher	49.071
12.	M. Engel	49.158
13.	M. Rockenfeller	49.222
14.	M. Tomczyk	49.266
15.	O. Jarvis	49.283
16.	A. Prémat	49.364
17.	K. Legge	49.401
18.	C. Bakkerud	49.636
19.	T. Kostka	49.883

[1] Lockerer Kanaldeckel auf der Strecke, Training vier Stunden unterbrochen. [2] Kollision mit Kanaldeckel, kein Start im Zeittraining. [3] Reglementverstoß: zu viele Qualifikationsrunden gefahren, Zeiten aus Zeittraining 3 gestrichen. [4] Strafsetzung um fünf Plätze wegen Verletzung der Parc-Fermé-Bestimmung.

Rennen

Pl.	Nr.	Fahrer (Nation)	Fahrzeug	Team	Jahr	Bewerber	Rd.	Zeit/Ausfallgr.	Schn. Runde	(Pl.)
1.	7	Jamie Green (GB)	AMG Mercedes C-Klasse	Persson	2008	Junge Sterne AMG Mercedes	80	1:08.39,223	48,651	(3.)
2.	9	Bruno Spengler (CDN)	AMG Mercedes C-Klasse	HWA	2009	Mercedes-Benz Bank AMG	80	+ 1,357	48,771	(9.)
3.	5	Mattias Ekström (S)	Audi A4 DTM	Abt	2009	Audi Sport Team Abt Sportsline	80	+ 1,678	48,741	(8.)
4.	1	Timo Scheider (D)	Audi A4 DTM	Abt	2009	Audi Sport Team Abt	80	+ 2,626	48,741	(7.)
5.	10	Gary Paffett (GB)	AMG Mercedes C-Klasse	HWA	2009	Salzgitter AMG Mercedes	80	+ 2,940	48,880	(10.)
6.	4	Ralf Schumacher (D)	AMG Mercedes C-Klasse	HWA	2009	Trilux AMG Mercedes	80	+ 3,250	48,913	(11.)
7.	3	Paul Di Resta (GB)	AMG Mercedes C-Klasse	HWA	2009	AMG Mercedes	80	+ 3,807	48,671	(5.)
8.	2	Tom Kristensen (DK)	Audi A4 DTM	Abt	2009	Audi Sport Team Abt	80	+ 9,266	48,669	(4.)
9.	11	Mike Rockenfeller (D)	Audi A4 DTM	Rosberg	2008	Audi Sport Team Rosberg	80	+ 9,787	48,649	(2.)
10.	8	Susie Stoddart (GB)	AMG Mercedes C-Klasse	Persson	2008	TV Spielfilm AMG Mercedes	80	+ 14,423	49,028	(17.)
11.	6	Martin Tomczyk (D)	Audi A4 DMT	Abt	2009	Audi Sport Team Abt Sportsline	80	+ 29,331	48,950	(14.)
12.	21	Katherine Legge (GB)	Audi A4 DTM	Abt	2008	Audi Sport Team Abt Lady Power	80	+ 30,430	48,620	(1.)
13.	12	Markus Winkelhock (D)	Audi A4 DTM	Rosberg	2008	Audi Sport Team Rosberg	80	+ 30,931	48,735	(6.)
14.	17	Mathias Lauda (A)	AMG Mercedes C-Klasse	Mücke	2008	stern AMG Mercedes	79	- 1 Rd.	48,977	(15.)
15.	18	Christian Bakkerud (DK)	Audi A4 DTM	Kolles	2007	KOLLES Futurecom-TME	79	- 1 Rd.	48,934	(12.)
	16	Maro Engel (D)	AMG Mercedes C-Klasse	Mücke	2008	GQ AMG Mercedes	46	Batterie	49,004	(16.)
	14	Alexandre Prémat (F)	Audi A4 DTM	Phoenix	2008	Audi Sport Team Phoenix	36	Aufhängung	48,942	(13.)
	20	Tomáš Kostka (CZ)	Audi A4 DTM	Kolles	2007	KOLLES Futurecom-BRT	1	Unfall	1.19,575	(18.)
	15	Oliver Jarvis (GB)	Audi A4 DTM	Phoenix	2008	Audi Sport Team Phoenix	0	Unfall		

Wetter bewölkt, 25 Grad
Streckenlänge 2,300 km
Distanz 80 Rd. = 184,000 km
Zuschauer 132.000

Report Seite 50–57

---

04 DTM Zandvoort 17.–19. Juli 2009

Freies Training

Pl.	Fahrer	Zeit
1.	O. Jarvis	1.32,011
2.	M. Tomczyk	1.32,175
3.	T. Kristensen	1.32,366
4.	M. Engel	1.32,376
5.	B. Spengler	1.32,392
6.	M. Winkelhock	1.32,407
7.	M. Rockenfeller	1.32,436
8.	M. Ekström	1.32,561
9.	T. Scheider	1.32,891
10.	G. Paffett	1.32,996
11.	M. Lauda	1.33,087
12.	S. Stoddart	1.33,121
13.	P. Di Resta	1.33,330
14.	R. Schumacher	1.33,349
15.	J. Green	1.33,432
16.	C. Bakkerud	1.33,715
17.	K. Legge	1.33,735
18.	A. Prémat	1.33,965
19.	T. Kostka	1.34,086

Zeittraining

Pl.	Fahrer	Zeittraining 1		Zeittraining 2		Zeittraining 3		Zeittraining 4	
1.	O. Javis	1.32,610	(10.)	1.31,414	(4.)	1.31,413	(1.)	1.31,966	(1.)
2.	G. Paffett	1.31,583	(3.)	1.31,460	(6.)	1.31,717	(4.)	1.32,548	(2.)
3.	B. Spengler	1.32,917	(14.)	1.31,368	(2.)	1.31,532	(2.)	1.32,715	(3.)
4.	M. Rockenfeller	1.32,472	(9.)	1.31,484	(7.)	1.31,642	(3.)	1.33,394	(4.)
5.	P. Di Resta	1.31,670	(4.)	1.31,435	(5.)	1.31,751	(5.)		
6.	A. Prémat	1.31,402	(2.)	1.31,499	(8.)	1.31,752	(6.)		
7.	J. Green	1.32,070	(7.)	1.31,385	(3.)	1.31,836	(7.)		
8.	M. Tomczyk	1.32,032	(6.)	1.31,358	(1.)	1.31,876	(8.)		
9.	M. Ekström	1.31,157	(1.)	1.31,511	(9.)				
10.	T. Kristensen	1.32,453	(8.)	1.31,652	(10.)				
11.	T. Scheider	1.32,720	(11.)	1.31,731	(11.)				
12.	M. Winkelhock	1.31,690	(5.)	1.31,958	(12.)				
13.	S. Stoddart	1.32,762	(13.)	1.32,189	(13.)				
14.	K. Legge	1.32,720	(12.)	1.32,944	(14.)				
15.	M. Engel	1.32,928	(15.)						
16.	T. Kostka	1.32,970	(16.)						
17.	C. Bakkerud	1.33,297	(17.)						
18.	M. Lauda[1]	1.33,453	(18.)						
19.	R. Schumacher	1.34,087	(19.)						

Warm-up

Pl.	Fahrer	Zeit
1.	M. Ekström	1.33,727
2.	G. Paffett	1.33,790
3.	A. Prémat	1.33,846
4.	P. Di Resta	1.33,851
5.	T. Scheider	1.33,876
6.	M. Winkelhock	1.33,994
7.	M. Rockenfeller	1.34,021
8.	O. Jarvis	1.34,080
9.	M. Tomczyk	1.34,162
10.	J. Green	1.34,175
11.	S. Stoddart	1.34,266
12.	M. Engel	1.34,291
13.	K. Legge	1.34,360
14.	B. Spengler	1.34,411
15.	T. Kristensen	1.34,586
16.	R. Schumacher	1.34,622
17.	M. Lauda	1.34,889
18.	C. Bakkerud	1.35,353
19.	T. Kostka	1.37,564

[1] Strafversetzung ans Ende des Feldes wegen Kollision mit Schumacher.

Rennen

Pl.	Nr.	Fahrer (Nation)	Fahrzeug	Team	Jahr	Bewerber	Rd.	Zeit/Ausfallgr.	Schn. Runde	(Pl.)
1.	10	Gary Paffett (GB)	AMG Mercedes C-Klasse	HWA	2009	Salzgitter AMG Mercedes	41	1:05.52,688	1.34,037	(3.)
2.	15	Oliver Jarvis (GB)	Audi A4 DTM	Phoenix	2008	Audi Sport Team Phoenix	41	+ 6,235	1.34,211	(6.)
3.	5	Mattias Ekström (S)[1]	Audi A4 DTM	Abt	2009	Audi Sport Team Abt Sportsline	41	+ 6,431	1.33,963	(2.)
	14	Alexandre Prémat (F)[2]	Audi A4 DTM	Phoenix	2008	Audi Sport Team Phoenix	41	ausgeschlossen	1.33,890	(1.)
4.	6	Martin Tomczyk (D)	Audi A4 DMT	Abt	2009	Audi Sport Team Abt Sportsline	41	+ 10,984	1.34,495	(8.)
	12	Markus Winkelhock (D)[3]	Audi A4 DTM	Rosberg	2008	Audi Sport Team Rosberg	41	ausgeschlossen	1.34,067	(4.)
5.	9	Bruno Spengler (CDN)	AMG Mercedes C-Klasse	HWA	2009	Mercedes-Benz Bank AMG	41	+ 13,353	1.34,734	(14.)
	1	Timo Scheider (D)[2]	Audi A4 DTM	Abt	2009	Audi Sport Team Abt	41	ausgeschlossen	1.34,437	(7.)
6.	3	Paul Di Resta (GB)	AMG Mercedes C-Klasse	HWA	2009	AMG Mercedes	41	+ 14,319	1.34,565	(9.)
7.	16	Maro Engel (D)	AMG Mercedes C-Klasse	Mücke	2008	GQ AMG Mercedes	41	+ 14,655	1.34,123	(5.)
8.	2	Tom Kristensen (DK)	Audi A4 DTM	Abt	2009	Audi Sport Team Abt	41	+ 27,609	1.34,570	(10.)
9.	7	Jamie Green (GB)	AMG Mercedes C-Klasse	Persson	2008	Junge Sterne AMG Mercedes	41	+ 28,778	1.34,654	(13.)
10.	4	Ralf Schumacher (D)	AMG Mercedes C-Klasse	HWA	2009	Trilux AMG Mercedes	41	+ 41,108	1.34,597	(11.)
11.	8	Susie Stoddart (GB)	AMG Mercedes C-Klasse	Persson	2008	TV Spielfilm AMG Mercedes	41	+ 41,826	1.34,652	(12.)
	18	Christian Bakkerud (DK)[2]	Audi A4 DTM	Kolles	2007	KOLLES Futurecom-TME	41	ausgeschlossen	1.35,070	(16.)
12.	11	Mike Rockenfeller (D)	Audi A4 DTM	Rosberg	2008	Audi Sport Team Rosberg	32	Spurstange	1.34,796	(15.)
	20	Tomáš Kostka (CZ)	Audi A4 DTM	Kolles	2007	KOLLES Futurecom-BRT	19	Unfallfolgen	1.36,583	(18.)
	21	Katherine Legge (GB)	Audi A4 DTM	Abt	2008	Audi Sport Team Abt Lady Power	17	Radaufhängung	1.35,724	(17.)
	17	Mathias Lauda (A)	AMG Mercedes C-Klasse	Mücke	2008	stern AMG Mercedes	11	Leistungsverlust	1.36,973	(19.)

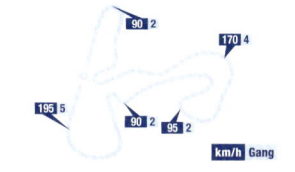

[1] Nachträglich fünf Strafsekunden wegen Stallregie. Erbt die schnellste Rennrunde des ausgeschlossenen Prémat. [2] Zu spät beim Wiegen. [3] Zu wenig Benzin im Tank.

Wetter sonnig, 23 Grad
Streckenlänge 4,307 km
Distanz 41 Rd. = 176,587 km
Zuschauer 38.000

Report Seite 58–65

05 DTM Oschersleben 31. Juli – 02. August 2009

Freies Training

Pl.	Fahrer	Zeit
1.	T. Kristensen	1.22,247
2.	M. Ekström	1.22,281
3.	M. Tomczyk	1.22,483
4.	O. Jarvis	1.22,584
5.	P. Di Resta	1.22,590
6.	A. Prémat	1.22,649
7.	T. Scheider	1.22,707
8.	M. Rockenfeller	1.22,834
9.	B. Spengler	1.23,019
10.	R. Schumacher	1.23,025
11.	J. Green	1.23,055
12.	G. Paffett	1.23,163
13.	M. Winkelhock	1.23,219
14.	M. Engel	1.23,413
15.	K. Legge	1.23,768
16.	M. Lauda	1.23,773
17.	S. Stoddart	1.24,041
18.	T. Kostka	1.25,304
19.	J. Seidlitz	1.25,693

Zeittraining

Pl.	Fahrer	Zeittraining 1		Zeittraining 2		Zeittraining 3		Zeittraining 4	
1.	T. Kristensen	1.22,282	(3.)	1.21,884	(1.)	1.21,670	(1.)	1.21,352	(1.)
2.	T. Scheider	1.22,310	(5.)	1.21,928	(3.)	1.21,833	(2.)	1.21,666	(2.)
3.	M. Tomczyk	1.22,223	(2.)	1.21,970	(4.)	1.21,983	(4.)	1.21,667	(3.)
4.	M. Ekström	1.22,222	(1.)	1.21,893	(2.)	1.21,976	(3.)	1.21,873	(4.)
5.	O. Jarvis	1.22,969	(13.)	1.22,175	(5.)	1.22,135	(5.)		
6.	B. Spengler	1.22,737	(9.)	1.22,225	(6.)	1.22,249	(6.)		
7.	A. Prémat	1.22,816	(10.)	1.22,365	(8.)	1.22,279	(7.)		
8.	M. Rockenfeller	1.22,641	(8.)	1.22,296	(7.)	1.22,298	(8.)		
9.	P. Di Resta	1.22,289	(4.)	1.22,373	(9.)				
10.	J. Green	1.22,832	(11.)	1.22,405	(10.)				
11.	M. Engel	1.22,366	(6.)	1.22,512	(11.)				
12.	G. Paffett	1.22,583	(7.)	1.22,582	(12.)				
13.	M. Winkelhock	1.22,890	(12.)	1.22,769	(13.)				
14.	R. Schumacher	1.23,072	(14.)	1.22,849	(14.)				
15.	K. Legge	1.23,305	(15.)						
16.	M. Lauda	1.23,353	(16.)						
17.	S. Stoddart	1.23,431	(17.)						
18.	T. Kostka	1.24,122	(18.)						
19.	J. Seidlitz	1.25,212	(19.)						

Warm-up

Pl.	Fahrer	Zeit
1.	T. Scheider	1.22,705
2.	T. Kristensen	1.23,058
3.	M. Tomczyk	1.23,305
4.	M. Ekström	1.23,311
5.	O. Jarvis	1.23,560
6.	B. Spengler	1.23,695
7.	J. Green	1.23,719
8.	M. Winkelhock	1.23,796
9.	P. Di Resta	1.23,874
10.	M. Rockenfeller	1.23,885
11.	A. Prémat	1.23,890
12.	R. Schumacher	1.23,926
13.	G. Paffett	1.24,025
14.	M. Lauda	1.24,146
15.	K. Legge	1.24,269
16.	M. Engel	1.24,341
17.	S. Stoddart	1.24,685
18.	T. Kostka	1.25,016
19.	J. Seidlitz	1.26,957

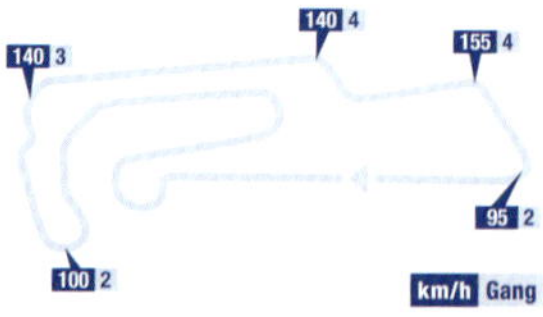

Rennen

Pl.	Nr.	Fahrer (Nation)	Fahrzeug	Team	Jahr	Bewerber	Rd.	Zeit/Ausfallgr.	Schn. Runde	(Pl.)
1.	1	Timo Scheider (D)	Audi A4 DTM	Abt	2009	Audi Sport Team Abt	48	1:08.39,064	1.23,677	(1.)
2.	5	Mattias Ekström (S)	Audi A4 DTM	Abt	2009	Audi Sport Team Abt Sportsline	48	+ 5.417	1.23,719	(2.)
3.	6	Martin Tomczyk (D)	Audi A4 DMT	Abt	2009	Audi Sport Team Abt Sportsline	48	+ 9,603	1.23,910	(5.)
4.	3	Paul Di Resta (GB)	AMG Mercedes C-Klasse	HWA	2009	AMG Mercedes	48	+ 16,868	1.23,725	(3.)
5.	10	Gary Paffett (GB)	AMG Mercedes C-Klasse	HWA	2009	Salzgitter AMG Mercedes	48	+ 17,338	1.24,012	(6.)
6.	9	Bruno Spengler (CDN)	AMG Mercedes C-Klasse	HWA	2009	Mercedes-Benz Bank AMG	48	+ 35,843	1.24,321	(9.)
7.	16	Maro Engel (D)	AMG Mercedes C-Klasse	Mücke	2008	GQ AMG Mercedes	48	+ 40,996	1.24,392	(12.)
8.	2	Tom Kristensen (DK)	Audi A4 DTM	Abt	2009	Audi Sport Team Abt	48	+ 44,015	1.23,845	(4.)
9.	7	Jamie Green (GB)	AMG Mercedes C-Klasse	Persson	2009	Junge Sterne AMG Mercedes	48	+ 44,636	1.24,576	(14.)
10.	8	Susie Stoddart (GB)	AMG Mercedes C-Klasse	Persson	2008	TV Spielfilm AMG Mercedes	48	+ 50,177	1.24,960	(17.)
11.	4	Ralf Schumacher (D)	AMG Mercedes C-Klasse	HWA	2009	Trilux AMG Mercedes	48	+ 57,906	1.24,471	(13.)
12.	17	Mathias Lauda (A)	AMG Mercedes C-Klasse	Mücke	2008	stern AMG Mercedes	48	+ 59,523	1.24,704	(15.)
13.	11	Mike Rockenfeller (D)[1]	Audi A4 DTM	Rosberg	2008	Audi Sport Team Rosberg	48	+ 1.18,100	1.24,348	(10.)
14.	20	Tomáš Kostka (CZ)	Audi A4 DTM	Kolles	2007	KOLLES Futurecom-BRT	46	- 2 Rd.	1.25,719	(18.)
15.	15	Oliver Jarvis (GB)	Audi A4 DTM	Phoenix	2008	Audi Sport Team Phoenix	45	Reifenschaden	1.24,365	(11.)
16.	14	Alexandre Prémat (F)	Audi A4 DTM	Phoenix	2008	Audi Sport Team Phoenix	45	Unfall	1.24,280	(8.)
17.	21	Katherine Legge (GB)	Audi A4 DTM	Abt	2008	Audi Sport Team Abt Lady Power	36	Unfall	1.24,277	(7.)
	12	Markus Winkelhock (D)	Audi A4 DTM	Rosberg	2008	Audi Sport Team Rosberg	23	Reifenschaden	1.24,880	(16.)
	19	Johannes Seidlitz (D)	Audi A4 DTM	Kolles	2007	KOLLES Futurecom-TME	5	Lenkung	1.27,897	(19.)

[1] Nachträglich 30-Sekunden-Zeitstrafe wegen Kollision mit Prémat.

Wetter wolkig, 32 Grad
Streckenlänge 3,696 km
Distanz 48 Rd. = 177,408 km
Zuschauer 64.000

06 DTM Nürburgring 14. – 16. August 2009

Freies Training

Pl.	Fahrer	Zeit
1.	M. Tomczyk	1.24,112
2.	T. Scheider	1.24,141
3.	M. Winkelhock	1.24,237
4.	M. Ekström	1.24,271
5.	A. Prémat	1.24,467
6.	O. Jarvis	1.24,486
7.	J. Green	1.24,606
8.	M. Rockenfeller	1.24,657
9.	B. Spengler	1.24,672
10.	P. Di Resta	1.24,694
11.	T. Kristensen	1.24,749
12.	M. Lauda	1.24,914
13.	R. Schumacher	1.25,018
14.	G. Paffett	1.25,045
15.	K. Legge	1.25,176
16.	M. Engel	1.25,277
17.	S. Stoddart	1.25,487
18.	C. Bakkerud	1.25,643
19.	J. Seidlitz	1.25,880
20.	T. Kostka	1.26,083

Zeittraining

Pl.	Fahrer	Zeittraining 1		Zeittraining 2		Zeittraining 3		Zeittraining 4	
1.	M. Tomczyk	1.23,783	(1.)	1.23,825	(3.)	1.23,548	(1.)	1.23,489	(1.)
2.	B. Spengler	1.24,034	(4.)	1.24,181	(7.)	1.23,728	(3.)	1.23,684	(2.)
3.	M. Ekström	1.24,009	(2.)	1.23,614	(1.)	1.23,581	(2.)	1.23,758	(3.)
4.	T. Scheider	1.24,079	(6.)	1.23,807	(2.)	1.23,756	(4.)	1.24,183	(4.)
5.	O. Jarvis	1.24,450	(11.)	1.24,211	(8.)	1.23,848	(5.)		
6.	P. Di Resta	1.24,026	(3.)	1.24,082	(6.)	1.23,850	(6.)		
7.	M. Winkelhock	1.24,275	(8.)	1.24,047	(5.)	1.23,938	(7.)		
8.	T. Kristensen	1.24,064	(5.)	1.24,032	(4.)	1.23,965	(8.)		
9.	M. Rockenfeller	1.24,459	(12.)	1.24,324	(9.)				
10.	M. Engel	1.24,303	(9.)	1.24,374	(10.)				
11.	J. Green	1.24,271	(7.)	1.24,574	(11.)				
12.	A. Prémat	1.24,375	(10.)	1.24,598	(12.)				
13.	M. Lauda	1.24,533	(14.)	1.24,637	(13.)				
14.	K. Legge	1.24,466	(13.)	1.24,755	(14.)				
15.	R. Schumacher	1.24,548	(15.)						
16.	G. Paffett	1.24,650	(16.)						
17.	S. Stoddart	1.25,207	(17.)						
18.	C. Bakkerud	1.25,346	(18.)						
19.	J. Seidlitz	1.25,460	(19.)						
20.	T. Kostka	1.25,578	(20.)						

Warm-up

Pl.	Fahrer	Zeit
1.	M. Tomczyk	1.24,488
2.	T. Scheider	1.24,798
3.	M. Ekström	1.24,992
4.	T. Kristensen	1.25,033
5.	M. Winkelhock	1.25,037
6.	M. Rockenfeller	1.25,097
7.	G. Paffett	1.25,220
8.	K. Legge	1.25,251
9.	A. Prémat	1.25,263
10.	B. Spengler	1.25,310
11.	P. Di Resta	1.25,334
12.	O. Jarvis	1.25,431
13.	M. Engel	1.25,446
14.	J. Green	1.25,584
15.	M. Lauda	1.25,657
16.	S. Stoddart	1.25,867
17.	R. Schumacher	1.25,913
18.	C. Bakkerud	1.26,362
19.	T. Kostka	1.26,946
20.	J. Seidlitz	1.27,065

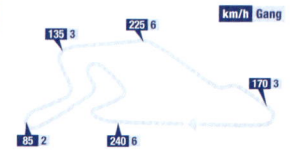

Rennen

Pl.	Nr.	Fahrer (Nation)	Fahrzeug	Team	Jahr	Bewerber	Rd.	Zeit/Ausfallgr.	Schn. Runde	(Pl.)
1.	6	Martin Tomczyk (D)	Audi A4 DTM	Abt	2009	Audi Sport Team Abt Sportsline	48	1:10.19,195	1.25,140	(2.)
2.	1	Timo Scheider (D)	Audi A4 DTM	Abt	2009	Audi Sport Team Abt	48	+ 1,205	1.25,152	(3.)
3.	5	Mattias Ekström (S)	Audi A4 DTM	Abt	2009	Audi Sport Team Abt Sportsline	48	+ 2,969	1.25,118	(1.)
4.	12	Markus Winkelhock (D)	Audi A4 DTM	Rosberg	2008	Audi Sport Team Rosberg	48	+ 16,029	1.25,576	(7.)
5.	7	Jamie Green (GB)	AMG Mercedes C-Klasse	Persson	2009	Junge Sterne AMG Mercedes	48	+ 23,349	1.25,646	(8.)
6.	9	Bruno Spengler (CDN)	AMG Mercedes C-Klasse	HWA	2009	Mercedes-Benz Bank AMG	48	+ 27,502	1.25,861	(10.)
7.	4	Ralf Schumacher (D)	AMG Mercedes C-Klasse	HWA	2009	Trilux AMG Mercedes	48	+ 28,096	1.25,537	(6.)
8.	10	Gary Paffett (GB)	AMG Mercedes C-Klasse	HWA	2009	Salzgitter AMG Mercedes	48	+ 35,719	1.25,451	(5.)
9.	17	Mathias Lauda (A)	AMG Mercedes C-Klasse	Mücke	2008	stern AMG Mercedes	48	+ 42,148	1.26,118	(12.)
10.	11	Mike Rockenfeller (D)	Audi A4 DTM	Rosberg	2008	Audi Sport Team Rosberg	48	+ 1.06,232	1.25,421	(4.)
11.	8	Susie Stoddart (GB)	AMG Mercedes C-Klasse	Persson	2008	TV Spielfilm AMG Mercedes	48	+ 1.09,555	1.26,088	(11.)
12.	16	Maro Engel (D)	AMG Mercedes C-Klasse	Mücke	2008	GQ AMG Mercedes	48	+ 1.12,325	1.26,407	(17.)
13.	18	Christian Bakkerud (DK)	Audi A4 DTM	Kolles	2007	KOLLES Futurecom-TME	47	- 1 Rd.	1.26,375	(16.)
14.	19	Johannes Seidlitz (D)	Audi A4 DTM	Kolles	2007	KOLLES Futurecom-TME	47	- 1 Rd.	1.26,525	(18.)
15.	20	Tomáš Kostka (CZ)	Audi A4 DTM	Kolles	2007	KOLLES Futurecom-BRT	47	- 1 Rd.	1.27,464	(19.)
	3	Paul Di Resta (GB)	AMG Mercedes C-Klasse	HWA	2009	AMG Mercedes	15	Heckflügel	1.26,189	(14.)
	2	Tom Kristensen (DK)	Audi A4 DTM	Abt	2009	Audi Sport Team Abt	13	Unfallfolgen	1.25,796	(9.)
	14	Alexandre Prémat (F)	Audi A4 DTM	Phoenix	2008	Audi Sport Team Phoenix	7	Unfall	1.26,179	(13.)
	15	Oliver Jarvis (GB)	Audi A4 DTM	Phoenix	2008	Audi Sport Team Phoenix	6	Unfall	1.26,194	(15.)
	21	Katherine Legge (GB)	Audi A4 DTM	Abt	2008	Audi Sport Team Abt Lady Power	0	Unfall		

Wetter sonnig, 32 Grad
Streckenlänge 3,629 km
Distanz 48 Rd. = 174,192 km
Zuschauer 86.000

07 DTM Brands Hatch 04.–06. September 2009

Freies Training

Pl.	Fahrer	Zeit
1.	P. Di Resta	41,849
2.	T. Scheider	41,970
3.	J. Green	42,039
4.	O. Jarvis	42,056
5.	G. Paffett	42,122
6.	M. Ekström	42,133
7.	M. Engel	42,166
8.	T. Kristensen	42,185
9.	M. Winkelhock	42,217
10.	M. Tomczyk	42,233
11.	B. Spengler	42,241
12.	M. Rockenfeller	42,302
13.	M. Lauda	42,401
14.	K. Legge	42,447
15.	S. Stoddart	42,525
16.	R. Schumacher	42,526
17.	A. Prémat	42,578
18.	T. Kostka	42,794
19.	J. Seidlitz	43,532
20.	C. Bakkerud	43,588

Zeittraining

Pl.	Fahrer	Zeittraining 1		Zeittraining 2		Zeittraining 3		Zeittraining 4	
1.	P. Di Resta	41,569	(1.)	41,492	(1.)	41,662	(3.)	41,750	(1.)
2.	T. Scheider	41,909	(4.)	41,653	(2.)	41,702	(2.)	41,831	(2.)
3.	T. Kristensen	42,000	(7.)	41,715	(4.)	41,659	(2.)	41,837	(3.)
4.	B. Spengler	41,743	(2.)	41,768	(8.)	41,584	(1.)	41,938	(4.)
5.	M. Tomczyk	41,937	(5.)	41,700	(3.)	41,777	(5.)		
6.	G. Paffett	42,105	(10.)	41,743	(7.)	41,825	(6.)		
7.	M. Ekström	41,891	(3.)	41,725	(5.)	41,855	(7.)		
8.	J. Green	42,204	(13.)	41,736	(6.)	41,986	(8.)		
9.	O. Jarvis	42,064	(9.)	41,773	(9.)				
10.	M. Winkelhock	41,971	(6.)	41,821	(10.)				
11.	R. Schumacher	42,254	(14.)	41,896	(11.)				
12.	M. Rockenfeller	42,155	(12.)	42,035	(12.)				
13.	M. Engel	42,029	(8.)	42,463	(13.)				
14.	S. Stoddart	42,133	(11.)	42,602	(14.)				
15.	A. Prémat	42,258	(15.)						
16.	K. Legge	42,294	(16.)						
17.	M. Lauda	42,322	(17.)						
18.	T. Kostka	42,786	(18.)						
19.	C. Bakkerud	43,111	(19.)						
20.	J. Seidlitz	43,438	(20.)						

Warm-up

Pl.	Fahrer	Zeit
1.	T. Scheider	42,154
2.	M. Ekström	42,248
3.	P. Di Resta	42,250
4.	T. Kristensen	42,283
5.	J. Green	42,374
6.	O. Jarvis	42,456
7.	M. Rockenfeller	42,460
8.	A. Prémat	42,581
9.	B. Spengler	42,602
10.	M. Winkelhock	42,613
11.	M. Tomczyk	42,616
12.	G. Paffett	42,642
13.	M. Lauda	42,895
14.	C. Bakkerud	42,961
15.	K. Legge	42,964
16.	R. Schumacher	43,032
17.	S. Stoddart	43,083
18.	M. Engel	43,105
19.	T. Kostka	43,486
20.	J. Seidlitz	43,781

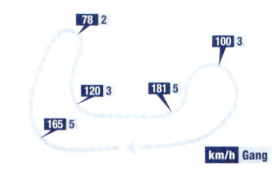

Rennen

Pl.	Nr.	Fahrer (Nation)	Fahrzeug	Team	Jahr	Bewerber	Rd.	Zeit/Ausfallgr.	Schn. Runde	(Pl.)
1.	3	Paul Di Resta (GB)	AMG Mercedes C-Klasse	HWA	2009	AMG Mercedes	90	1:10.31,345	42,387	(1.)
2.	1	Timo Scheider (D)	Audi A4 DTM	Abt	2009	Audi Sport Team Abt	90	+ 0,896	42,487	(2.)
3.	6	Martin Tomczyk (D)	Audi A4 DMT	Abt	2009	Audi Sport Team Abt Sportsline	90	+ 1,422	42,804	(4.)
4.	10	Gary Paffett (GB)	AMG Mercedes C-Klasse	HWA	2009	Salzgitter AMG Mercedes	90	+ 1,880	42,845	(6.)
5.	5	Mattias Ekström (S)	Audi A4 DTM	Abt	2009	Audi Sport Team Abt Sportsline	90	+ 2,264	42,816	(5.)
6.	9	Bruno Spengler (CDN)	AMG Mercedes C-Klasse	HWA	2009	Mercedes-Benz Bank AMG	90	+ 5,048	42,673	(3.)
7.	11	Mike Rockenfeller (D)	Audi A4 DTM	Rosberg	2008	Audi Sport Team Rosberg	90	+ 6,646	43,057	(14.)
8.	15	Oliver Jarvis (GB)	Audi A4 DTM	Phoenix	2008	Audi Sport Team Phoenix	90	+ 7,197	42,979	(10.)
9.	4	Ralf Schumacher (D)	AMG Mercedes C-Klasse	HWA	2009	Trilux AMG Mercedes	90	+ 7,733	42,924	(8.)
10.	16	Maro Engel (D)	AMG Mercedes C-Klasse	Mücke	2008	GQ AMG Mercedes	90	+ 10,622	42,996	(13.)
11.	14	Alexandre Prémat (F)	Audi A4 DTM	Phoenix	2008	Audi Sport Team Phoenix	89	– 1 Rd.	42,980	(11.)
12.	7	Jamie Green (GB)	AMG Mercedes C-Klasse	Persson	2008	Junge Sterne AMG Mercedes	89	– 1 Rd.	43,059	(15.)
13.	8	Susie Stoddart (GB)	AMG Mercedes C-Klasse	Persson	2008	TV Spielfilm AMG Mercedes	89	– 1 Rd.	43,391	(17.)
14.	20	Tomáš Kostka (CZ)	Audi A4 DTM	Kolles	2007	KOLLES Futurecom-BRT	89	– 1 Rd.	43,518	(18.)
15.	21	Katherine Legge (GB)[1]	Audi A4 DTM	Abt	2008	Audi Sport Team Abt Lady Power	89	– 1 Rd.	42,992	(12.)
16.	18	Christian Bakkerud (DK)	Audi A4 DTM	Kolles	2007	KOLLES Futurecom-TME	88	– 2 Rd.	43,828	(19.)
17.	19	Johannes Seidlitz (D)	Audi A4 DTM	Kolles	2007	KOLLES Futurecom-TME	86	– 4 Rd.	43,983	(20.)
18.	12	Markus Winkelhock (D)	Audi A4 DTM	Rosberg	2008	Audi Sport Team Rosberg	81	Unfall	43,106	(16.)
19.	2	Tom Kristensen (DK)	Audi A4 DTM	Abt	2009	Audi Sport Team Abt	80	Unfall	42,893	(7.)
20.	17	Mathias Lauda (A)	AMG Mercedes C-Klasse	Mücke	2008	stern AMG Mercedes	72	Unfall	42,937	(9.)

[1] Nachträgliche 30-Sekunden-Zeitstrafe wegen Missachtens Blauer Flaggen.

Report Seite 82–89

Wetter bewölkt, 20 Grad
Streckenlänge 1,929 km
Distanz 90 Rd. = 173,610 km
Zuschauer 20.400

08 DTM Barcelona 18.–20. September 2009

Freies Training

Pl.	Fahrer	Zeit
1.	T. Scheider	1.07,049
2.	M. Tomczyk	1.07,084
3.	M. Ekström	1.07,181
4.	O. Jarvis	1.07,416
5.	R. Schumacher	1.07,570
6.	G. Paffett	1.06,617
7.	B. Spengler	1.07,620
8.	A. Prémat	1.07,661
9.	P. Di Resta	1.07,688
10.	T. Kristensen	1.07,706
11.	J. Green	1.07,795
12.	M. Rockenfeller	1.07,846
13.	M. Engel	1.07,869
14.	M. Lauda	1.07,924
15.	K. Legge	1.07,965
16.	M. Winkelhock	1.08,008
17.	S. Stoddart	1.08,194
18.	T. Kostka	1.08,644
19.	C. Bakkerud	1.09,181
20.	J. Seidlitz	1.09,424

Zeittraining

Pl.	Fahrer	Zeittraining 1		Zeittraining 2		Zeittraining 3		Zeittraining 4	
1.	T. Kristensen	1.07,300	(5.)	1.07,052	(3.)	1.06,413	(1.)	1.06,825	(1.)
2.	P. Di Resta	1.07,366	(6.)	1.07,068	(4.)	1.06,714	(2.)	1.06,889	(2.)
3.	M. Tomczyk	1.07,278	(4.)	1.06,850	(1.)	1.06,734	(3.)	1.07,043	(3.)
4.	G. Paffett	1.07,227	(2.)	1.06,930	(2.)	1.06,806	(5.)		
5.	T. Scheider	1.07,199	(1.)	1.07,118	(6.)	1.06,839	(6.)		
6.	M. Ekström	1.07,260	(3.)	1.07,140	(7.)	1.07,015	(7.)		
7.	A. Prémat	1.07,461	(8.)	1.07,254	(8.)	1.07,143	(8.)		
8.	B. Spengler[1]	1.07,379	(7.)	1.07,096	(5.)	1.06,744	(4.)	1.07,182	(4.)
9.	O. Jarvis	1.07,549	(11.)	1.07,311	(9.)				
10.	M. Engel	1.07,519	(9.)	1.07,325	(10.)				
11.	R. Schumacher[2]	1.07,657	(13.)	1.07,332	(11.)				
12.	M. Winkelhock	1.07,903	(14.)	1.07,391	(12.)				
13.	M. Rockenfeller	1.07,581	(12.)	1.07,471	(13.)				
14.	J. Green	1.07,521	(10.)	1.07,706	(14.)				
15.	M. Lauda	1.07,915	(15.)						
16.	S. Stoddart	1.07,988	(16.)						
17.	K. Legge	1.08,234	(17.)						
18.	J. Seidlitz	1.08,806	(18.)						
19.	T. Kostka	1.08,849	(19.)						
20.	C. Bakkerud	1.09,129	(20.)						

Warm-up

Pl.	Fahrer	Zeit
1.	T. Scheider	1.07,827
2.	M. Ekström	1.07,897
3.	M. Tomczyk	1.07,898
4.	P. Di Resta	1.07,906
5.	T. Kristensen	1.07,925
6.	G. Paffett	1.08,168
7.	M. Engel	1.08,205
8.	A. Prémat	1.08,209
9.	B. Spengler	1.08,221
10.	J. Green	1.08,253
11.	M. Rockenfeller	1.08,303
12.	M. Winkelhock	1.08,366
13.	O. Jarvis	1.08,397
14.	R. Schumacher	1.08,410
15.	M. Lauda	1.08,725
16.	S. Stoddart	1.08,732
17.	K. Legge	1.09,086
18.	T. Kostka	1.09,476
19.	C. Bakkerud	1.09,682
20.	J. Seidlitz	1.09,792

[1] Nachträglich aus der Wertung von Zeittraining 3 und 4 genommen. [2] Motorwechsel, Strafversetzung auf den letzten Platz.

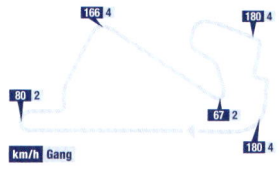

Rennen

Pl.	Nr.	Fahrer (Nation)	Fahrzeug	Team	Jahr	Bewerber	Rd.	Zeit/Ausfallgr.	Schn. Runde	(Pl.)
1.	1	Timo Scheider (D)	Audi A4 DTM	Abt	2009	Audi Sport Team Abt	59	1:08.38,739	1.08,048	(1.)
2.	2	Tom Kristensen (DK)	Audi A4 DTM	Abt	2009	Audi Sport Team Abt	59	+ 2,157	1.08,325	(3.)
3.	6	Martin Tomczyk (D)	Audi A4 DMT	Abt	2009	Audi Sport Team Abt Sportsline	59	+ 4,033	1.08,297	(2.)
4.	10	Gary Paffett (GB)	AMG Mercedes C-Klasse	HWA	2009	Salzgitter AMG Mercedes	59	+ 23,469	1.08,460	(5.)
5.	9	Bruno Spengler (CDN)	AMG Mercedes C-Klasse	HWA	2009	Mercedes-Benz Bank AMG	59	+ 23,992	1.08,721	(8.)
6.	5	Mattias Ekström (S)	Audi A4 DTM	Abt	2009	Audi Sport Team Abt Sportsline	59	+ 24,463	1.08,476	(6.)
7.	3	Paul Di Resta (GB)	AMG Mercedes C-Klasse	HWA	2009	AMG Mercedes	59	+ 33,243	1.08,392	(4.)
8.	14	Alexandre Prémat (F)	Audi A4 DTM	Phoenix	2008	Audi Sport Team Phoenix	59	+ 42,329	1.08,693	(7.)
9.	15	Oliver Jarvis (GB)	Audi A4 DTM	Phoenix	2008	Audi Sport Team Phoenix	59	+ 42,719	1.08,815	(10.)
10.	16	Maro Engel (D)	AMG Mercedes C-Klasse	Mücke	2008	GQ AMG Mercedes	59	+ 43,348	1.08,784	(9.)
11.	17	Mathias Lauda (A)	AMG Mercedes C-Klasse	Mücke	2008	stern AMG Mercedes	59	+ 54,921	1.08,980	(14.)
12.	11	Mike Rockenfeller (D)	Audi A4 DTM	Rosberg	2008	Audi Sport Team Rosberg	59	+ 55,274	1.08,975	(13.)
13.	4	Ralf Schumacher (D)	AMG Mercedes C-Klasse	HWA	2009	Trilux AMG Mercedes	59	+ 55,581	1.08,907	(11.)
14.	7	Jamie Green (GB)	AMG Mercedes C-Klasse	Persson	2008	Junge Sterne AMG Mercedes	59	+ 59,976	1.08,943	(12.)
15.	8	Susie Stoddart (GB)	AMG Mercedes C-Klasse	Persson	2008	TV Spielfilm AMG Mercedes	58	– 1 Rd.	1.09,531	(17.)
16.	20	Tomáš Kostka (CZ)	Audi A4 DTM	Kolles	2007	KOLLES Futurecom-BRT	58	– 1 Rd.	1.09,759	(18.)
17.	18	Christian Bakkerud (DK)	Audi A4 DTM	Kolles	2007	KOLLES Futurecom-TME	58	– 1 Rd.	1.09,629	(20.)
18.	19	Johannes Seidlitz (D)	Audi A4 DTM	Kolles	2007	KOLLES Futurecom-TME	57	– 2 Rd.	1.09,773	(19.)
	12	Markus Winkelhock (D)	Audi A4 DTM	Rosberg	2008	Audi Sport Team Rosberg	29	Unfallfolgen	1.09,240	(15.)
	21	Katherine Legge (GB)	Audi A4 DTM	Abt	2008	Audi Sport Team Abt Lady Power	27	Unfallfolgen	1.09,345	(16.)

Report Seite 90–97

Wetter sonnig, 27 Grad
Streckenlänge 2,977 km
Distanz 59 Rd. = 175,643 km
Zuschauer 30.500

DTM Dijon-Prenois 09.–11. Oktober 2009

Freies Training

Pl.	Fahrer	Zeit
1.	T. Kristensen	1.10,500
2.	M. Ekström	1.10,659
3.	T. Scheider	1.10,778
4.	O. Jarvis	1.10,862
5.	M. Winkelhock	1.11,058
6.	M. Engel	1.11,132
7.	G. Paffett	1.11,278
8.	M. Lauda	1.11,656
9.	A. Prémat	1.11,676
10.	K. Legge	1.11,735
11.	R. Schumacher	1.11,743
12.	P. Di Resta	1.11,755
13.	J. Green	1.11,976
14.	S. Stoddart	1.12,081
15.	M. Rockenfeller	1.12,095
16.	B. Spengler	1.12,120
17.	M. Tomczyk	1.12,395
18.	T. Kostka	1.12,916
19.	C. Bakkerud[1]	1.13,971
20.	J. Seidlitz	1.15,950

Zeittraining

Pl.	Fahrer	Zeittraining 1		Zeittraining 2		Zeittraining 3		Zeittraining 4	
1.	B. Spengler	1.10,948	(13.)	1.10,074	(5.)	1.21,208	(2.)	1.19,914	(1.)
2.	P. Di Resta	1.10,875	(10.)	1.10,064	(3.)	1.21,550	(4.)	1.20,446	(2.)
3.	T. Kristensen	1.10,810	(9.)	1.10,154	(7.)	1.20,337	(1.)	1.20,908	(3.)
4.	M. Ekström	1.10,931	(12.)	1.10,070	(4.)	1.21,522	(3.)	1.21,149	(4.)
5.	M. Engel	1.09,989	(1.)	1.10,099	(6.)	1.21,666	(5.)		
6.	R. Schumacher	1.10,763	(7.)	1.10,156	(8.)	1.21,768	(6.)		
7.	J. Green	1.10,559	(3.)	1.09,867	(1.)	1.22,152	(7.)		
8.	G. Paffett	1.10,765	(8.)	1.09,966	(2.)	1.22,312	(8.)		
9.	M. Tomczyk	1.10,752	(6.)	1.10,224	(9.)				
10.	O. Jarvis	1.10,462	(2.)	1.10,240	(10.)				
11.	M. Lauda	1.10,727	(5.)	1.10,252	(11.)				
12.	A. Prémat	1.10,914	(11.)	1.10,371	(12.)				
13.	S. Stoddart	1.10,996	(14.)	1.10,477	(13.)				
14.	M. Winkelhock	1.10,564	(4.)	1.10,564	(14.)				
15.	M. Rockenfeller	1.10,998	(15.)						
16.	T. Scheider	1.11,195	(16.)						
17.	K. Legge	1.11,702	(17.)						
18.	T. Kostka	1.12,140	(18.)						
19.	J. Seidlitz	1.12,767	(19.)						

Warm-up

Pl.	Fahrer	Zeit
1.	T. Kristensen	1.12,046
2.	G. Paffett	1.12,046
3.	M. Ekström	1.12,122
4.	J. Green	1.12,158
5.	O. Jarvis	1.12,166
6.	P. Di Resta	1.12,168
7.	A. Prémat	1.12,415
8.	T. Scheider	1.12,448
9.	R. Schumacher	1.12,469
10.	B. Spengler	1.12,514
11.	M. Engel	1.12,529
12.	S. Stoddart	1.12,554
13.	M. Winkelhock	1.12,670
14.	M. Tomczyk	1.12,984
15.	K. Legge	1.12,992
16.	M. Rockenfeller	1.13,050
17.	M. Lauda	1.13,288
18.	T. Kostka	1.13,600
19.	J. Seidlitz	1.14,526
20.	C. Bakkerud	1.14,606

[1] Unfall, kein Start im Zeittraining.

Rennen

Pl.	Nr.	Fahrer (Nation)	Fahrzeug	Team	Jahr	Bewerber	Rd.	Zeit/Ausfallgr.	Schn. Runde	(Pl.)
1.	10	Gary Paffett (GB)	AMG Mercedes C-Klasse	HWA	2009	Salzgitter AMG Mercedes	52	1:04.38,472	1.11,929	(6.)
2.	3	Paul Di Resta (GB)	AMG Mercedes C-Klasse	HWA	2009	AMG Mercedes	52	+ 0,834	1.11,644	(1.)
3.	9	Bruno Spengler (CDN)	AMG Mercedes C-Klasse	HWA	2009	Mercedes-Benz Bank AMG	52	+ 1,055	1.11,661	(2.)
4.	7	Jamie Green (GB)	AMG Mercedes C-Klasse	Persson	2008	Junge Sterne AMG Mercedes	52	+ 1,308	1.12,249	(11.)
5.	4	Ralf Schumacher (D)	AMG Mercedes C-Klasse	HWA	2009	Trilux AMG Mercedes	52	+ 1,807	1.12,250	(12.)
6.	1	Timo Scheider (D)	Audi A4 DTM	Abt	2009	Audi Sport Team Abt	52	+ 2,239	1.11,854	(4.)
7.	6	Martin Tomczyk (D)	Audi A4 DMT	Abt	2009	Audi Sport Team Abt Sportsline	52	+ 3,260	1.12,026	(9.)
8.	17	Mathias Lauda (A)	AMG Mercedes C-Klasse	Mücke	2008	stern AMG Mercedes	52	+ 4,021	1.11,982	(8.)
9.	5	Mattias Ekström (S)	Audi A4 DTM	Abt	2009	Audi Sport Team Abt Sportsline	52	+ 4,577	1.11,699	(3.)
10.	12	Markus Winkelhock (D)	Audi A4 DTM	Rosberg	2008	Audi Sport Team Rosberg	52	+ 4,988	1.12,464	(14.)
11.	14	Alexandre Prémat (F)	Audi A4 DTM	Phoenix	2008	Audi Sport Team Phoenix	52	+ 5,228	1.11,860	(5.)
12.	16	Maro Engel (D)	AMG Mercedes C-Klasse	Mücke	2008	GQ AMG Mercedes	52	+ 5,938	1.11,948	(7.)
13.	11	Mike Rockenfeller (D)	Audi A4 DTM	Rosberg	2008	Audi Sport Team Rosberg	52	+ 8,158	1.12,676	(15.)
14.	8	Susie Stoddart (GB)	AMG Mercedes C-Klasse	Persson	2008	TV Spielfilm AMG Mercedes	52	+ 9,715	1.12,772	(16.)
15.	15	Oliver Jarvis (GB)	Audi A4 DTM	Phoenix	2008	Audi Sport Team Phoenix	51	- 1 Rd.	1.12,413	(13.)
16.	21	Katherine Legge (GB)	Audi A4 DTM	Abt	2008	Audi Sport Team Abt Lady Power	51	- 1 Rd.	1.12,940	(17.)
17.	20	Tomáš Kostka (CZ)	Audi A4 DTM	Kolles	2007	KOLLES Futurecom-BRT	51	- 1 Rd.	1.13,184	(18.)
18.	2	Tom Kristensen (DK)	Audi A4 DTM	Abt	2009	Audi Sport Team Abt	48	Schwarze Flagge	1.12,083	(10.)
	18	Christian Bakkerud (DK)	Audi A4 DTM	Kolles	2007	KOLLES Futurecom-TME	10	Unfall	1.14,094	(19.)
	19	Johannes Seidlitz (D)	Audi A4 DTM	Kolles	2007	KOLLES Futurecom-TME	9	Unfall	1.14,217	(20.)

Wetter bewölkt, 19 Grad
Streckenlänge 3,801 km
Distanz 52 Rd. = 197,652 km
Zuschauer 26.000

Report Seite 98–105

DTM Hockenheim 23.–25. Oktober 2009

Freies Training

Pl.	Fahrer	Zeit
1.	M. Ekström	1.32,822
2.	M. Tomczyk	1.33,079
3.	T. Scheider	1.33,118
4.	M. Engel	1.33,355
5.	J. Green	1.33,433
6.	T. Kristensen	1.33,483
7.	G. Paffett	1.33,690
8.	M. Rockenfeller	1.33,691
9.	M. Winkelhock	1.33,850
10.	O. Jarvis	1.33,858
11.	A. Prémat	1.33,877
12.	R. Schumacher	1.34,015
13.	K. Legge	1.34,115
14.	B. Spengler	1.34,162
15.	S. Stoddart	1.34,663
16.	M. Lauda	1.35,052
17.	P. Di Resta	1.35,116
18.	C. Bakkerud	1.35,234
19.	T. Kostka	1.35,475
20.	J. Seidlitz	1.35,589

Zeittraining

Pl.	Fahrer	Zeittraining 1		Zeittraining 2		Zeittraining 3		Zeittraining 4	
1.	M. Ekström	1.32,584	(1.)	1.32,341	(5.)	1.31,894	(1.)	1.32,525	(1.)
2.	G. Paffett	1.33,025	(4.)	1.32,281	(4.)	1.32,027	(2.)	1.32,591	(2.)
3.	T. Scheider	1.32,858	(3.)	1.32,080	(1.)	1.32,074	(3.)	1.32,613	(3.)
4.	P. Di Resta	1.33,108	(7.)	1.32,159	(2.)	1.32,180	(4.)	1.32,787	(4.)
5.	T. Kristensen	1.33,278	(12.)	1.32,399	(7.)	1.32,340	(5.)		
6.	O. Jarvis	1.33,237	(10.)	1.32,386	(6.)	1.32,504	(6.)		
7.	M. Tomczyk	1.33,377	(13.)	1.32,214	(3.)	1.32,661	(7.)		
8.	M. Engel	1.33,085	(6.)	1.32,442	(8.)	1.32,774	(8.)		
9.	J. Green	1.32,829	(2.)	1.32,612	(9.)				
10.	M. Rockenfeller	1.33,425	(14.)	1.32,763	(10.)				
11.	R. Schumacher	1.33,260	(11.)	1.32,779	(11.)				
12.	A. Prémat	1.33,067	(5.)	1.32,915	(12.)				
13.	M. Winkelhock	1.33,173	(9.)	1.32,959	(13.)				
14.	K. Legge	1.33,116	(8.)	2.53,880	(14.)				
15.	B. Spengler	1.33,568	(15.)						
16.	S. Stoddart	1.33,831	(16.)						
17.	M. Lauda	1.33,915	(17.)						
18.	T. Kostka	1.34,868	(18.)						
19.	C. Bakkerud	1.34,912	(19.)						
20.	J. Seidlitz	1.35,436	(20.)						

Warm-up

Pl.	Fahrer	Zeit
1.	T. Scheider	1.49,882
2.	M. Rockenfeller	1.49,990
3.	A. Prémat	1.50,042
4.	M. Tomczyk	1.50,187
5.	M. Ekström	1.50,258
6.	O. Jarvis	1.50,478
7.	J. Green	1.50,571
8.	T. Kristensen	1.50,702
9.	M. Winkelhock	1.50,897
10.	G. Paffett	1.50,976
11.	B. Spengler	1.51,178
12.	P. Di Resta	1.51,197
13.	M. Engel	1.51,337
14.	S. Stoddart	1.51,730
15.	K. Legge	1.51,960
16.	M. Lauda	1.52,150
17.	R. Schumacher	1.52,596
18.	C. Bakkerud	1.52,616
19.	T. Kostka	1.52,633
20.	J. Seidlitz	1.53,702

Rennen

Pl.	Nr.	Fahrer (Nation)	Fahrzeug	Team	Jahr	Bewerber	Rd.	Zeit/Ausfallgr.	Schn. Runde	(Pl.)
1.	10	Gary Paffett (GB)	AMG Mercedes C-Klasse	HWA	2009	Salzgitter AMG Mercedes	39	1:06.01,702	1.34,351	(1.)
2.	1	Timo Scheider (D)	Audi A4 DTM	Abt	2009	Audi Sport Team Abt	39	+ 1,043	1.34,549	(3.)
3.	3	Paul Di Resta (GB)	AMG Mercedes C-Klasse	HWA	2009	AMG Mercedes	39	+ 1,792	1.34,778	(5.)
4.	14	Alexandre Prémat (F)	Audi A4 DTM	Phoenix	2008	Audi Sport Team Phoenix	39	+ 5,234	1.34,370	(2.)
5.	7	Jamie Green (GB)	AMG Mercedes C-Klasse	Persson	2008	Junge Sterne AMG Mercedes	39	+ 5,994	1.34,979	(10.)
6.	15	Oliver Jarvis (GB)	Audi A4 DTM	Phoenix	2008	Audi Sport Team Phoenix	39	+ 7,737	1.34,773	(4.)
7.	9	Bruno Spengler (CDN)	AMG Mercedes C-Klasse	HWA	2009	Mercedes-Benz Bank AMG	39	+ 8,664	1.34,887	(9.)
8.	12	Markus Winkelhock (D)	Audi A4 DTM	Rosberg	2008	Audi Sport Team Rosberg	39	+ 9,847	1.35,492	(13.)
9.	11	Mike Rockenfeller (D)	Audi A4 DTM	Rosberg	2008	Audi Sport Team Rosberg	39	+ 10,355	1.35,225	(12.)
10.	16	Maro Engel (D)	AMG Mercedes C-Klasse	Mücke	2008	GQ AMG Mercedes	39	+ 11,009	1.35,177	(11.)
11.	20	Tomáš Kostka (CZ)	Audi A4 DTM	Kolles	2007	KOLLES Futurecom-BRT	39	+ 16,744	1.36,298	(17.)
12.	18	Christian Bakkerud (DK)	Audi A4 DTM	Kolles	2007	KOLLES Futurecom-TME	39	+ 20,574	1.35,744	(14.)
13.	19	Johannes Seidlitz (D)	Audi A4 DTM	Kolles	2007	KOLLES Futurecom-TME	39	+ 23,587	1.36,541	(18.)
14.	17	Mathias Lauda (A)	AMG Mercedes C-Klasse	Mücke	2008	stern AMG Mercedes	39	+ 41,679	1.34,851	(6.)
15.	2	Tom Kristensen (DK)	Audi A4 DTM	Abt	2009	Audi Sport Team Abt	39	+ 2.23,250	1.34,874	(8.)
16.	8	Susie Stoddart (GB)	AMG Mercedes C-Klasse	Persson	2008	TV Spielfilm AMG Mercedes	31	Unfall	1.34,868	(7.)
17.	21	Katherine Legge (GB)	Audi A4 DTM	Abt	2008	Audi Sport Team Abt Lady Power	30	Unfall	1.35,892	(15.)
	5	Mattias Ekström (S)	Audi A4 DTM	Abt	2009	Audi Sport Team Abt Sportsline	5	Kühler	1.36,239	(16.)
	4	Ralf Schumacher (D)	AMG Mercedes C-Klasse	HWA	2009	Trilux AMG Mercedes	1	Unfall	1.46,986	(19.)
	6	Martin Tomczyk (D)	Audi A4 DMT	Abt	2009	Audi Sport Team Abt Sportsline	0	Unfall		

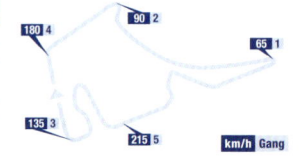

Wetter bewölkt, 17 Grad
Streckenlänge 4,574 km
Distanz 39 Rd. = 178,386 km
Zuschauer 155.000

Report Seite 106–113

2009 Endstände

Champions 2009 Fahrerwertung Timo Scheider · **Teamwertung** Salzgitter/Mercedes-Benz Bank

Fahrerwertung

		Punkte	Hockenheim (D) Startplatz	Ergebnis	Punkte	EuroSpeedway Startplatz	Ergebnis	Punkte	Norisring (D) Startplatz	Ergebnis	Punkte	Zandvoort (NL) Startplatz	Ergebnis	Punkte	Oschersleben (D) Startplatz	Ergebnis	Punkte	Nürburgring (D) Startplatz	Ergebnis	Punkte	Brands Hatch (GB) Startplatz	Ergebnis	Punkte	Barcelona (E) Startplatz	Ergebnis	Punkte	Dijon-Prenois (F) Startplatz	Ergebnis	Punkte	Hockenheim (D) Startplatz	Ergebnis	Punkte
1. Timo Scheider	Audi	64	5	2	8	4	5	4	1	4	5	11	A	0	2	1	10	4	2	8	2	2	8	5	1	10	16	6	3	3	2	8
2. Gary Paffett	Mercedes-Benz	59	11	-	0	7	1	10	4	5	4	2	1	10	12	5	4	16	8	1	6	4	5	4	4	5	8	1	10	2	1	10
3. Paul Di Resta	Mercedes-Benz	45	6	5	4	2	4	5	15	7	2	5	6	3	9	4	5	6	-	0	1	1	10	2	7	2	2	2	8	4	3	6
4. Bruno Spengler	Mercedes-Benz	41	19	-	0	5	2	8	3	2	8	3	5	4	6	6	3	2	6	3	4	6	3	8	5	4	1	3	6	15	7	2
5. Mattias Ekström	Audi	41	1	7	2	1	3	6	2	3	6	9	3	6	4	2	8	3	3	6	7	5	4	6	6	3	4	9	0	1	-	0
6. Martin Tomczyk	Audi	35	3	-	0	16	-	0	12	11	0	8	4	5	3	3	6	1	1	10	5	3	6	3	3	6	9	7	2	7	-	0
7. Jamie Green	Mercedes-Benz	27	20	8	1	6	6	3	7	1	10	7	9	0	10	9	0	11	5	4	8	12	0	13	14	0	7	4	5	9	5	4
8. Tom Kristensen	Audi	21	2	1	10	17	12	0	9	8	1	10	8	1	1	8	1	8	-	0	3	19	0	1	2	8	3	18	0	5	15	0
9. Oliver Jarvis	Audi	18	4	3	6	18	-	0	17	-	0	1	2	8	5	15	0	5	-	0	10	8	1	9	9	0	10	15	0	6	6	3
10. Markus Winkelhock	Audi	11	8	4	5	10	-	0	19	13	0	14	8	0	13	-	0	7	4	5	10	18	0	11	-	0	14	10	0	13	8	1
11. Ralf Schumacher	Mercedes-Benz	9	12	9	0	19	10	0	8	6	3	18	10	0	14	11	0	15	7	2	11	9	0	20	13	0	6	5	4	11	-	0
12. Maro Engel	Mercedes-Benz	8	7	6	3	8	8	1	6	-	0	15	7	2	11	7	2	10	12	0	13	10	0	10	10	0	5	12	0	8	10	0
13. Alexandre Prémat	Audi	6	9	-	0	15	-	0	13	-	0	6	A	0	7	16	0	12	-	0	15	11	0	7	8	1	12	11	0	12	4	5
14. Mike Rockenfeller	Audi	4	10	-	0	3	7	2	11	9	0	4	12	0	8	13	0	9	10	0	12	7	2	12	12	0	15	13	0	10	9	0
15. Mathias Lauda	Mercedes-Benz	1	15	10	0	12	9	0	14	14	0	19	-	0	16	12	0	13	9	0	17	20	0	14	11	0	11	8	1	17	14	0
16. Susie Stoddart	Mercedes-Benz	0	14	-	0	14	11	0	10	10	0	13	11	0	17	10	0	17	11	0	14	13	0	15	15	0	13	14	0	16	16	0
17. Tomáš Kostka	Audi	0	16	11	0	11	13	0	16	-	0	16	-	0	18	14	0	20	15	0	18	14	0	18	16	0	18	17	0	15	11	0
18. Katherine Legge	Audi	0	13	12	0	9	-	0	5	12	0	14	-	0	15	17	0	14	-	0	16	15	0	16	-	0	17	16	0	14	17	0
19. Christian Bakkerud	Audi	0	17	14	0	13	14	0	18	15	0	17	A	0				18	13	0	19	16	0	19	17	0	20	-	0	19	12	0
20. Johannes Seidlitz	Audi	0	18	13	0										19	-	0	19	14	0	20	17	0	17	18	0	19	-	0	20	13	0

Legende 0 = im Ziel, aber außerhalb der Punktewertung; - = nicht gewertet; A = ausgeschlossen; keine Angabe = nicht teilgenommen.

Teamwertung

Pl.	Team	Fahrer	Punkte
1.	HWA AG	Paffett/Spengler	100
2.	Abt Sportsline	Scheider/Kristensen	85
3.	Abt Sportsline	Ekström/Tomczyk	76
4.	HWA AG	Di Resta/Schumacher	54
5.	Persson Motorsport	Green/Stoddart	27
6.	Team Phoenix	Prémat/Jarvis	24
7.	Team Rosberg	Rockenfeller/Winkelhock	15
8.	Mücke Motorsport	Engel/Lauda	9

Siege

Fahrer
Paffett 4; Scheider 2;
Green 1; Kristensen 1;
Tomczyk 1; Di Resta 1.

Hersteller
Mercedes-Benz 6;
Audi 4.

Teams
HWA AG 5; Abt Sportsline 4; Persson Motorsport 1.

Pole-Positions

Fahrer
Ekström 3; Kristensen 2;
Jarvis 1; Di Resta 1; Scheider 1;
Spengler 1; Tomczyk 1.

Hersteller
Audi 8;
Mercedes-Benz 2.

Teams
Abt Sportsline 7; HWA AG 2; Team Phoenix 1.

Schnellste Rennrunden

Fahrer
Ekström 3; Di Resta 2;
Scheider 2; Green 1;
Legge 1; Paffett 1.

Hersteller
Audi 6;
Mercedes-Benz 4.

Teams
Abt Sportsline 6; HWA AG 3; Persson Motorsport 1.

Fahrer

Siege

#	Fahrer	Siege
1.	Bernd Schneider	43
2.	Klaus Ludwig	36
3.	Kurt Thiim	19
4.	Nicola Larini	18
5.	Johnny Cecotto	14
	Alessandro Nannini	14
	Gary Paffett	14
8.	Hans-Joachim Stuck	13
	Mattias Ekström	13
10.	Manuel Reuter	11
11.	Steve Soper	10
12.	Frank Biela	9
13.	Harald Grohs	7
	Armin Hahne	7
	Laurent Aiello	7
16.	Klaus Niedzwiedz	6
	Roberto Ravaglia	6
	Roland Asch	6
	Uwe Alzen	6
20.	Christian Danner	5
	Jörg van Ommen	5
	Christijan Albers	5
	Bruno Spengler	5
	Jamie Green	5
	Timo Scheider	5
26.	Olaf Manthey	4
	Jockel Winkelhock	4
	Jean Alesi	4
	Tom Kristensen	4
	Martin Tomczyk	4
31.	Marcel Fässler	3
	Alain Ferté	3
	Mika Häkkinen	3
	Paul Di Resta	3
35.	Per Stureson	2
	Wilfried Vogt	2
	Heinz-Friedrich Peil	2
	Volker Weidler	2
	Dany Snobeck	2
	Altfrid Heger	2
	Stefano Modena	2
	Dario Franchitti	2
	Michael Bartels	2
	Jan Magnussen	2
	Fabien Giroix	2
46.	Keke Rosberg	1
	Manfred Trint	1
	Peter John	1
	Per-Gunnar Andersson	1
	Kurt König	1
	Marc Hessel	1
	Jacques Laffite	1
	Emanuele Pirro	1
	Walter Röhrl	1
	Ellen Lohr	1
	Kris Nissen	1
	Gabriele Tarquini	1
	Peter Dumbreck	1
	Bernd Mayländer	1

Punkte (Top 100)

#	Fahrer	Punkte
1.	Klaus Ludwig	1792,5
2.	Bernd Schneider	1770,5
3.	Kurt Thiim	1405,0
4.	Roland Asch	1141,0
5.	Manuel Reuter	1107,0
6.	Jörg van Ommen	1045,5
7.	Johnny Cecotto	959,0
8.	Steve Soper	744,0
9.	Frank Biela	652,0
10.	Nicola Larini	636,0
11.	Christian Danner	570,0
12.	Olaf Manthey	563,5
13.	Harald Grohs	558,0
14.	Jockel Winkelhock	555,0
15.	Klaus Niedzwiedz	531,0
16.	Hans-Joachim Stuck	520,5
17.	Alessandro Nannini	511,0
18.	Altfrid Heger	506,0
19.	Alain Cudini	495,0
20.	Roberto Ravaglia	490,0
21.	Kurt König	486,5
22.	Peter Oberndorfer	449,5
23.	Uwe Alzen	448,0
24.	Mattias Ekström	447,0
25.	Fabien Giroix	430,0
26.	Armin Hahne	427,0
27.	Volker Strycek	424,5
28.	Per Stureson	350,5
29.	Dario Franchitti	325,0
30.	Markus Oestreich	321,0
31.	Dieter Quester	314,0
32.	Marcel Fässler	304,0
33.	Ellen Lohr	296,0
34.	Dany Snobeck	290,0
35.	Timo Scheider	265,0
36.	Jacques Laffite	243,0
37.	Stefano Modena	241,0
38.	Gary Paffett	237,5
39.	Wilfried Vogt	232,5
40.	Jan Magnussen	229,0
41.	Martin Tomczyk	229,0
42.	Kris Nissen	226,0
43.	Laurent Aiello	224,0
44.	Tom Kristensen	212,0
45.	JJ Lehto	210,0
46.	Franz Klammer	208,5
47.	Giancarlo Fisichella	206,0
48.	Peter Dumbreck	200,0
49.	Keke Rosberg	198,0
50.	Giorgio Francia	197,0
51.	Bruno Spengler	194,0
52.	Michael Bartels	182,0
53.	Anton Goeser	179,0
54.	Sigi Müller jr.	178,0
55.	Jamie Green	173,5
56.	Frank Schmickler	172,0
57.	Gianfranco Brancatelli	162,0
58.	Per-Gunnar Andersson	161,0
59.	Frank Jelinski	155,0
60.	Eric van de Poele	154,0
61.	Paul Di Resta	148,0
62.	Marc Hessel	146,0
63.	Sandy Grau	145,0
64.	Peter John	140,0
65.	Christijan Albers	138,0
66.	Emanuele Pirro	132,0
67.	Walter Mertes	130,5
68.	Volker Weidler	129,0
69.	Heinz-Friedrich Peil	128,0
70.	Jean Alesi	122,0
71.	Manfred Trint	114,5
72.	Fritz Müller	110,0
73.	Jean-Michel Martin	103,0
74.	Beate Nodes	99,0
75.	Thomas Jäger	97,0
76.	Walter Röhrl	94,0
77.	Leopold von Bayern	88,5
78.	Karl-Heinz Schäfer	88,0
79.	Jürgen Fritzsche	87,5
80.	Thomas von Löwis	85,0
81.	Alain Ferté	84,0
82.	Udo Schneider	83,5
83.	Marcel Tiemann	79,0
84.	Mika Häkkinen	77,0
85.	Christian Abt	75,0
86.	Anders Lindberg	70,0
	Fritz Kreutzpointner	70,0
88.	Walter Prüser	69,5
89.	Walter Nussbaumer	68,0
90.	Rüdiger Schmitt	66,0
91.	Peter Elgaard	65,5
92.	Bernd Mayländer	65,0
	Yannick Dalmas	65,0
94.	Robert Walterscheid	64,5
95.	Ralf-Werner Müller	63,0
	Patrick Huisman	63,0
97.	Harald Becker	61,0
98.	Gabriele Tarquini	60,0
99.	Eric Hélary	53,0
100.	Josef Gerold	52,0

Pole-Positions

#	Fahrer	Pole
1.	Bernd Schneider	25
2.	Kurt Thiim	16
	Klaus Ludwig	16
4.	Mattias Ekström	14
5.	Harald Grohs	10
	Nicola Larini	10
7.	Tom Kristensen	9
8.	Armin Hahne	8
9.	Jörg van Ommen	7
	Manuel Reuter	7
	Martin Tomczyk	7
	Bruno Spengler	7
	Timo Scheider	7
14.	Klaus Niedzwiedz	6
	Laurent Aiello	6
	Gary Paffett	6
	Jamie Green	6
18.	Roberto Ravaglia	5
	Marcel Fässler	5
	Frank Biela	5
	Roland Asch	5
	Johnny Cecotto	5
23.	Hans-Joachim Stuck	4
	Alessandro Nannini	4
25.	Per Stureson	3
	Altfrid Heger	3
	Christian Danner	3
	Michael Bartels	3
	Uwe Alzen	3
	Mika Häkkinen	3
31.	Dario Franchitti	2
	Jockel Winkelhock	2
	Wilfried Vogt	2
	Eric van de Poele	2
	Heinz-Friedrich Peil	2
	Jean Alesi	2
	Paul Di Resta	2
38.	Volker Weidler	1
	Manfred Trint	1
	Keke Rosberg	1
	Stefano Modena	1
	Olaf Manthey	1
	Jacques Laffite	1
	Kurt König	1
	Franz Klammer	1
	Frank Jelinski	1
	Peter Dumbreck	1
	Alain Cudini	1
	Per-Gunnar Andersson	1
	Christijan Albers	1
	Christian Abt	1
	Heinz-Harald Frentzen	1
	Oliver Jarvis	1

Schnellste Runden

#	Fahrer	SR
1.	Bernd Schneider	60
2.	Nicola Larini	22
3.	Klaus Ludwig	16
4.	Kurt Thiim	13
5.	Alessandro Nannini	12
6.	Steve Soper	10
7.	Jockel Winkelhock	9
	Hans-Joachim Stuck	9
	Manuel Reuter	9
	Mattias Ekström	9
11.	Harald Grohs	8
	Roland Asch	8
	Bruno Spengler	8
	Jamie Green	8
15.	Gary Paffett	7
16.	Johnny Cecotto	6
	Armin Hahne	6
	Altfrid Heger	6
	Paul Di Resta	6
20.	Uwe Alzen	5
	Per-Gunnar Andersson	5
	Jacques Laffite	5
	Klaus Niedzwiedz	5
	Mika Häkkinen	5
	Martin Tomczyk	5
26.	Keke Rosberg	4
	Stefano Modena	4
	Roberto Ravaglia	4
	Peter John	4
	Laurent Aiello	4
	Jörg van Ommen	4
	Fabien Giroix	4
	Christian Danner	4
	Alain Cudini	4
	Tom Kristensen	4
	Timo Scheider	4
37.	Giancarlo Fisichella	3
	Dario Franchitti	3
	Christian Abt	3
	Emanuele Pirro	3
41.	Wilfried Vogt	2
	Volker Weidler	2
	Per Stureson	2
	Marcel Fässler	2
	Jan Magnussen	2
	Dieter Quester	2
	Dany Snobeck	2
	Christijan Albers	2
	Alain Menu	2
50.	Frank Biela	1
	Yannick Dalmas	1
	Walter Röhrl	1
	Thomas von Löwis	1
	Sandy Grau	1
	Peter Oberndorfer	1
	Peter Dumbreck	1
	Michael Bartels	1
	Marc Hessel	1
	Manfred Trint	1
	Kurt König	1
	Hubert Haupt	1
	Gianfranco Brancatelli	1
	Gabriele Tarquini	1
	Frank Schmickler	1
	Eric van de Poele	1
	Eric Hélary	1
	Ellen Lohr	1
	Christian Menzel	1
	Bernd Mayländer	1
	Alexander Wurz	1
	Alain Ferté	1
	Katherine Legge	1

Marken

Siege	
1. Mercedes-Benz	153
2. Audi	52
3. BMW	50
4. Alfa Romeo	41
5. Ford	29
6. Opel	20
7. Rover	6
8. Volvo	5
9. Chevrolet	1

Pole-Positions	
1. Mercedes-Benz	101
2. Audi	54
3. BMW	30
4. Ford	22
5. Alfa Romeo	20
6. Opel	11
7. Volvo	6
8. Rover	4

Schnellste Runden	
1. Mercedes-Benz	156
2. BMW	64
3. Alfa Romeo	46
4. Audi	39
5. Ford	22
6. Opel	19
7. Volvo	7
8. Chevrolet	4
9. Rover	2

Teams

Siege	
1. AMG/HWA	111
2. Abt	33
3. Alfa Corse	22
4. Schnitzer	17
5. Zakspeed	16
6. Wolf	13
7. SMS	12
8. Bigazzi	9
9. Ringshausen	7
10. Grab	6
Nickel	6
Vogelsang	6
13. IPS/MS	5
AZR	5
15. Linder	4
Eggenberger	4
Phoenix	4
Holzer	4
19. Alpina	3
20. Snobeck	2
Kissling	2
Marko	2
Fina	2
Euroteam	2
Rosberg	2
Schübel	2
Persson	2
28. Krankenberg	1
Isert	1
Auto Maass	1
Andersson	1
Obermaier	1
ACS	1
Manthey	1

Pole-Positions	
1. AMG/HWA	71
2. Abt	44
3. Zakspeed	20
4. Wolf	10
5. Ringshausen	8
Schnitzer	8
7. Vogelsang	7
Alfa Corse	7
9. Linder	5
IPS/MS	5
Phoenix	5
12. Nickel	4
SMS	4
14. Grab	3
AZR	3
Holzer	3
17. Valier	2
Kissling	2
Eggenberger	2
Snobeck	2
Persson	2
22. Isert	1
Scuderia Kassel	1
Marko	1
Andersson	1
Bigazzi	1
Euroteam	1
Fina	1

Schnellste Runden	
1. AMG/HWA	111
2. Abt	30
3. Alfa Corse	21
Zakspeed	21
5. Schnitzer	18
6. Bigazzi	11
7. SMS	10
8. Wolf	8
9. Ringshausen	7
Linder	7
Snobeck	7
Holzer	7
13. Andersson	5
14. Marko	4
ACS	4
Eggenberger	4
IPS/MS	4
18. Grab	3
Phoenix	3
Persson	3
21. Alpina	2
Nickel	2
Joest	2
Valier	2
25. BMK	1
Schwaben Motorsport	1
Maass	1
AZR	1
Fina	1
Schübel	1
Irmscher	1
Manthey	1

Meisterschafts-Endstände

1984
1. Volker Strycek (D) — Gubin-BMW 635 CSi — 155,0
2. Olaf Manthey (D) — Nickel-Rover Vitesse — 147,5
3. Harald Grohs (D) — Vogelsang-BMW 635 CSi — 147,0
4. Wilfried Vogt (D) — Linder-BMW 323i — 146,5
5. Kurt König (D) — Maass-BMW 635 CSi — 127,0
6. Manfred Trint (D) — Ford Mustang — 114,5

1985
1. Per Stureson (S) — IPS-Volvo 240 Turbo — 117,5
2. Olaf Manthey (D) — Nickel-Rover Vitesse — 100,0
3. Harald Grohs (D) — Obermaier-BMW 635 CSi — 96,0
4. Roland Asch (D) — Ringshausen-Ford Mustang — 94,0
5. Peter Oberndorfer (D) — Marko-Alfa GTV6 — 90,0
6. Heinz-Friedrich Peil (D) — Kissling-Volvo 240 Turbo — 88,0

1986
1. Kurt Thiim (DK) — Nickel-Rover Vitesse — 130
2. Volker Weidler (D) — Marko-Mercedes 190E 2.3-16 — 113
3. Kurt König (D) — Maass-BMW 635 CSi — 104
4. Per Stureson (S) — IPS-Volvo 240 Turbo — 102
5. Volker Strycek (D) — Gubin-BMW 325i — 89
6. Klaus Niedzwiedz (D) — Wolf-Ford Sierra XR4Ti — 83

1987
1. Eric van de Poele (B) — Zakspeed-BMW M3 — 127
2. Manuel Reuter (D) — Ringshausen-Ford Sierra XR4Ti/Cosworth — 124
3. Marc Hessel (D) — Zakspeed-BMW M3 — 123
4. Olaf Manthey (D) — Isert-BMW M3 — 113
5. Harald Grohs (D) — Vogelsang-BMW M3 — 102
6. Per Stureson (S) — IPS-Volvo 240 Turbo — 87

1988
1. Klaus Ludwig (D) — Grab-Ford Sierra Cosworth — 258
2. Roland Asch (D) — BMK-Mercedes 190E 2.3-16 — 242
3. Armin Hahne (D) — Wolf-Ford Sierra Cosworth — 238
4. Markus Oestreich (D) — Zakspeed-BMW M3 — 237
5. Alain Cudini (F) — Snobeck-Mercedes 190E 2.3-16 — 219
6. Johnny Cecotto (YV) — AMG-Mercedes 190E 2.3-16 — 204

1989
1. Roberto Ravaglia (I) — Schnitzer-BMW M3 — 285
2. Klaus Niedzwiedz (D) — Eggenberger-Ford Sierra Cosworth — 274
3. Fabien Giroix (F) — Schnitzer-BMW M3 — 265
4. Kurt Thiim (DK) — AMG-Mercedes 190E 2.5-16 — 237
5. Steve Soper (GB) — Zakspeed-BMW M3 — 233
6. Manuel Reuter (D) — MS-Mercedes 190E 2.5-16 — 214

1990
1. Hans-Joachim Stuck (D) — SMS-Audi V8 quattro — 189
2. Johnny Cecotto (YV) — Schnitzer-BMW M3 — 177
3. Kurt Thiim (DK) — AMG-Mercedes 190E 2.5-16 Evo2 — 158
4. Steve Soper (GB) — Bigazzi-BMW M3 — 152
5. Klaus Ludwig (D) — AMG-Mercedes 190E 2.5-16 Evo2 — 140
6. „Jockel" Winkelhock (D) — Bigazzi-BMW M3 — 119

1991
1. Frank Biela (D) — AZR-Audi V8 quattro — 174
2. Klaus Ludwig (D) — AMG-Mercedes 190E 2.5-16 Evo2 — 166
3. Hans-Joachim Stuck (D) — SMS-Audi V8 quattro — 158
4. Johnny Cecotto (YV) — Schnitzer-BMW M3 — 147
5. Steve Soper (GB) — Bigazzi-BMW M3 — 133
6. Alain Cudini (F) — Snobeck-Mercedes 190E 2.5-16 Evo2 — 106

1992
1. Klaus Ludwig (D) — AMG-Mercedes 190E 2.5-16 Evo2 — 228
2. Kurt Thiim (DK) — Zakspeed-Mercedes 190E 2.5-16 Evo2 — 192
3. Bernd Schneider (D) — AMG-Mercedes 190E 2.5-16 Evo2 — 191
4. Johnny Cecotto (YV) — Fina-BMW M3 — 185
5. Keke Rosberg (FIN) — AMG-Mercedes 190E 2.5-16 Evo2 — 147
6. Roland Asch (D) — Zakspeed-Mercedes 190E 2.5-16 Evo2 — 143

1993
1. Nicola Larini (I) — Alfa Corse-Alfa 155 V6 Ti — 261
2. Roland Asch (D) — AMG-Mercedes 190E — 204
3. Bernd Schneider (D) — AMG-Mercedes 190E — 172
4. Klaus Ludwig (D) — AMG-Mercedes 190E — 171
5. Christian Danner (D) — Schübel-Alfa 155 V6 Ti — 161
6. Kurt Thiim (DK) — Zakspeed-Mercedes 190E — 138

1994
1. Klaus Ludwig (D) — AMG-Mercedes C-Klasse — 222
2. Jörg van Ommen (D) — Zakspeed-Mercedes C-Klasse — 175
3. Nicola Larini (I) — Alfa Corse-Alfa 155 V6 Ti — 150
4. Alessandro Nannini (I) — Alfa Corse-Alfa 155 V6 Ti — 149
5. Kurt Thiim (DK) — Zakspeed-Mercedes C-Klasse — 141
6. Roland Asch (D) — AMG-Mercedes C-Klasse — 124

1995 (DTM)
1. Bernd Schneider (D) — AMG-Mercedes C-Klasse — 138
2. Jörg van Ommen (D) — Zakspeed-Mercedes C-Klasse — 113
3. Klaus Ludwig (D) — Rosberg-Opel Calibra V6 — 80
4. Kurt Thiim (DK) — Zakspeed-Mercedes C-Klasse — 78
5. Dario Franchitti (GB) — AMG-Mercedes C-Klasse — 74
6. Nicola Larini (I) — Alfa Corse-Alfa 155 V6 Ti — 71

1995 (ITC)
1. Bernd Schneider (D) — AMG-Mercedes C-Klasse — 155
2. Jan Magnussen (DK) — AMG-Mercedes C-Klasse — 83
3. Dario Franchitti (GB) — AMG-Mercedes C-Klasse — 80
4. Nicola Larini (I) — Alfa Corse-Alfa 155 V6 Ti — 59
5. Manuel Reuter (D) — Joest-Opel Calibra V6 — 50
   Jörg van Omen (D) — AMG-Mercedes C-Klasse — 50

1996 (ITC)
1. Manuel Reuter (D) — Joest-Opel Calibra V6 — 218
2. Bernd Schneider (D) — AMG-Mercedes C-Klasse — 205
3. Alessandro Nannini (I) — Alfa Corse-Alfa 155 V6 Ti — 180
4. Dario Franchitti (GB) — AMG-Mercedes C-Klasse — 171
5. JJ Lehto (FIN) — Rosberg-Opel Calibra V6 — 148
6. Giancarlo Fisichella (I) — Schübel-Alfa 155 V6 Ti — 139

2000
1. Bernd Schneider (D) — HWA-Mercedes CLK — 221
2. Manuel Reuter (D) — Phoenix-Opel V8 Coupé — 162
3. Klaus Ludwig (D) — HWA-Mercedes CLK — 122
4. Marcel Fässler (CH) — HWA-Mercedes CLK — 116
5. Joachim Winkelhock (D) — Holzer-Opel V8 Coupé — 113
6. Uwe Alzen (D) — Holzer-Opel V8 Coupé — 100

2001
1. Bernd Schneider (D) — HWA-Mercedes CLK — 161
2. Uwe Alzen (D) — HWA-Mercedes CLK — 101
3. Peter Dumbreck (GB) — HWA-Mercedes CLK — 88
4. Marcel Fässler (CH) — HWA-Mercedes CLK — 76
5. Laurent Aiello (F) — Abt-Audi TT-R — 75
6. Patrick Huisman (NL) — Manthey-Mercedes CLK — 63

2002
1. Laurent Aiello (F) — Abt-Audi TT-R — 70
2. Bernd Schneider (D) — HWA-Mercedes-Benz CLK — 64
3. Mattias Ekström (S) — Abt-Audi TT-R — 50
4. Marcel Fässler (CH) — HWA-Mercedes-Benz CLK — 30
5. Jean Alesi (F) — HWA-Mercedes-Benz CLK — 24
   Uwe Alzen (D) — HWA-Mercedes-Benz CLK — 24

2003
1. Bernd Schneider (D) — HWA-AMG-Mercedes CLK — 68
2. Christijan Albers (NL) — HWA-AMG-Mercedes CLK — 64
3. Marcel Fässler (CH) — HWA-AMG-Mercedes CLK — 57
4. Mattias Ekström (S) — Abt-Audi TT-R — 46
5. Jean Alesi (F) — HWA-AMG-Mercedes CLK — 42
6. Laurent Aiello (F) — Abt-Audi TT-R — 41

2004
1. Mattias Ekström (S) — Abt-Audi A4 DTM — 74
2. Gary Paffett (GB) — HWA-AMG-Mercedes C-Klasse — 57
3. Christijan Albers (NL) — HWA-AMG-Mercedes C-Klasse — 50
4. Tom Kristensen (DK) — Abt-Audi A4 DTM — 43
5. Martin Tomczyk (D) — Abt-Audi A4 DTM — 39
6. Bernd Schneider (D) — HWA-AMG-Mercedes C-Klasse — 36

2005
1. Gary Paffett (GB) — HWA-AMG-Mercedes C-Klasse — 84
2. Mattias Ekström (S) — Abt-Audi A4 DTM — 71
3. Tom Kristensen (DK) — Abt-Audi A4 DTM — 56
4. Bernd Schneider (D) — HWA-AMG-Mercedes C-Klasse — 32
5. Mika Häkkinen (FIN) — HWA-AMG-Mercedes C-Klasse — 30
6. Jamie Green (GB) — HWA-AMG-Mercedes C-Klasse — 29

2006
1. Bernd Schneider (D) — HWA-AMG-Mercedes C-Klasse — 71
2. Bruno Spengler (CDN) — HWA-AMG-Mercedes C-Klasse — 63
3. Tom Kristensen (DK) — Abt-Audi A4 DTM — 56
4. Martin Tomczyk (D) — Abt-Audi A4 DTM — 42
5. Jamie Green (GB) — HWA-AMG-Mercedes C-Klasse — 31
6. Mika Häkkinen (FIN) — HWA-AMG-Mercedes C-Klasse — 25

2007
1. Mattias Ekström (S) — Abt-Audi A4 DTM — 50
2. Bruno Spengler (CDN) — HWA-AMG-Mercedes C-Klasse — 47
3. Martin Tomczyk (D) — Abt-Audi A4 DTM — 40
4. Jamie Green (GB) — HWA-AMG-Mercedes C-Klasse — 34,5
5. Paul di Resta (GB) — Persson-AMG-Mercedes C-Klasse — 32
6. Bernd Schneider (D) — HWA-AMG-Mercedes C-Klasse — 31,5

2008
1. Timo Scheider (D) — Abt-Audi A4 DTM — 75
2. Paul di Resta (GB) — HWA-AMG-Mercedes C-Klasse — 71
3. Mattias Ekström (S) — Abt-Audi A4 DTM — 56
4. Jamie Green (GB) — HWA-AMG-Mercedes C-Klasse — 52
5. Bruno Spengler (CDN) — HWA-AMG-Mercedes C-Klasse — 38
6. Bernd Schneider (D) — HWA-AMG-Mercedes C-Klasse — 34

2009
1. Timo Scheider (D) — Abt-Audi A4 DTM — 64
2. Gary Paffett (GB) — HWA-AMG-Mercedes C-Klasse — 59
3. Paul di Resta (GB) — HWA-AMG-Mercedes C-Klasse — 45
4. Bruno Spengler (CDN) — HWA-AMG-Mercedes C-Klasse — 41
5. Mattias Ekström (S) — Abt-Audi A4 DTM — 41
6. Martin Tomczyk (D) — Abt-Audi A4 DTM — 35

FIA-Tourenwagen-Weltmeisterschaft

1. Lauf, Brasilien
1. Rennen, Curitiba (BR), 8. März, 16 Rd. à 3,695 km = 59,120 km
1. Yvan Muller (F) — SEAT León TDI — 26.45,799 Min.
2. Jordi Gené (E) — SEAT León TDI — + 2,098 Sek.
3. Rickard Rydell (S) — SEAT León TDI — + 2,880 Sek.
4. Gabriele Tarquini (I) — SEAT León TDI — + 3,501 Sek.
5. Augusto Farfus jr. (BR) — BMW 320si — + 7,766 Sek.
6. Sergio Hernández (E) — BMW 320si — + 8,152 Sek.
7. Andy Priaulx (GB) — BMW 320si — + 12,128 Sek.
8. Félix Porteiro (E) — BMW 320si — + 13,441 Sek.
9. Tom Coronel (NL) — SEAT León — + 15,971 Sek.
10. Alessandro Zanardi (I) — BMW 320si — + 16,105 Sek.

2. Rennen, Curitiba (BR), 8. März, 16 Rd. à 3,695 km = 59,120 km
1. Gabriele Tarquini (I) — SEAT León TDI — 27.44,649 Min.
2. Rickard Rydell (S) — SEAT León TDI — + 0,810 Sek.
3. Jordi Gené (E) — SEAT León TDI — + 5,869 Sek.
4. Yvan Muller (F) — SEAT León TDI — + 7,157 Sek.
5. Jörg Müller (D) — BMW 320si — + 9,916 Sek.
6. Augusto Farfus jr. (BR) — BMW 320si — + 11,759 Sek.
7. Félix Porteiro (E) — BMW 320si — + 13,721 Sek.
8. Tom Coronel (NL) — SEAT León — + 14,216 Sek.
9. Andy Priaulx (GB) — BMW 320si — + 17,682 Sek.
10. Sergio Hernández (E) — BMW 320si — + 18,144 Sek.

2. Lauf, Mexiko
1. Rennen, Puebla (MEX), 22. März, 16 Rd. à 3,365 km = 53,840 km
1. Rickard Rydell (S) — SEAT León TDI — 26.40,728 Min.
2. Augusto Farfus jr. (BR) — BMW 320si — + 1,508 Sek.
3. Andy Priaulx (GB) — BMW 320si — + 1,986 Sek.
4. Yvan Muller (F) — SEAT León TDI — + 4,620 Sek.
5. Jörg Müller (D) — BMW 320si — + 5,717 Sek.
6. Gabriele Tarquini (I) — SEAT León TDI — + 9,473 Sek.
7. Jordi Gené (E) — SEAT León TDI — + 19,399 Sek.
8. Nicola Larini (I) — Chevrolet Cruze — + 22,794 Sek.
9. Sergio Hernández (E) — BMW 320si — + 24,725 Sek.
10. Félix Porteiro (E) — BMW 320si — + 25,990 Sek.

2. Rennen, Puebla (MEX), 22. März, 16 Rd. à 3,365 km = 53,840 km
1. Yvan Muller (F) — SEAT León TDI — 26.41,014 Min.
2. Andy Priaulx (GB) — BMW 320si — + 0,459 Sek.
3. Rickard Rydell (S) — SEAT León TDI — + 1,240 Sek.
4. Augusto Farfus jr. (BR) — BMW 320si — + 1,973 Sek.
5. Sergio Hernández (E) — BMW 320si — + 5,819 Sek.
6. Alessandro Zanardi (I) — BMW 320si — + 6,281 Sek.
7. Jordi Gené (E) — SEAT León TDI — + 11,755 Sek.
8. Gabriele Tarquini (I) — SEAT León TDI — + 12,189 Sek.
9. Félix Porteiro (E) — BMW 320si — + 15,513 Sek.
10. Nicola Larini (I) — Chevrolet Cruze — + 16,593 Sek.

3. Lauf, Marokko
1. Rennen, Marrakesch (MA), 3. Mai, 12 Rd. à 4,540 km = 54,480 km
1. Robert Huff (GB) — Chevrolet Cruze — 24.04,240 Min.
2. Gabriele Tarquini (I) — SEAT León TDI — + 1,729 Sek.
3. Jordi Gené (E) — SEAT León TDI — + 5,583 Sek.
4. Yvan Muller (F) — SEAT León TDI — + 7,044 Sek.
5. Tiago Monteiro (P) — SEAT León TDI — + 7,410 Sek.
6. Nicola Larini (I) — Chevrolet Cruze — + 8,577 Sek.
7. Alain Menu (CH) — Chevrolet Cruze — + 9,043 Sek.
8. Jörg Müller (D) — BMW 320si — + 9,839 Sek.
9. Mehdi Bennani (MA) — SEAT León — + 10,398 Sek.
10. Andy Priaulx (GB) — BMW 320si — + 11,011 Sek.

2. Rennen, Marrakesch (MA), 3. Mai, 12 Rd. à 4,540 km = 59,020 km
1. Nicola Larini (I) — Chevrolet Cruze — 27.29,960 Min.
2. Yvan Muller (F) — SEAT León TDI — + 1,399 Sek.
3. Robert Huff (GB) — Chevrolet Cruze — + 1,778 Sek.
4. Jörg Müller (D) — BMW 320si — + 2,728 Sek.
5. Gabriele Tarquini (I) — SEAT León TDI — + 3,068 Sek.
6. Augusto Farfus jr. (BR) — BMW 320si — + 3,991 Sek.
7. Franz Engstler (D) — BMW 320si — + 6,779 Sek.
8. Tom Coronel (NL) — SEAT León — + 11,084 Sek.
9. Mehdi Bennani (MA) — SEAT León — + 15,644 Sek.
10. Félix Porteiro (E) — BMW 320si — + 31,913 Sek.

4. Lauf, Frankreich
1. Rennen, Pau (F), 17. Mai, 19 Rd. à 2,760 km = 52,440 km
1. Robert Huff (GB) — Chevrolet Cruze — 27.10,540 Min.
2. Augusto Farfus jr. (BR) — BMW 320si — + 0,261 Sek.
3. Jörg Müller (D) — BMW 320si — + 0,892 Sek.
4. Andy Priaulx (GB) — BMW 320si — + 1,105 Sek.
5. Sergio Hernández (E) — BMW 320si — + 1,943 Sek.
6. Franz Engstler (D) — BMW 320si — + 9,544 Sek.
7. Alain Menu (CH) — Chevrolet Cruze — + 9,550 Sek.
8. Tom Coronel (NL) — SEAT León — + 11,050 Sek.
9. Tom Boardman (GB) — SEAT León — + 23,983 Sek.
10. Eric Cayrolle (F) — SEAT León — + 31,504 Sek.

2. Rennen, Pau (F), 17. Mai, 18 Rd. à 2,760 km = 49,680 km
1. Alain Menu (CH) — Chevrolet Cruze — 52.22,260 Min.
2. Augusto Farfus jr. (BR) — BMW 320si — + 0,351 Sek.
3. Robert Huff (GB) — Chevrolet Cruze — + 3,066 Sek.
4. Andy Priaulx (GB) — BMW 320si — + 3,325 Sek.
5. Alessandro Zanardi (I) — BMW 320si — + 16,153 Sek.
6. Gabriele Tarquini (I) — SEAT León TDI — + 17,728 Sek.
7. Yvan Muller (F) — SEAT León TDI — + 19,686 Sek.
8. Eric Cayrolle (F) — SEAT León — + 22,425 Sek.
9. Nicola Larini (I) — Chevrolet Cruze — + 22,581 Sek.
10. Kristian Poulsen (DK) — BMW 320si — + 23,297 Sek.

5. Lauf, Spanien
1. Rennen, Valencia (E), 31. Mai, 13 Rd. à 4,005 km = 52,065 km
1. Yvan Muller (F) — SEAT León TDI — 23.13,675 Min.
2. Tiago Monteiro (P) — SEAT León TDI — + 1,884 Sek.
3. Gabriele Tarquini (I) — SEAT León TDI — + 4,157 Sek.
4. Augusto Farfus jr. (BR) — BMW 320si — + 5,364 Sek.
5. Andy Priaulx (GB) — BMW 320si — + 5,855 Sek.
6. Jörg Müller (D) — BMW 320si — + 5,943 Sek.
7. Tom Coronel (NL) — SEAT León — + 8,096 Sek.
8. Sergio Hernández (E) — BMW 320si — + 12,106 Sek.
9. Stefano D'Aste (I) — BMW 320si — + 13,301 Sek.
10. Félix Porteiro (E) — BMW 320si — + 15,846 Sek.

2. Rennen, Valencia (E), 31. Mai, 13 Rd. à 4,005 km = 52,065 km
1. Augusto Farfus jr. (BR) — BMW 320si — 23.16,075 Min.
2. Jörg Müller (D) — BMW 320si — + 0,540 Sek.
3. Gabriele Tarquini (I) — SEAT León TDI — + 5,426 Sek.
4. Andy Priaulx (GB) — BMW 320si — + 5,884 Sek.
5. Alessandro Zanardi (I) — BMW 320si — + 6,676 Sek.
6. Sergio Hernández (E) — BMW 320si — + 7,178 Sek.
7. Yvan Muller (F) — SEAT León TDI — + 11,169 Sek.
8. Tiago Monteiro (P) — SEAT León TDI — + 11,569 Sek.
9. Stefano D'Aste (I) — BMW 320si — + 13,052 Sek.
10. Tom Coronel (NL) — SEAT León — + 16,936 Sek.

6. Lauf, Tschechische Republik
1. Rennen, Brünn (CZ), 21. Juni, 12 Rd. à 5,403 km = 64,836 km
1. Alessandro Zanardi (I) — BMW 320si — 29.26,496 Min.
2. Jörg Müller (D) — BMW 320si — + 1,848 Sek.
3. Gabriele Tarquini (I) — SEAT León TDI — + 4,831 Sek.
4. Rickard Rydell (S) — SEAT León TDI — + 5,105 Sek.
5. Sergio Hernández (E) — BMW 320si — + 5,303 Sek.
6. Tiago Monteiro (P) — SEAT León TDI — + 7,250 Sek.
7. Félix Porteiro (E) — BMW 320si — + 7,847 Sek.
8. Yvan Muller (F) — SEAT León TDI — + 9,915 Sek.
9. Tom Coronel (NL) — SEAT León — + 10,814 Sek.
10. Vito Postiglione (I) — BMW 320si — + 11,022 Sek.

2. Rennen, Brünn (CZ), 21. Juni, 10 Rd. à 5,403 km = 54,030 km
1. Sergio Hernández (E) — BMW 320si — 22.13,734 Min.
2. Yvan Muller (F) — SEAT León TDI — + 2,316 Sek.
3. Tiago Monteiro (P) — SEAT León TDI — + 4,114 Sek.
4. Félix Porteiro (E) — BMW 320si — + 4,280 Sek.
5. Gabriele Tarquini (I) — SEAT León TDI — + 7,232 Sek.
6. Rickard Rydell (S) — BMW 320si — + 7,857 Sek.
7. Jörg Müller (D) — BMW 320si — + 8,092 Sek.
8. Andy Priaulx (GB) — BMW 320si — + 8,852 Sek.
9. Tom Coronel (NL) — SEAT León — + 10,369 Sek.
10. Vito Postiglione (I) — BMW 320si — + 10,551 Sek.

7. Lauf, Portugal
1. Rennen, Porto (P), 5. Juli, 12 Rd. à 4,720 km = 56,640 km
1. Gabriele Tarquini (I) — SEAT León TDI — 1:04.11,274 Std.
2. Robert Huff (GB) — Chevrolet Cruze — + 2,934 Sek.
3. Yvan Muller (F) — SEAT León TDI — + 7,848 Sek.
4. Tiago Monteiro (P) — SEAT León TDI — + 8,472 Sek.
5. Nicola Larini (I) — Chevrolet Cruze — + 15,790 Sek.
6. Jordi Gené (E) — SEAT León TDI — + 16,192 Sek.
7. Rickard Rydell (S) — SEAT León TDI — + 16,640 Sek.
8. Augusto Farfus jr. (BR) — BMW 320si — + 16,975 Sek.
9. Andy Priaulx (GB) — BMW 320si — + 17,791 Sek.
10. Stefano D'Aste (I) — BMW 320si — + 18,216 Sek.

2. Rennen, Porto (P), 5. Juli, 13 Rd. à 4,720 km = 61,360 km
1. Augusto Farfus jr. (BR) — BMW 320si — 47.48,304 Min.
2. Yvan Muller (F) — SEAT León TDI — + 2,295 Sek.
3. Rickard Rydell (S) — SEAT León TDI — + 2,810 Sek.
4. Jordi Gené (E) — SEAT León TDI — + 3,385 Sek.
5. Tiago Monteiro (P) — SEAT León TDI — + 3,970 Sek.
6. Robert Huff (GB) — Chevrolet Cruze — + 4,219 Sek.
7. Andy Priaulx (GB) — BMW 320si — + 4,583 Sek.
8. Jörg Müller (D) — BMW 320si — + 5,064 Sek.
9. Stefano D'Aste (I) — BMW 320si — + 6,428 Sek.
10. Alessandro Zanardi (I) — BMW 320si — + 7,584 Sek.

8. Lauf, Großbritannien
1. Rennen, Brands Hatch (GB), 19. Juli, 16 Rd. à 3,703 km = 59,248 km
1. Alain Menu (CH) — Chevrolet Cruze — 28.25,945 Min.
2. Robert Huff (GB) — Chevrolet Cruze — + 1,051 Sek.
3. Andy Priaulx (GB) — BMW 320si — + 1,240 Sek.
4. Gabriele Tarquini (I) — SEAT León TDI — + 2,024 Sek.
5. Rickard Rydell (S) — SEAT León TDI — + 2,420 Sek.
6. Jörg Müller (D) — BMW 320si — + 5,815 Sek.
7. Tiago Monteiro (P) — SEAT León TDI — + 6,300 Sek.
8. Augusto Farfus jr. (BR) — BMW 320si — + 8,307 Sek.
9. Stefano D'Aste (I) — BMW 320si — + 9,225 Sek.
10. Tom Coronel (NL) — SEAT León — + 10,884 Sek.

2. Rennen, Brands Hatch (GB), 19. Juli, 16 Rd. à 3,703 km = 59,248 km
1. Augusto Farfus jr. (BR) — BMW 320si — 28.09,979 Min.
2. Jörg Müller (D) — BMW 320si — + 2,061 Sek.
3. Gabriele Tarquini (I) — SEAT León TDI — + 7,030 Sek.
4. Rickard Rydell (S) — SEAT León TDI — + 7,398 Sek.
5. Andy Priaulx (GB) — BMW 320si — + 7,749 Sek.
6. Robert Huff (GB) — Chevrolet Cruze — + 8,427 Sek.
7. Yvan Muller (F) — SEAT León TDI — + 16,651 Sek.
8. Tiago Monteiro (P) — SEAT León TDI — + 17,444 Sek.
9. Sergio Hernández (E) — BMW 320si — + 18,191 Sek.
10. Tom Boardman (GB) — SEAT León — + 19,523 Sek.

9. Lauf, Deutschland
1. Rennen, Oschersleben (D), 6. September, 14 Rd. à 3,696 km = 51,744 km

1.	Andy Priaulx (GB)	BMW 320si	22.52,547 Min.
2.	Gabriele Tarquini (I)	SEAT León TDI	+ 3,939 Sek.
3.	Rickard Rydell (S)	SEAT León TDI	+ 6,350 Sek.
4.	Tom Coronel (NL)	SEAT León	+ 15,398 Sek.
5.	Augusto Farfus jr. (BR)	BMW 320si	+ 22,553 Sek.
6.	Stefano D'Aste (I)	BMW 320si	+ 22,749 Sek.
7.	Franz Engstler (D)	BMW 320si	+ 23,044 Sek.
8.	Sergio Hernández (E)	BMW 320si	+ 23,392 Sek.
9.	Tom Boardman (GB)	SEAT León	+ 31,979 Sek.
10.	Jaap van Lagen (NL)	Lada 110	+ 32,059 Sek.

2. Rennen, Oschersleben (D), 6. September, 14 Rd. à 3,696 km = 51,744 km

1.	Augusto Farfus jr. (BR)	BMW 320si	22.58,530 Min.
2.	Andy Priaulx (GB)	BMW 320si	+ 0,644 Sek.
3.	Gabriele Tarquini (I)	SEAT León TDI	+ 5,177 Sek.
4.	Jörg Müller (D)	BMW 320si	+ 7,976 Sek.
5.	Sergio Hernández (E)	BMW 320si	+ 8,661 Sek.
6.	Nicola Larini (I)	Chevrolet Cruze	+ 13,596 Sek.
7.	Yvan Muller (F)	SEAT León TDI	+ 18,835 Sek.
8.	Tom Coronel (NL)	SEAT León	+ 19,170 Sek.
9.	Robert Huff (GB)	Chevrolet Cruze	+ 25,377 Sek.
10.	Alain Menu (CH)	Chevrolet Cruze	+ 26,383 Sek.

10. Lauf, Italien
1. Rennen, Imola (I), 20. September, 13 Rd. à 4,909 km = 63,817 km

1.	Gabriele Tarquini (I)	SEAT León TDI	29.31,701 Min.
2.	Yvan Muller (F)	SEAT León TDI	+ 0,409 Sek.
3.	Robert Huff (GB)	Chevrolet Cruze	+ 0,842 Sek.
4.	Alessandro Zanardi (I)	BMW 320si	+ 1,457 Sek.
5.	Tom Coronel (NL)	SEAT León	+ 3,501 Sek.
6.	James Thompson (GB)	Lada Priora	+ 5,620 Sek.
7.	Sergio Hernández (E)	BMW 320si	+ 6,002 Sek.
8.	Alain Menu (CH)	Chevrolet Cruze	+ 6,390 Sek.
9.	Félix Porteiro (E)	BMW 320si	+ 10,004 Sek.
10.	Tom Boardman (GB)	SEAT León	+ 10,346 Sek.

2. Rennen, Imola (I), 20. September, 11 Rd. à 4,909 km = 53,999 km

1.	Yvan Muller (F)	SEAT León TDI	21.51,680 Min.
2.	Gabriele Tarquini (I)	SEAT León TDI	+ 0,312 Sek.
3.	Alain Menu (CH)	Chevrolet Cruze	+ 4,008 Sek.
4.	Alessandro Zanardi (I)	BMW 320si	+ 4,467 Sek.
5.	Jordi Gené (E)	SEAT León TDI	+ 5,632 Sek.
6.	James Thompson (GB)	Lada Priora	+ 7,190 Sek.
7.	Rickard Rydell (S)	SEAT León TDI	+ 7,612 Sek.
8.	Augusto Farfus jr. (BR)	BMW 320si	+ 8,327 Sek.
9.	Andy Priaulx (GB)	BMW 320si	+ 8,827 Sek.
10.	Stefano D'Aste (I)	BMW 320si	+ 9,499 Sek.

11. Lauf, Japan
1. Rennen, Okayama (J), 1. November, 16 Rd. à 3,703 km = 59,248 km

1.	Andy Priaulx (GB)	BMW 320si	32.18,887 Min.
2.	Jörg Müller (D)	BMW 320si	+ 0,484 Sek.
3.	Robert Huff (GB)	Chevrolet Cruze	+ 2,552 Sek.
4.	Yvan Muller (F)	SEAT León TDI	+ 12,066 Sek.
5.	Gabriele Tarquini (I)	SEAT León TDI	+ 15,757 Sek.
6.	Jordi Gené (E)	SEAT León TDI	+ 17,131 Sek.
7.	Tiago Monteiro (P)	SEAT León TDI	+ 18,693 Sek.
8.	Augusto Farfus jr. (BR)	BMW 320si	+ 25,403 Sek.
9.	Alain Menu (CH)	Chevrolet Cruze	+ 28,163 Sek.
10.	Tom Coronel (NL)	SEAT León	+ 30,133 Sek.

2. Rennen, Okayama (J), 1. November, 14 Rd. à 3,703 km = 51,842 km

1.	Augusto Farfus jr. (BR)	BMW 320si	26.55,015 Min.
2.	Andy Priaulx (GB)	BMW 320si	+ 0,761 Sek.
3.	Yvan Muller (F)	SEAT León TDI	+ 3,298 Sek.
4.	Alain Menu (CH)	Chevrolet Cruze	+ 5,878 Sek.
5.	Nicola Larini (I)	Chevrolet Cruze	+ 13,725 Sek.
6.	Robert Huff (GB)	Chevrolet Cruze	+ 17,538 Sek.
7.	Gabriele Tarquini (I)	SEAT León TDI	+ 24,104 Sek.
8.	Rickard Rydell (S)	SEAT León TDI	+ 26,121 Sek.
9.	Jordi Gené (E)	SEAT León TDI	+ 27,272 Sek.
10.	Stefano D'Aste (I)	BMW 320si	+ 35,619 Sek.

12. Lauf, China
1. Rennen, Macau (RC), 22. November, 9 Rd. à 6,120 km = 55,080 km

1.	Robert Huff (GB)	Chevrolet Cruze	23.02,627 Min.
2.	Gabriele Tarquini (I)	SEAT León TDI	+ 7,952 Sek.
3.	Jordi Gené (E)	SEAT León TDI	+ 8,996 Sek.
4.	Alain Menu (CH)	Chevrolet Cruze	+ 10,328 Sek.
5.	Yvan Muller (F)	SEAT León TDI	+ 13,534 Sek.
6.	Tiago Monteiro (P)	SEAT León TDI	+ 15,517 Sek.
7.	Jörg Müller (D)	BMW 320si	+ 15,782 Sek.
8.	Augusto Farfus jr. (BR)	BMW 320si	+ 15,967 Sek.
9.	Alessandro Zanardi (I)	BMW 320si	+ 16,301 Sek.
10.	Sergio Hernández (E)	BMW 320si	+ 16,527 Sek.

2. Rennen, Macau (RC), 22. November, 7 Rd. à 6,120 km = 42,840 km

1.	Augusto Farfus jr. (BR)	BMW 320si	22.20,166 Min.
2.	Jörg Müller (D)	BMW 320si	+ 0,801 Sek.
3.	Yvan Muller (F)	SEAT León TDI	+ 1,201 Sek.
4.	Tiago Monteiro (P)	SEAT León TDI	+ 1,980 Sek.
5.	Gabriele Tarquini (I)	SEAT León TDI	+ 3,815 Sek.
6.	Jordi Gené (E)	SEAT León TDI	+ 5,018 Sek.
7.	Nicola Larini (I)	Chevrolet Cruze	+ 5,359 Sek.
8.	Robert Huff (GB)	Chevrolet Cruze	+ 5,895 Sek.
9.	Alessandro Zanardi (I)	BMW 320si	+ 6,167 Sek.
10.	Rickard Rydell (S)	SEAT León TDI	+ 6,712 Sek.

Endstand Fahrerwertung FIA Tourenwagen-Weltmeisterschaft

	Punkte	Curitiba (BR) Rennen 1	Rennen 2	Puebla (MEX) Rennen 1	Rennen 2	Marrakesch (MA) Rennen 1	Rennen 2	Pau (F) Rennen 1	Rennen 2	Valencia (E) Rennen 1	Rennen 2	Brünn (CZ) Rennen 1	Rennen 2	Porto (P) Rennen 1	Rennen 2	Brands Hatch (GB) Rennen 1	Rennen 2	Oschersleben (D) Rennen 1	Rennen 2	Imola (I) Rennen 1	Rennen 2	Okayama (J) Rennen 1	Rennen 2	Macau (RC) Rennen 1	Rennen 2
1. Gabriele Tarquini (I)	127	5	10	3	1	8	4	0	3	6	6	6	4	10	-	5	6	8	6	10	8	4	2	8	4
2. Yvan Muller (F)	123	10	5	5	10	5	8	0	2	10	2	1	8	6	8	-	2	-	2	8	10	5	6	4	6
3. Augusto Farfus jr. (BR)	113	4	3	8	5	0	3	8	8	5	10	-	-	-	1	10	1	10	4	10	-	1	10	1	10
4. Andy Priaulx (GB)	84	2	0	6	8	0	0	5	5	4	5	-	1	0	2	6	4	10	8	0	0	10	8	-	0
5. Robert Huff (GB)	80	-	0	-	0	10	6	10	6	0	0	-	0	8	3	8	3	-	0	6	0	6	3	10	1
6. Jörg Müller (D)	76	-	4	4	0	1	5	6	0	3	8	8	2	0	1	3	8	-	5	-	0	0	2	8	2
7. Rickard Rydell (S)	64	6	8	10	6	-	0	0	-	0	0	5	3	2	6	4	5	6	0	-	2	0	1	0	0
8. Jordi Gené (E)	48	8	6	2	2	6	-	0	0	-	0	3	5	0	-	-	-	-	-	4	3	0	6	3	-
9. Tiago Monteiro (P)	44	0	0	-	0	4	0	0	0	8	1	3	6	5	4	2	1	0	0	-	0	2	-	3	5
10. Alain Menu (CH)	41	-	0	0	0	2	0	2	10	0	0	-	0	-	0	10	0	0	0	1	6	0	5	5	0
11. Sergio Hernández (E)	36	3	0	0	4	0	0	4	-	1	3	4	10	-	0	0	0	1	4	2	0	-	0	0	0
12. Alessandro Zanardi (I)	31	0	0	0	3	-	0	-	4	0	4	10	-	0	0	0	0	0	-	5	5	0	0	0	0
13. Nicola Larini (I)	27	0	0	1	0	3	10	0	0	0	0	0	0	4	0	0	0	0	3	-	0	0	4	0	2
14. Tom Coronel (NL)	15	0	1	0	0	0	1	1	0	2	0	0	0	0	0	0	0	5	1	4	0	0	0	0	-
15. Félix Porteiro (E)	10	1	2	0	0	0	0	0	0	0	0	2	5	0	0	0	0	0	0	0	0	0	0	0	0
16. Franz Engstler (D)	7	0	0	0	0	0	2	3	-	0	0	0	0	0	0	-	0	2	-	0	0	-	0	0	0
17. James Thompson (GB)	6																	0	0	3	3	0	-		
18. Stefano D'Aste (I)	3	-	0	0	0	0	0	-	0	0	0	0	0	0	0	0	0	3	0	0	1	0	0	0	0
19. Eric Cayrolle (F)	1									0	1														

Legende 0 = im Ziel, aber außerhalb der Punktewertung; - = nicht gewertet; keine Angabe = nicht teilgenommen.

Endstände international

NASCAR Nextel-Cup
1. Jimmie Johnson (USA)	Chevrolet	6.652
2. Mark Martin (USA)	Chevrolet	6.511
3. Jeff Gordon (USA)	Chevrolet	6.473
4. Kurt Busch (USA)	Dodge	6.446
5. Denny Hamlin (USA)	Toyota	6.335
6. Tony Stewart (USA)	Chevrolet	6.309
7. Greg Biffle (USA)	Ford	6.292
8. Juan Montoya (CO)	Chevrolet	6.252
9. Ryan Newman (USA)	Chevrolet	6.175
10. Kasey Kahne (USA)	Dodge	6.128
11. Carl Edwards (USA)	Ford	6.118
12. Brian Vickers (USA)	Toyota	5.929

Britische Tourenwagen-Meisterschaft (BTCC)
1. Colin Turkington (GB)	BMW 320si	275
2. Jason Plato (GB)	Chevrolet Lacetti	270
3. Fabrizio Giovanardi (I)	Vauxhall Vectra	266
4. Matt Neal (GB)	Vauxhall Vectra	170
5. Mat Jackson (GB)	Chevrolet Lacetti	165
6. Robert Collard (GB)	BMW 320si	145
7. Stephen Jelley (GB)	BMW 320si	137
8. Jonathan Adam (GB)	BMW 320si	116
9. James Thompson (GB)	Honda Civic	114
10. Andrew Jordan (GB)	Vauxhall Vectra	114

Dänische Tourenwagen-Meisterschaft (DTC)
1. Michel Nykjær (DK)	Chevrolet Lacetti/Nubira	254
2. Jan Magnussen (DK)	BMW 320si	250
3. James Thompson (GB)	Honda Accord Euro R	239
4. Henrik Lundgaard (DK)	Chevrolet Lacetti/Nubira	237
5. Per Poulsen (DK)	Honda Accord Euro R	214
6. Jason Watt (DK)	SEAT León	190
7. Jens Reno Møller (DK)	SEAT León	181
8. Martin Jensen (DK)	BMW 320si	162
9. Kasper Jensen (DK)	BMW 320si	124
10. Michael Carlsen (DK)	Peugeot 407	123

Schwedische Tourenwagen-Meisterschaft (STCC)
1. Tommy Rustad (N)	Volvo C30	94
2. Thed Björk (S)	BMW 320si	94
3. Robin Rudholm (S)	BMW 320si	80
4. Richard Göransson (S)	BMW 320si	75
5. Mattias Andersson (S)	Alfa Romeo 156	56
6. Jan Nilsson (S)	BMW 320si	54
7. Robert Dahlgren (S)	Volvo C30	52
8. Tomas Engström (S)	Honda Accord Euro R	50
9. Johan Stureson (S)	Peugeot 308	48
10. Roger Eriksson (S)	SEAT León	39

Europäischer Tourenwagen-Cup (ETCC)
1. James Thompson (GB)	Honda Accord Euro R	16
2. Franz Engstler (D)	BMW 320si	16
3. Norbert Michelisz (H)	SEAT León TDI	14
4. Francisco Carvalho (P)	SEAT León	7
5. Harry Vaulkhard (GB)	Chevrolet Lacetti	7
6. Tomas Engström (S)	Honda Accord Euro R	6
7. Michel Nykjær (DK)	Chevrolet Lacetti	5
8. José Monroy (P)	Chevrolet Lacetti	3
9. Duarte Félix da Costa (P)	Chevrolet Lacetti	3
10. Per Poulsen (DK)	Honda Accord Euro R	1

37. ADAC Zurich 24h-Rennen

Nürburgring (D), 23./24. Mai, 155 Rd á 25,378 km = 3933,590 km

1. Bernhard/Lieb/Dumas/Tiemann Porsche 911 GT3 RSR	24:05.01,412 Std.
2. Abt/Hemroulle/Kaffer/Luhr Audi R8 LMS	- 1 Rd.
3. Collard/Henzler/Lietz/Werner Porsche 911 GT3 Cup S	- 3 Rd.
4. Alzen/Bert/Arnold/Mies Porsche 997 GT3 Cup	- 5 Rd.
5. Basseng/Fässler/Rockenfeller/Stippler Audi R8 LMS	- 6 Rd.
6. Schmitz/Abbelen/Dr. Althoff/Heyer Porsche 997	- 6 Rd.
7. Kräling/Gindorf/Scharmach/Holzer Porsche 911 GT3	- 6 Rd.
8. Bermes/Kainz/Schmickler/Bergmeister Porsche 997 Cup S	- 7 Rd.
9. A. Quinn/K. Quinn/Baird/Denyer Porsche 997 RSR	- 9 Rd.
10. Adams/Ludwig/Meier/Grossmann BMW Z4 M Coupé	- 10 Rd.

Langstreckenmeisterschaft Nürburgring

1. Lauf, 56. ADAC Westfalenfahrt
Nürburgring (D), 4. April, 27 Rd. à 24,369 km = 657,963 km
1. Tiemann/Bernhard — 4:01.01,014 Std.
   Porsche 911 GT3 RSR
2. Mamerow/Arnold — + 1.03,348 Min.
   Porsche 997 GT3 Cup
3. Stippler/Fischer/Seefried — + 1.36,606 Min.
   Porsche 997
4. Kainz/Schmickler — + 2.20,148 Min.
   Porsche GT3 Cup
5. Schmitz/Abbelen/Dr. Althoff — + 3.54,269 Min.
   Porsche 997 RSR

2. Lauf, 34. DMV 4-Stunden-Rennen
Nürburgring (D), 18. April, 23 Rd. à 24,369 km = 560,487 km
1. Mamerow/Arnold — 4:01.43,384 Std.
   Porsche 911 GT3 Cup
2. Basseng/Stippler/Abt — + 23,891 Sek.
   Audi R8
3. Tiemann/Dumas — + 38,926 Sek.
   Porsche 911 GT3 Cup
4. Kainz/Schmickler — + 4.32,039 Min.
   Porsche GT3 Cup
5. Hahne/Krumbach/Collard — + 4.59,402 Min.
   Porsche 911 GT3 Cup

3. Lauf, 51. ADAC ACAS H&R-Cup
Nürburgring (D), 2. Mai, 27 Rd. à 24,369 km = 657,963 km
1. Tiemann/Lieb — 4:00.04,371 Std.
   Porsche 911 GT3 Cup
2. Basseng/Fässler/Rockenfeller/Stippler — + 0,981 Sek.
   Audi R8
3. Abt/Hemroulle/Kaffer/Luhr — + 3,835 Sek.
   Audi R8 LMS
4. Strycek/Schall — + 2.36,439 Min.
   Opel Astra V8 Coupe
5. Hahne/Krumbach/Henzler — + 3.52,615 Min.
   Porsche 911 GT3 Cup

4. Lauf, 40. Adenauer ADAC Rundstrecken-Trophy
Nürburgring (D), 13. Juni, 23 Rd. à 24,369 km = 560,487 km
1. Tiemann/Klasen — 3:19.46,283 Std.
   Porsche 911 GT3 Cup
2. J. Alzen/Menzel/Schwager — + 2.48,844 Min.
   Porsche GT3
3. U. Alzen/Arnold — + 3.01,034 Min.
   Porsche Cup
4. Hahne/Krumbach — + 3.43,847 Min.
   Porsche 911 GT3 Cup
5. Rehfeld/Renger/Luostarinen — + 4.11,040 Min.
   Chevrolet Corvette

5. Lauf, 49. ADAC Reinoldus-Langstreckenrennen
Nürburgring (D), 27. Juni, 23 Rd. à 24,369 km = 560,487 km
1. Stuck/Basseng/Biela — 3:21.55,494 Std.
   Audi R8 LMS
2. Mamerow/Werner — + 41,331 Sek.
   Porsche 997 GT3 Cup
3. U. Alzen/Arnold — + 4.38,960 Min.
   Porsche 911 GT3 Cup
4. Tilke/Adorf — + 4.39,091 Min.
   Ford GT
5. J. Alzen/Menzel — + 4.47,336 Min.
   Porsche 997 GT3

6. Lauf, 6h ADAC Ruhr-Pokal-Rennen
Nürburgring (D), 18. Juli, 39 Rd. à 24,369 km = 950,391 km
1. Tiemann/Lieb/Klasen — 6:02.06,889 Std.
   Porsche 911 GT3 RSR
2. Stuck/Basseng/Biela/Stippler — + 5.05,894 Min.
   Audi R8 LMS
3. Kainz/Schmickler — - 1 Rd.
   Porsche GT3 Cup
4. Rast/Rosteck/Mies — - 1 Rd.
   Audi R8
5. Van Ommen/Digeilo/Seefried — - 1 Rd.
   Porsche 997 Cup

7. Lauf, 32. RCM DMV Grenzlandrennen
Nürburgring (D), 29. August, 28 Rd. à 24,369 km = 682,332 km
1. Tiemann/Lieb/Klasen — 4:05.39,575 Std.
   Porsche 911 GT3 RSR
2. Mamerow — + 2.00,180 Min.
   Porsche 997 GT3 Cup
3. Hahne/Krumbach/Lietz — + 2.42,367 Min.
   Porsche GT3 Cup
4. Kainz/Haase — + 4.25,235 Min.
   Porsche GT3 Cup
5. Weiland/Dzikevic — + 7.32,458 Min.
   Porsche 997 Cup

8. Lauf, 41. ADAC Barbarossapreis
Nürburgring (D), 3. Oktober, 28 Rd. à 24,369 km = 682,332 km
1. Mamerow/Werner — 4:04.38,202 Std.
   Porsche 997 GT3 Cup
2. Tiemann/Dumas/Klasen — + 55,585 Sek.
   Porsche 911 GT3 Cup
3. Stuck/Biela/Basseng — + 55,710 Sek.
   Audi R8 LMS
4. Müller/Farfus — + 1.27,690 Min.
   BMW M3 GT2S
5. Rosteck/Rast/Thiim — + 4.53,279 Min.
   Audi R8 LMS

9. Lauf, 33. DMV 250-Meilen-Rennen
Nürburgring (D), 17. Oktober, 27 Rd. à 24,369 km = 657,963 km
1. Mamerow/Werner — 4:07.14,854 Std.
   Porsche 997 GT3 Cup
2. Müller/Priaulx — + 48,230 Sek.
   BMW M3 GT2S
3. Alzen/Schwager/Menzel — + 2.40,031 Min.
   Porsche 997 GT3
4. Stuck/Biela/Stippler — + 2.40,069 Min.
   Audi R8 LMS
5. Schmitz/Abbelen — + 4.20,661 Min.
   Porsche 997 RSR

10. Lauf, 34. DMV Münsterlandpokal
Nürburgring (D), 31. Oktober, 28 Rd. à 24,369 km = 682,332 km
1. Mamerow/Werner — 4:03.08,786 Std.
   Porsche 997 GT3 Cup
2. Tiemann/Collard — + 1.12,596 Min.
   Porsche 911 GT3
3. Biela/Basseng/Stippler — + 2.38,745 Min.
   Audi R8 LMS
4. Stuck/Rosteck/Stuck — + 4.04,435 Min.
   Audi R8 LMS
5. Rehfeld/Renger/Merten — + 6.03,042 Min.
   Chevrolet Corvette

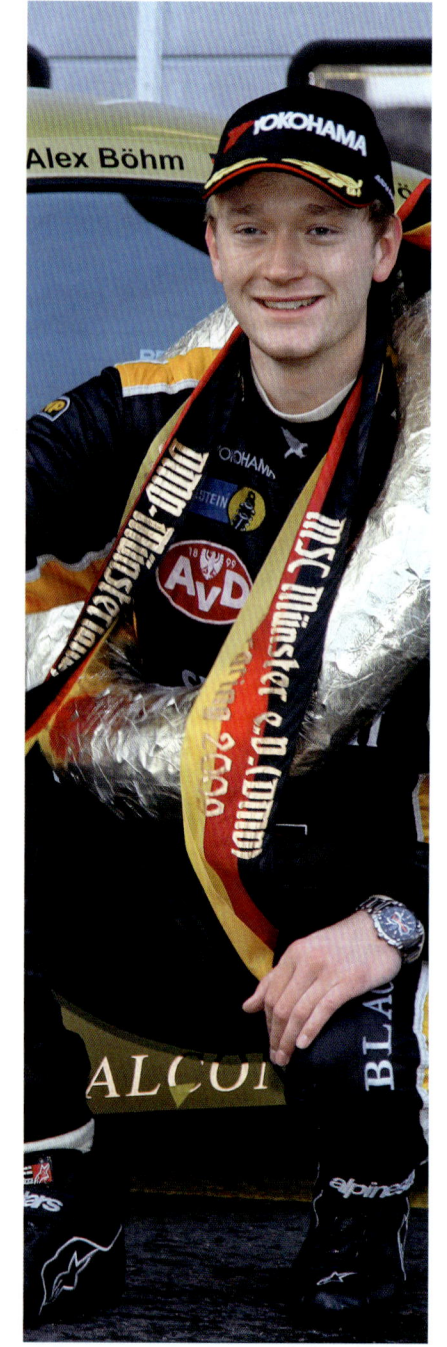

Endstand Fahrerwertung Langstreckenmeisterschaft Nürburgring (Top 20)

		Punkte	Teilnahmen	Wertungen	1. Lauf	2. Lauf	3. Lauf	4. Lauf	5. Lauf	6. Lauf	7. Lauf	8. Lauf	9. Lauf	10. Lauf
1.	Christer Jöns (D)	76,88	10	8	9,62	9,58	7,31[1]	9,62	9,64	9,58	9,58	9,62	9,64	9,17[1]
1.	Alexander Böhm (D)	76,88	10	8	9,62	9,58	7,31[1]	9,62	9,64	9,58	9,58	9,62	9,64	9,17[1]
1.	Sean Paul Breslin (IRL)	76,88	10	8	9,62	9,58	7,31[1]	9,62	9,64	9,58	9,58	9,62	9,64	9,17[1]
4.	Michael Flehmer (D)	75,75	10	8	9,44	8,5[1]	9,62	9,55	8,85	9,55	9,62	9,5	9,62	7,5[1]
4.	Rolf Derscheid (D)	75,75	10	8	9,44	8,5[1]	9,62	9,55	8,85	9,55	9,62	9,5	9,62	7,5[1]
6.	Marcel Tiemann (D)	75,4	10	8	9,5	9,44	9,38	9,44	0[1]	9,44	9,44	9,38	0[1]	9,38
7.	Elmar Deegener (D)	74,09	10	8	8,13	0[1]	8,5	9,5	0[1]	9,55	9,5	9,69	9,55	9,67
7.	Christoph Breuer (D)	74,09	10	8	8,13	0[1]	8,5	9,5	0[1]	9,55	9,5	9,69	9,55	9,67
9.	Wolf Silvester (D)	72,23	10	8	0[1]	9,17	9,06	9,58	9,38	8,21	8,75	8,64	0[1]	9,44
9.	Mario Merten (D)	72,23	10	8	0[1]	9,17	9,06	9,58	9,38	8,21	8,75	8,64	0[1]	9,44
11.	Marco Wolf (D)	72,12	10	8	6,82	8,93	8,85	9,06	9,71	9,77	9,77	0[1]	9,21	0[1]
11.	Jürgen Fritzsche (D)	72,12	10	8	6,82	8,93	8,85	9,06	9,71	9,77	9,77	0[1]	9,21	0[1]
11.	Heinz-Otto Fritzsche (D)	72,12	10	8	6,82	8,93	8,85	9,06	9,71	9,77	9,77	0[1]	9,21	0[1]
14.	Daniel Schwerfeld (D)	71,17	10	8	0[1]	7,86	9,44	9,17	8,75	9,44	9,38	9	8,13	4,33[1]
14.	Frank Bierther (D)	71,17	10	8	0[1]	7,86	9,44	9,17	8,75	9,44	9,38	9	8,13	4,33[1]
16.	Martin Tschornia (D)	70,15	10	8	8,85	8,61	8,44	8,75	6,88[1]	8,33	7,31[1]	9	9,17	9
17.	Ralf Martin (D)	70,09	10	8	9	9	0[1]	7	8,75	9	9,17	9	9,17	0[1]
17.	Carsten Erpenbach (D)	70,09	10	8	9	9	0[1]	7	8,75	9	9,17	9	9,17	0[1]
19.	Christian Leutheuser (D)	69,38	10	8	8,85	8,61	8,44	9	6,88[1]	6,07[1]	7,31	9	9,17	9
20.	Marc Basseng (D)	69,23	10	8	0[1]	8,13	9,64	9	9,17	9,77	9,62	7,86	9	8,64

[1]Streichresultat. **Legende** 0 = im Ziel, aber außerhalb der Punktewertung.

BMW DE Challenge

1. Lauf, Preis der Schlossstadt Brühl
Nürburgring (D), 25. April, 15 Rd. à 20,830 km = 312,450 km
1. Schalk/Alzen — 4.153 Strafpunkte
   Porsche 997
2. H.-R. Salzer — 4.404 Strafpunkte
   BMW M3 E36
3. S. Salzer/Schäfer — 4.460 Strafpunkte
   BMW M3 E36
4. Teichmann/Schneider — 4.504 Strafpunkte
   Porsche 911
5. Alhäuser/Weber — 4.515 Strafpunkte
   BMW M3 E46

2. Lauf, Preis der Erftquelle
Nürburgring (D), 10. Mai, 15 Rd. à 20,830 km = 312,450 km
1. Schalk/Alzen — 4.149 Strafpunkte
   Porsche 997
2. H.-R. Salzer — 4.360 Strafpunkte
   BMW M3 E36
3. Palme/Packeisen — 4.395 Strafpunkte
   BMW M3
4. Bohn — 4.395 Strafpunkte
   Opel Kadett C
5. D. Steinhaus/N. Steinhaus — 4.447 Strafpunkte
   BMW M3 E46

3. Lauf, Feste Nürburg
Nürburgring (D), 21. Mai, 13 Rd. à 20,830 km = 270,790 km
1. Schalk/Alzen — 4.448 Strafpunkte
   Porsche 997
2. Kunzi/Göttling — 4.469 Strafpunkte
   Mitsubishi Lancer
3. H.-R. Salzer — 4.516 Strafpunkte
   BMW M3 E36
4. Brinker — 4.568 Strafpunkte
   Renault Clio
5. Tschirley — 4.575 Strafpunkte
   BMW M3

4. Lauf, Nordeifelpokal
Nürburgring (D), 20. Juni, 15 Rd. à 20,830 km = 312,450 km
1. Schalk/Alzen — 5.288 Strafpunkte
   Porsche 997
2. Unger/Zils — 5.293 Strafpunkte
   BMW Z4
3. Henrich/Schulten — 5.313 Strafpunkte
   Opel Astra
4. H.-R. Salzer — 5.331 Strafpunkte
   BMW M3 E36
5. Dr. Herbst — 5.386 Strafpunkte
   Porsche 997

5. Lauf, Hatzenbach
Nürburgring (D), 19. Juli, 15 Rd. à 20,830 km = 312,450 km
1. Schalk/Alzen — 4.312 Strafpunkte
   Porsche 997
2. H.-R. Salzer — 4.675 Strafpunkte
   BMW M3 E36
3. Unger/Zils — 4.701 Strafpunkte
   BMW M3
4. Gies — 4.773 Strafpunkte
   Honda Civic
5. D. Steinhaus/N. Steinhaus — 4.777 Strafpunkte
   BMW M3 E46

6. Lauf, Rhein-Ruhr
Nürburgring (D), 5. September, 15 Rd. à 20,830 km = 312,450 km
1. Schalk/Alzen — 4.160 Strafpunkte
   Porsche 997
2. Alhäuser/Weber — 4.250 Strafpunkte
   BMW M3 E46
3. H.-R. Salzer — 4.351 Strafpunkte
   BMW M3 E36
4. S. Salzer/Schäfer — 4.372 Strafpunkte
   BMW M3 E36
5. Holle — 4.384 Strafpunkte
   Honda S2000

7. Lauf, Bergischer Schmied
Nürburgring (D), 10. Oktober
Veranstaltung vorzeitig abgebrochen. Teilnehmer erhalten halbe Punkte.

8. Lauf, Um die Westfalen Trophy
Nürburgring (D), 25. Oktober, 12 Rd. à 25,941 km = 311,292 km
1. Funke/Breuberg — 4.108 Strafpunkte
   BMW GTR ES
2. Schalk/Alzen — 4.220 Strafpunkte
   Porsche 997
3. D. Steinhaus/N. Steinhaus — 4.367 Strafpunkte
   BMW M3 E46
4. Holle — 4.443 Strafpunkte
   Honda S2000
5. H.-R. Salzer — 4.449 Strafpunkte
   BMW M3 E36

Endstand Fahrerwertung BMW DE Challenge (Top 20)

	Punkte	Faktor	1. Lauf	2. Lauf	3. Lauf	4. Lauf	5. Lauf	6. Lauf	7. Lauf	8. Lauf
1. Ludger Henrich (D)	124,43	1,8	9,89	9,88	9,89	9,87	9,86	9,86	4,93[1]	9,88
1. Jürgen Schulten (D)	124,43	1,8	9,89	9,88	9,89	9,87	9,86	9,86	4,93[1]	9,88
2. Hans Rolf (D)	122,4	1,8	9,78	9,72	9,78	9,58	9,71	9,71	4,72[1]	9,72
3. Ulrich Kabel (D)	117,17	1,8	9,66	9,63	7,67	9,34	9,58	9,59	2,99[1]	9,63
3. Markus Schaufuss (D)	117,17	1,8	9,66	9,63	7,67	9,34	9,58	9,59	2,99[1]	9,63
4. Torsten Kratz (D)	109,61	1,8	0	9,44	9,44	9,55	9,38	9,44	4,65	9
4. Sabine Podzus (D)	109,61	1,8	0	9,44	9,44	9,55	9,38	9,44	4,65	9
5. Jürgen Alzen (D)	108,9	1,8	8,75	8,75	9	8,75	8,75	9	0	7,5
5. Gerald Schalk (D)	108,9	1,8	8,75	8,75	9	8,75	8,75	9	0	7,5
6. Christof Degener (D)	103,01	1,8	7,61	9,13	9,22	8,82	0	8,51	4,79	9,15
6. Lars Grobbink (D)	103,01	1,8	7,61	9,13	9,22	8,82	0	8,51	4,79	9,15
7. Stefan Schmelter (D)	100,1	1,8	8,44	6,07	9,12	8,33	7,63	7,86	4,56[1]	8,16
7. Andreas Telker (D)	100,1	1,8	8,44	6,07	9,12	8,33	7,63	7,86	4,56[1]	8,16
8. Gerhard Diel (D)	98,55	1,8	9,06	7,5	7,35	9,67	7,11	6,43	1,62[1]	7,63
9. Klaus Flint (D)	96,69	1,8	9,69	8,21	0	9	6,05	9,29	2,8	8,68
10. Konstantin Wolf (D)	96,11	1,8	8,52	7,38	5,22	8,29	6,53	9,05	4,52[1]	8,41
11. Michael Herter (D)	95,87	1,8	7,84	7,63	8,33	5,92	7,64	7,97	3,68[1]	7,93
12. Jens Scheefeldt (D)	91,44	1,8	5	7,22	9,44	0	9,17	9,17	4,69	6,11
13. Sascha Salzer (D)	90	1,8	9,17	5,42	5,83	5,83	7,5	8,75	2,50[1]	7,5
13. Tjark Schäfer (D)	90	1,8	9,17	5,42	5,83	5,83	7,5	8,75	2,50[1]	7,5

[1]Streichresultat. **Legende** 0 = im Ziel, aber außerhalb der Punktewertung.

STATISTIK International & National

ADAC Procar

1. Lauf, 42. ADAC Westfalen-Pokal-Rennen
1. Rennen, Oschersleben (D), 13. April, Streckenlänge 3,696 km
1. Div. 1: Roland Hertner (D), BMW 320si E90   12 Rd. in 20.07,234 Min.
2. Div. 1: Remo Friberg (CH), BMW 320i E46   + 3,693 Sek.
3. Div. 1: Charlie Geipel (D), Toyota Auris S2000 + 4,368 Sek.
1. Div. 2: Guido Thierfelder (D), Peugeot 207 Sport 12 Rd. in 21.46,196 Min.
1. Div. 3: Mathias Schläppi (CH), Renault Clio RS III 12 Rd. in 21.05,470 Min.

2. Rennen, Oschersleben (D), 13. April, Streckenlänge 3,696 km
1. Div. 1: Remo Friberg (CH), BMW 320i E46   12 Rd. in 20.16,165 Min.
2. Div. 1: Roland Hertner (D), BMW 320si E90   + 1,897 Sek.
3. Div. 1: Urmas Kitsing (EST), BMW 320si E90   + 25,549 Sek.
1. Div. 2: Dino Calcum (D), Ford Fiesta ST   12 Rd. in 21.59,568 Min.
1. Div. 3: Marc-Uwe v. Niesewand (D), Renault Clio RS III 12 Rd. in 21.19,872 Min.

2. Lauf, ADAC/RSG-Hansa-Pokal
1. Rennen, Assen (NL), 10. Mai, Streckenlänge 4,555 km
1. Div. 1: Charlie Geipel (D), Toyota Auris S2000 11 Rd. in 20.52,539 Min.
2. Div. 1: Remo Friberg (CH), BMW 320i E46   + 0,275 Sek.
3. Div. 1: Michael Ruh (CH), Chevrolet Lacetti   + 1,063 Sek.
1. Div. 2: Benedikt Boeckels (D), Ford Fiesta ST 11 Rd. in 22.33,093 Min.
1. Div. 3: Marc-Uwe v. Niesewand (D), Renault Clio RS III 11 Rd. in 21.58,597 Min.

2. Rennen, Assen (NL), 10. Mai, Streckenlänge 4,555 km
1. Div. 1: Charlie Geipel (D), Toyota Auris S2000 11 Rd. in 20.45,693 Min.
2. Div. 1: Remo Friberg (CH), BMW 320i E46   + 7,497 Sek.
3. Div. 1: Roland Hertner (D), BMW 320si E90   + 9,119 Sek.
1. Div. 2: Benedikt Boeckels (D), Ford Fiesta ST 11 Rd. in 22.26,523 Min.
1. Div. 3: Mathias Schläppi (CH), Renault Clio RS III 11 Rd. in 22.01,047 Min.

3. Lauf, 37. ADAC-Zurich 24h-Rennen
Rennen, Nürburgring (D), 22. Mai, Streckenlänge 25,378 km
1. Div. 1: Andrei Romanov (RUS), Chevrolet Lacetti 4 Rd. in 39.03,112 Min.
2. Div. 1: Remo Friberg (CH), BMW 320i E46   + 0,464 Sek.
3. Div. 1: Charlie Geipel (D), Toyota Auris S2000 + 1,093 Sek.
1. Div. 2: Thomas Mühlenz (D), Ford Fiesta ST GAS 4 Rd. in 41.53,711 Min.
1. Div. 3: Mathias Schläppi (CH), Renault Clio RS III 4 Rd. in 41.36,612 Min.

4. Lauf, ADAC Masters Weekend GP v. Weingarten
1. Rennen, Hockenheim (D), 7. Juni, Streckenlänge 4,574 km
1. Div. 1: Andrei Romanov (RUS), Chevrolet Lacetti 10 Rd. in 21.04,797 Min.
2. Div. 1: Charlie Geipel (D), Toyota Auris S2000 + 11,982 Sek.
3. Div. 1: Remo Friberg (CH), BMW 320i E46   + 15,553 Sek.
1. Div. 2: Benedikt Boeckels (D), Ford Fiesta ST 10 Rd. in 22.03,980 Min.
1. Div. 3: Mathias Schläppi (CH), Renault Clio RS III 10 Rd. in 21.38,223 Min.

2. Rennen, Hockenheim (D), 7. Juni, Streckenlänge 4,574 km
1. Div. 1: Charlie Geipel (D), Toyota Auris S2000 11 Rd. in 21.30,177 Min.
2. Div. 1: Andrei Romanov (RUS), Chevrolet Lacetti + 0,393 Sek.
3. Div. 1: Peter Rikli (CH), Honda Accord 2.0   + 5,976 Sek.
1. Div. 2: Guido Thierfelder (D), Peugeot 207 Sport 11 Rd. in 23.22,365 Min.
1. Div. 3: Mathias Schläppi (CH), Renault Clio RS III 11 Rd. in 22.53,383 Min.

5. Lauf, ADAC Masters Weekend Lausitz
1. Rennen, EuroSpeedway (D), 5. Juli, Streckenlänge 3,442 km
1. Div. 1: Peter Rikli (CH), Honda Accord 2.0   13 Rd. in 20.24,670 Min.
2. Div. 1: Remo Friberg (CH), BMW 320i E46   + 0,240 Sek.
3. Div. 1: Charlie Geipel (D), Toyota Auris S2000 + 1,799 Sek.
1. Div. 2: Guido Thierfelder (D), Peugeot 207 Sport 13 Rd. in 21.58,574 Min.
1. Div. 3: Mathias Schläppi (CH), Renault Clio RS III 13 Rd. in 21.24,782 Min.

2. Rennen, EuroSpeedway (D), 5. Juli, Streckenlänge 3,442 km
1. Div. 1: Peter Rikli (CH), Honda Accord 2.0   13 Rd. in 20.20,921 Min.
2. Div. 1: Remo Friberg (CH), BMW 320i E46   + 0,650 Sek.
3. Div. 1: Charlie Geipel (D), Toyota Auris S2000 + 7,444 Sek.
1. Div. 2: Guido Thierfelder (D), Peugeot 207 Sport 13 Rd. in 21.59,894 Min.
1. Div. 3: Mathias Schläppi (CH), Renault Clio RS III 13 Rd. in 21.20,335 Min.

6. Lauf, WTCC Race of Germany
1. Rennen, Oschersleben (D), 6. September, Streckenlänge 3,696 km
1. Div. 1: Vincent Radermecker (B), Chevrolet Lacetti 12 Rd. in 20.11,052 Min.
2. Div. 1: Charlie Geipel (D), Toyota Auris S2000 + 3,550 Sek.
3. Div. 1: Urmas Kitsing (EST), BMW 320si E90   + 11,961 Sek.
1. Div. 2: Guido Thierfelder (D), Peugeot 207 Sport 12 Rd. in 21.45,887 Min.
1. Div. 3: Mathias Schläppi (CH), Renault Clio RS III 12 Rd. in 21.12,827 Min.

2. Rennen, Oschersleben (D), 6. September, Streckenlänge 3,696 km
1. Div. 1: Roland Hertner (D), BMW 320si E90   12 Rd. in 20.31,356 Min.
2. Div. 1: Urmas Kitsing (EST), BMW 320si E90   + 1,449 Sek.
3. Div. 1: Peter Rikli (CH), Honda Accord 2.0   + 1,924 Sek.
1. Div. 2: Guido Thierfelder (D), Peugeot 207 Sport 12 Rd. in 21.47,662 Min.
1. Div. 3: Mathias Schläppi (CH), Renault Clio RS III 12 Rd. in 21.21,897 Min.

7. Lauf, Int. ADAC Automobilrennen Sachsenring
1. Rennen, Sachsenring (D), 20. September, Streckenlänge 3,645 km
1. Div. 1: Remo Friberg (CH), BMW 320i E46   12 Rd. in 21.16,196 Min.
2. Div. 1: Roland Hertner (D), BMW 320si E90   + 0,785 Sek.
3. Div. 1: Charlie Geipel (D), Toyota Auris S2000 + 4,105 Sek.
1. Div. 2: Thomas Mühlenz (D), Ford Fiesta ST GAS 12 Rd. in 22.11,255 Min.
1. Div. 3: Mathias Schläppi (CH), Renault Clio RS III 12 Rd. in 21.44,314 Min.

2. Rennen, Sachsenring (D), 20. September, Streckenlänge 3,645 km
1. Div. 1: Roland Hertner (D), BMW 320si E90   13 Rd. in 20.19,518 Min.
2. Div. 1: Charlie Geipel (D), Toyota Auris S2000 + 2,054 Sek.
3. Div. 1: Oleg Petrishin (RUS), BMW 320i E46   + 3,213 Sek.
1. Div. 2: Carsten Seifert (D), Ford Fiesta ST   13 Rd. in 21.34,935 Min.
1. Div. 3: Mathias Schläppi (CH), Renault Clio RS III 13 Rd. in 20.52,378 Min.

8. Lauf, ADAC-Börde-Preis Oschersleben
1. Rennen, Oschersleben (D), 18. Oktober, Streckenlänge 3,696 km
1. Div. 1: Charlie Geipel (D), Toyota Auris S2000 12 Rd. in 20.17,543 Min.
2. Div. 1: Remo Friberg (CH), BMW 320i E46   + 7,435 Sek.
3. Div. 1: Mathias Schläppi (CH), Toyota Corolla T-Sport + 8,944 Sek.
1. Div. 2: Benedikt Boeckels (D), Ford Fiesta ST 12 Rd. in 21.51,769 Min.
1. Div. 3: Andreas Kast (D), Renault Clio RS II 12 Rd. in 21.12,535 Min.

2. Rennen, Oschersleben (D), 18. Oktober, Streckenlänge 3,696 km
1. Div. 1: Andrei Romanov (RUS), Chevrolet Lacetti 12 Rd. in 20.21,546 Min.
2. Div. 1: Remo Friberg (CH), BMW 320i E46   + 4,169 Sek.
3. Div. 1: Peter Rikli (CH), Honda Accord 2.0   + 6,562 Sek.
1. Div. 2: Guido Thierfelder (D), Peugeot 207 Sport 12 Rd. in 21.41,575 Min.
1. Div. 3: Marc-Uwe v. Niesewand (D), Renault Clio RS III 12 Rd. in 21.15,620 Min.

Endstand Fahrerwertung ADAC Procar

	Punkte	Oschersleben (D) Rennen 1	Oschersleben (D) Rennen 2	Assen (NL) Rennen 1	Assen (NL) Rennen 2	Nür. (D) 24h-Rennen	Hockenheim (D) Rennen 1	Hockenheim (D) Rennen 2	EuroSpeedway Rennen 1	EuroSpeedway Rennen 2	Oschersleben (D) Rennen 1	Oschersleben (D) Rennen 2	Sachsenring (D) Rennen 1	Sachsenring (D) Rennen 2	Oschersleben (D) Rennen 1	Oschersleben (D) Rennen 2
Division 1																
1. Remo Friberg (CH)	104	8	10	8	8	5	6	2	8	8	4	4	10	4	8	8
2. Charlie Geipel (D)	102	6	5	10	10	6	8	10	6	6	8	3	6	8	10	-
3. Roland Hertner (D)	74	10	8	5	6	3	-	-	5	4	5	10	8	10		
4. Peter Rikli (CH)	64	-	4			5	5	6	10	10	3	6	4		5	6
5. Oleg Petrishin (RUS)	58	4	3	1	4	4	4		4	5	2	2	5	6	4	5
6. Andrei Romanov (RUS)	57			3	-	10	10	8	2	-			3	5	6	10
7. Urmas Kitsing (EST)	39	5	6	2	3		2	4	3		6	8				
8. Vincent Radermecker (B)	15										10	5				
9. Stephan Zbinden (CH)	12	3	2				3	3			1					
10. Michael Ruh (CH)	6			6	-											
11. Rainer Bastuck (D)	5			0	5											
12. Jens Guido Weimann (D)	4	-		4												
13. Roland Poulsen (DK)	1											1				
Division 2																
1. Guido Thierfelder (D)	111	10	2	6	2	5	3	10	10	10	10	10	6	6	5	10
2. Thomas Mühlenz (D)	93	6	8	8	8	10	2	2	8	4	8	0	10	5	8	8
3. Dino Calcum (D)	90	8	10	3	3	3	8	8	6	4	4	6	3	8	6	6
4. Benedikt Boeckels (D)	76	2	4	10	10	6	10	6	4	-	6	8		10	-	
5. Ralf Glatzel (D)	37	-	5	5	4	4	5	3	5	6			-			
6. Sebastian Voges (D)	35	4	6	2	2	1	1				2	5		4	3	
7. Johannes Leidinger (D)	30	5	1	4	5	2	0			5	3				-	5
8. Carsten Seifert (D)	23	-					-				5		8	10		-
9. Ralf Martin (D)	17					8	4	5								
10. Benjamin Leuchter (D)	10						6	4								
11. Sandra Sutter (CH)	9	3	3				0	1			2					
12. Jens Löhnig (D)	8												4	4		
13. Peter Ruwolt (D)	7														3	4
14. Max Schulte (D)	5								1	4						
15. Uwe Sahler (D)	3								0	3						
16. Erwin Lukas (D)	1								0	1						
Division 3																
1. Mathias Schläppi (CH)	124	10	6	8	10	10	10	10	10	10	10	10	10	10	10	10
2. Marc-Uwe von Niesewand (D)	96	8	10	10	8	8	8	-	6	4	4	4	6	2	8	10
3. Andreas Kast (D)	84	6	8	5	5	6	8	5	3	8	3	6	10	-		
4. Alf Ahrens (D)	75	5	5	6	6		3		8	8	6	8	8			6
5. Matthias Kaul (D)	50			-		4			8	8	6	5	2	3	6	8
6. Holger Goedicke (D)	45	4	4	4	-	4	5		2	5	3	3	1	5	5	
7. Uwe Reich (D)	25	3	3	3	4	2	1	6	0		1	0	1	0	1	
8. Markus Kern (D)	22	2	2				2	4		-	2		5	4		
9. Anders Fjorback (DK)	11								0	2					4	5
10. Christian Fischer (D)	10								1	2			4	-	0	3
11. Christoph Lötscher (CH)	5						0	5								
12. Alexander Prinz (D)	4								4							
13. Karsten Frensch (D)	3					3										

Legende 0 = im Ziel, aber außerhalb der Punktewertung; - = nicht gewertet; keine Angabe = nicht teilgenommen.

SEAT Leon Supercopa

1. Lauf, DTM Hockenheim
1. Rennen, Hockenheim (D), 16. Mai,
14 Rd. à 4,574 km = 64,036 km

1. Thomas Marschall (D) — 26.32,753 Min.
2. Philipp Leisen (D) — + 1,047 Sek.
3. Christer Jöns (D) — + 1,506 Sek.
4. Damian Sawicki (PL) — + 4,469 Sek.
5. Andreas Simonsen (S) — + 14,472 Sek.
6. Matthias Luger (D) — + 14,895 Sek.
7. Wolfgang Klein (D) — + 15,627 Sek.
8. Patryk Pachura (PL) — + 17,601 Sek.
9. Heiko Hammel (D) — + 18,127 Sek.
10. Alexander Rambow (D) — + 21,447 Sek.

2. Rennen, Hockenheim (D), 17. Mai,
14 Rd. à 4,574 km = 64,036 km

1. Thomas Marschall (D) — 26.46,757 Min.
2. Philipp Leisen (D) — + 0,613 Sek.
3. Christer Jöns (D) — + 1,144 Sek.
4. Andreas Simonsen (S) — + 10,923 Sek.
5. Heiko Hammel (D) — + 19,234 Sek.
6. Alex Plenagl (D) — + 20,440 Sek.
7. Wolfgang Klein (D) — + 21,143 Sek.
8. Tim Tews (D) — + 23,285 Sek.
9. Andreas Pfister (D) — + 23,838 Sek.
10. Sean Paul Breslin (IRL) — + 24,360 Sek.

2. Lauf, DTM EuroSpeedway Lausitz
1. Rennen, EuroSpeedway (D), 31. Mai,
17 Rd. à 3,478 km = 59,126 km

1. Thomas Marschall (D) — 30.28,860 Min.
2. Damian Sawicki (PL) — + 1,491 Sek.
3. Heiko Hammel (D) — + 4,286 Sek.
4. Christer Jöns (D) — + 8,203 Sek.
5. Philipp Leisen (D) — + 30,513 Sek.
6. Petr Fulin (CZ) — + 32,993 Sek.
7. Andreas Simonsen (S) — + 33,557 Sek.
8. Matthias Luger (D) — + 34,003 Sek.
9. Wolfgang Klein (D) — + 35,490 Sek.
10. Alex Plenagl (D) — + 36,625 Sek.

2. Rennen, EuroSpeedway (D), 31. Mai,
19 Rd. à 3,478 km = 66,082 km

1. Philipp Leisen (D) — 30.08,138 Min.
2. Heiko Hammel (D) — + 1,792 Sek.
3. Damian Sawicki (PL) — + 3,375 Sek.
4. Thomas Marschall (D) — + 6,028 Sek.
5. Christer Jöns (D) — + 6,927 Sek.
6. Wolfgang Klein (D) — + 19,165 Sek.
7. Matthias Luger (D) — + 20,626 Sek.
8. Alexander Rambow (D) — + 21,207 Sek.
9. Alex Plenagl (D) — + 24,590 Sek.
10. Andreas Pfister (D) — + 33,138 Sek.

3. Lauf, DTM Norisring
1. Rennen, Norisring (D), 27. Juni,
26 Rd. à 2,300 km = 59,800 km

1. Thomas Marschall (D) — 29.11,951 Min.
2. Damian Sawicki (PL) — + 5,154 Sek.
3. Christer Jöns (D) — + 6,126 Sek.
4. Christian Abt (D) — + 7,086 Sek.
5. Matthias Luger (D) — + 8,114 Sek.
6. Christian Bebion (D) — + 9,548 Sek.
7. Patryk Pachura (PL) — + 19,520 Sek.
8. Shane Williams (ZA) — + 21,585 Sek.
9. Philipp Leisen (D) — + 30,458 Sek.
10. Wolfgang Klein (D) — + 45,160 Sek.

2. Rennen, Norisring (D), 28. Juni,
22 Rd. à 2,300 km = 50,600 km

1. Christer Jöns (D) — 21.27,745 Min.
2. Thomas Marschall (D) — + 2,182 Sek.
3. Damian Sawicki (PL) — + 4,981 Sek.
4. Christian Abt (D) — + 10,370 Sek.
5. Shane Williams (ZA) — + 11,724 Sek.
6. Patryk Pachura (PL) — + 17,893 Sek.
7. Philipp Leisen (D) — + 20,359 Sek.
8. Wolfgang Klein (D) — + 21,422 Sek.
9. Heiko Hammel (D) — + 24,523 Sek.
10. Petr Fulin (CZ) — + 25,286 Sek.

4. Lauf, DTM Zandvoort
1. Rennen, Zandvoort (NL), 18. Juli,
15 Rd. à 4,307 km = 64,605 km

1. Heiko Hammel (D) — 28.10,972 Min.
2. Christer Jöns (D) — + 0,142 Sek.
3. Damian Sawicki (PL) — + 0,523 Sek.
4. Thomas Marschall (D) — + 3,771 Sek.
5. Shane Williams (ZA) — + 4,331 Sek.
6. Philipp Leisen (D) — + 9,791 Sek.
7. Alex Plenagl (D) — + 19,011 Sek.
8. Matthias Luger (D) — + 19,544 Sek.
9. Mario Dablander (A) — + 25,456 Sek.
10. Andreas Simonsen (S) — + 27,530 Sek.

2. Rennen, Zandvoort (NL), 19. Juli,
15 Rd. à 4,307 km = 64,605 km

1. Shane Williams (ZA) — 1:02.32,323 Std.
2. Thomas Marschall (D) — + 2,918 Sek.
3. Damian Sawicki (PL) — + 3,201 Sek.
4. Heiko Hammel (D) — + 4,251 Sek.
5. Christer Jöns (D) — + 5,592 Sek.
6. Andreas Simonsen (S) — + 16,499 Sek.
7. Matthias Luger (D) — + 16,846 Sek.
8. Wolfgang Klein (D) — + 18,088 Sek.
9. Patryk Pachura (PL) — + 20,236 Sek.
10. Mario Dablander (A) — + 21,387 Sek.

5. Lauf, DTM Oschersleben
1. Rennen, Oschersleben (D), 1. August,
18 Rd. à 3,696 km = 66,528 km

1. Christer Jöns (D) — 30.04,491 Min.
2. Heiko Hammel (D) — + 3,339 Sek.
3. Fredy Barth (CH) — + 17,273 Sek.
4. Thomas Marschall (D) — + 18,300 Sek.
5. Petr Fulin (CZ) — + 23,082 Sek.
6. Matthias Luger (D) — + 24,622 Sek.
7. Philipp Leisen (D) — + 25,408 Sek.
8. Mario Dablander (A) — + 26,732 Sek.
9. Patryk Pachura (PL) — + 29,634 Sek.
10. Mateusz Lisowski (PL) — + 31,009 Sek.

2. Rennen, Oschersleben (D), 2. August,
17 Rd. à 3,696 km = 62,832 km

1. Petr Fulin (CZ) — 45.35,526 Min.
2. Thomas Marschall (D) — + 0,966 Sek.
3. Christer Jöns (D) — + 1,804 Sek.
4. Fredy Barth (CH) — + 3,922 Sek.
5. Heiko Hammel (D) — + 4,414 Sek.
6. Patryk Pachura (PL) — + 4,835 Sek.
7. Damian Sawicki (PL) — + 5,696 Sek.
8. Philipp Leisen (D) — + 6,684 Sek.
9. Mateusz Lisowski (PL) — + 7,672 Sek.
10. Mario Dablander (A) — + 11,055 Sek.

6. Lauf, DTM Nürburgring
1. Rennen, Nürburgring (D), 15. August,
18 Rd. à 3,629 km = 65,322 km

1. Christer Jöns (D) — 30.09,075 Min.
2. Damian Sawicki (PL) — + 4,358 Sek.
3. Heiko Hammel (D) — + 8,423 Sek.
4. Mario Dablander (A) — + 13,989 Sek.
5. Thomas Marschall (D) — + 17,623 Sek.
6. Shane Williams (ZA) — + 19,211 Sek.
7. Petr Fulin (CZ) — + 19,972 Sek.
8. Matthias Luger (D) — + 21,212 Sek.
9. Andreas Simonsen (S) — + 28,075 Sek.
10. Christian Bebion (D) — + 32,339 Sek.

2. Rennen, Nürburgring (D), 16. August,
18 Rd. à 3,629 km = 65,322 km

1. Shane Williams (ZA) — 30.06,333 Min.
2. Thomas Marschall (D) — + 0,605 Sek.
3. Damian Sawicki (PL) — + 1,376 Sek.
4. Heiko Hammel (D) — + 3,253 Sek.
5. Andreas Simonsen (S) — + 5,511 Sek.
6. Christer Jöns (D) — + 6,829 Sek.
7. Mario Dablander (A) — + 11,143 Sek.
8. Patryk Pachura (PL) — + 15,672 Sek.
9. Matthias Luger (D) — + 15,991 Sek.
10. Petr Fulin (CZ) — + 16,568 Sek.

7. Lauf, DTM Dijon-Prenois
1. Rennen, Dijon-Prenois (F), 10. Oktober,
17 Rd. à 3,801 km = 64,617 km

1. Thomas Marschall (D) — 27.52,185 Min.
2. Damian Sawicki (PL) — + 0,826 Sek.
3. Shane Williams (ZA) — + 16,910 Sek.
4. Felix Rosenqvist (S) — + 17,191 Sek.
5. Philipp Leisen (D) — + 18,556 Sek.
6. Alex Plenagl (D) — + 20,496 Sek.
7. Matthias Luger (D) — + 27,460 Sek.
8. Fredy Barth (CH) — + 32,352 Sek.
9. Patryk Pachura (PL) — + 35,895 Sek.
10. Tim Tews (D) — + 49,282 Sek.

2. Rennen, Dijon-Prenois (F), 11. Oktober,
17 Rd. à 3,801 km = 64,617 km

1. Damian Sawicki (PL) — 25.18,573 Min.
2. Alex Plenagl (D) — + 2,424 Sek.
3. Felix Rosenqvist (S) — + 4,152 Sek.
4. Thomas Marschall (D) — + 5,452 Sek.
5. Philipp Leisen (D) — + 6,021 Sek.
6. Fredy Barth (CH) — + 12,868 Sek.
7. Patryk Pachura (PL) — + 16,792 Sek.
8. Tim Tews (D) — + 17,905 Sek.
9. Wolfgang Klein (D) — + 18,287 Sek.
10. Shane Williams (ZA) — + 18,672 Sek.

8. Lauf, DTM Hockenheim
1. Rennen, Hockenheim (D), 24. Oktober,
14 Rd. à 4,574 km = 64,036 km

1. Christer Jöns (D) — 31.52,135 Min.
2. Thomas Marschall (D) — + 8,431 Sek.
3. Andreas Simonsen (S) — + 8,754 Sek.
4. Philipp Leisen (D) — + 9,261 Sek.
5. Christian Bebion (D) — + 9,969 Sek.
6. Mario Dablander (A) — + 12,101 Sek.
7. Alexander Rambow (D) — + 13,988 Sek.
8. Petr Fulin (CZ) — + 14,734 Sek.
9. Patryk Pachura (PL) — + 17,092 Sek.
10. Damian Sawicki (PL) — + 17,547 Sek.

2. Rennen, Hockenheim (D), 25. Oktober,
10 Rd. à 4,574 km = 45,740 km

1. Philipp Leisen (D) — 24.01,371 Min.
2. Heiko Hammel (D) — + 0,604 Sek.
3. Shane Williams (ZA) — + 11,193 Sek.
4. Petr Fulin (CZ) — + 16,575 Sek.
5. Mario Dablander (A) — + 22,010 Sek.
6. Damian Sawicki (PL) — + 22,404 Sek.
7. Alex Plenagl (D) — + 23,602 Sek.
8. Dick Sahlen (S) — + 28,591 Sek.
9. Andreas Simonsen (S) — + 31,744 Sek.
10. Sean Paul Breslin (IRL) — + 33,959 Sek.

Endstand Fahrerwertung SEAT Leon Supercopa

	Punkte	Hockenheim (D)				EuroSpeedway (D)				Norisring (D)				Zandvoort (NL)				Oschersleben (D)				Nürburgring (D)				Dijon-Prenois (F)				Hockenheim (D)			
		Qualifying	Rennen 1	Schnellste Runde	Rennen 2	Qualifying	Rennen 1	Schnellste Runde	Rennen 2	Qualifying	Rennen 1	Schnellste Runde	Rennen 2	Qualifying	Rennen 1	Schnellste Runde	Rennen 2	Qualifying	Rennen 1	Schnellste Runde	Rennen 2	Qualifying	Rennen 1	Schnellste Runde	Rennen 2	Qualifying	Rennen 1	Schnellste Runde	Rennen 2	Qualifying	Rennen 1	Schnellste Runde	Rennen 2
1. Thomas Marschall (D)	251	1	20		20	1	20		12	1	20		17		12		17		14		17		10		17	1	20		14		17		2
2. Christer Jöns (D)	210		14	1	14		12	1	10		14		20	1	17	1	10	1	20	1	14	1	20	1	8	1	0		0	1	1	20	1	3	1
3. Damian Sawicki (PL)	192		12		-		17		14	1	17		14		17		14	1	0		8		17		14		17	1	20		3		8
4. Heiko Hammel (D)	167		5		10		14		17		4		6		20		12		17		12	1	14		12		0		4		2		17
5. Philipp Leisen (D)	161		17		17	1	10		20		6		10		8		2		8		6		0		0		12		12		12		20
6. Shane Williams (ZA)	96														10		20				4		8		20		14		6		-		14
7. Andreas Simonsen (S)	80		10		12		6		2		0		-		3		8		1		-		4		10		-		5		14		5
8. Petr Fulin (CZ)	76		-		-		8		-		1		5		-		12		20		6		3		1		3		5		12
9. Matthias Luger (D)	75		8		-		5		6		12		3	1	5		6		10		5		4		8		2		-		-		-
10. Alex Plenagl (D)	67		2		8		3		4		2		-		6		4		3		-		-		10		17		6		0		6
11. Patryk Pachura (PL)	67		A		-		0		-		8		12		1		4		5		10		2		5		6		10		4		0
12. Mario Dablander (A)	63		0		0		-		-		3		4		4		3		6		5		12		6		2		0		8		10
13. Wolfgang Klein (D)	57		6		6		4		8		5		8		-		1		-		-		1		1		4		8		0		-
14. Christian Bebion (D)	46		3		-		2		1		10	1	0		-		2		-		3		2		3		2		5		0		10		1
15. Alexander Rambow (D)	15		4		-		0		5																						6		-
16. Andreas Pfister (D)	12	1	-		4		2		3		A		3		0		0		-		0		0		0		0		3		1		0		A
17. Sean Paul Breslin (IRL)	11		1		3		0		0		0		0		0		-		2		0		0		0		0		0		0		1		4
18. Ivan Vrsinsky (CZ)	3		0		2		0		-		0		-																						1

Legende: 0 = im Ziel, aber außerhalb der Punktewertung; - = nicht gewertet; A = ausgeschlossen; keine Angabe = nicht teilgenommen; Pole-Position = je Lauf ein Zusatzpunkt; schnellste Rennrunde = je Lauf ein Zusatzpunkt.

ADAC Volkswagen Polo Cup

1. Lauf, Hockenheim (D), 17. Mai,
11 Rd. à 4,574 km = 50,314 km
1. Maciek Steinhof (PL) 27.51,626 Min.
2. Matthias Gamauf (A) + 2,154 Sek.
3. Elia Erhart (D) + 2,323 Sek.
4. Marcus Fluch (S) + 6,126 Sek.
5. Felix Tigges (D) + 7,166 Sek.
6. David Jahn (D) + 9,658 Sek.
7. Kris Heidorn (D) + 10,396 Sek.
8. Freddie Hunt (GB) + 14,018 Sek.
9. Nils Mierschke (D) + 15,474 Sek.
10. Nico Schilling (D) + 17,290 Sek.

2. Lauf, EuroSpeedway Lausitz (D), 30. Mai,
13 Rd. à 3,478 km = 45,214 km
1. Maciek Steinhof (PL) 31.42,090 Min.
2. Stefan Kolb (D) + 0,282 Sek.
3. Elia Erhart (D) + 0,802 Sek.
4. Tomáš Micánek (CZ) + 1,167 Sek.
5. Felix Tigges (D) + 1,393 Sek.
6. Nico Schilling (D) + 2,075 Sek.
7. Florian Spengler (D) + 2,406 Sek.
8. Ashwin Sundar (IND) + 3,397 Sek.
9. Sandra Oscarsson (S) + 3,794 Sek.
10. Sönke Schmidt (D) + 4,297 Sek.

3. Lauf, EuroSpeedway Lausitz (D), 31. Mai,
15 Rd. à 3,478 km = 52,170 km
1. Maciek Steinhof (PL) 25.45,317 Min.
2. Elia Erhart (D) + 0,963 Sek.
3. Simon Reinberth (S) + 1,180 Sek.
4. Marcus Fluch (D) + 5,303 Sek.
5. Kris Heidorn (D) + 5,645 Sek.
6. Stefan Kolb (D) + 6,385 Sek.
7. Max Sandritter (D) + 10,831 Sek.
8. David Jahn (D) + 11,356 Sek.
9. Philipp Lietz (A) + 12,076 Sek.
10. Felix Tigges (D) + 16,793 Sek.

4. Lauf, Norisring (D), 28. Juni,
12 Rd. à 2,300 km = 27,600 km
1. Maciek Steinhof (PL) 32.20,357 Min.
2. Maximilian Sandritter (D) + 0,808 Sek.
3. Maximilian Hackländer (D) + 1,234 Sek.
4. Elia Erhart (D) + 1,675 Sek.
5. Maximilian Schneider (D) + 5,454 Sek.
6. Florian Spengler (D) + 6,825 Sek.
7. Ferenc Nagy (D) + 8,641 Sek.
8. Nico Schilling (D) + 11,919 Sek.
9. Felix Tigges (D) + 28,501 Sek.
10. Aditya Patel (IND) + 28,786 Sek.

5. Lauf, Oschersleben (D), 1. August,
13 Rd. à 3,696 km = 48,048 km
1. Max Sandritter (D) 23.39,798 Min.
2. Maciek Steinhof (PL) + 5,535 Sek.
3. Elia Erhart (D) + 5,703 Sek.
4. Kris Heidorn (D) + 7,201 Sek.
5. Jann-Hendrik Ubben (D) + 10,328 Sek.
6. Nils Mierschke (D) + 13,833 Sek.
7. Philipp Lietz (A) + 14,039 Sek.
8. Simon Reinberth (S) + 16,788 Sek.
9. David Jahn (D) + 18,774 Sek.
10. Florian Spengler (D) + 19,591 Sek.

6. Lauf, Oschersleben (D), 2. August,
14 Rd. à 3,696 km = 51,744 km
1. Max Sandritter (D) 25.29,961 Min.
2. Maciek Steinhof (PL) + 3,742 Sek.
3. Elia Erhart (D) + 7,760 Sek.
4. Jann-Hendrik Ubben (D) + 9,229 Sek.
5. Simon Reinberth (S) + 9,388 Sek.
6. Marcus Fluch (S) + 12,295 Sek.
7. Timmy Megenbier (USA) + 13,806 Sek.
8. Matthias Gamauf (A) + 16,109 Sek.
9. Tomáš Micánek (CZ) + 16,649 Sek.
10. Maximilian Hackländer (D) + 17,987 Sek.

7. Lauf, Nürburgring (D), 16. August,
14 Rd. à 3,629 km = 50,806 km
1. Max Sandritter (D) 25.59,149 Min.
2. Simon Reinberth (S) + 0,347 Sek.
3. Stefan Kolb (D) + 1,457 Sek.
4. Marcus Fluch (S) + 2,315 Sek.
5. Elia Erhart (D) + 2,551 Sek.
6. Nils Mierschke (D) + 8,908 Sek.
7. Maciek Steinhof (PL) + 12,114 Sek.
8. Maximilian Schneider (D) + 18,994 Sek.
9. Maximilian Hackländer (D) + 19,815 Sek.
10. Kris Heidorn (D) + 20,146 Sek.

8. Lauf, Barcelona (E), 20. September,
17 Rd. à 2,977 km = 50,609 km
1. David Jahn (D) 27.15,810 Min.
2. Maximilian Sandritter (D) + 1,902 Sek.
3. Maciek Steinhof (PL) + 4,176 Sek.
4. Florian Spengler (D) + 4,394 Sek.
5. Stefan Kolb (D) + 6,552 Sek.
6. Maximilian Hackländer (D) + 6,747 Sek.
7. Tomáš Micánek (CZ) + 7,028 Sek.
8. Kris Heidorn (D) + 8,102 Sek.
9. Marcus Fluch (S) + 8,295 Sek.
10. Sönke Schmidt (D) + 9,431 Sek.

9. Lauf, Hockenheim (D), 25. Oktober,
11 Rd. à 4,574 km = 50,314 km
1. Max Sandritter (D) 25.27,164 Min.
2. Kris Heidorn (D) + 8,209 Sek.
3. Elia Erhart (D) + 12,711 Sek.
4. Jann-Hendrik Ubben (D) + 15,746 Sek.
5. Maciek Steinhof (PL) + 16,161 Sek.
6. Marcus Fluch (S) + 17,014 Sek.
7. Simon Reinberth (S) + 17,272 Sek.
8. David Jahn (D) + 18,315 Sek.
9. Maximilian Hackländer (D) + 18,549 Sek.
10. Maximilian Schneider (D) + 19,343 Sek.

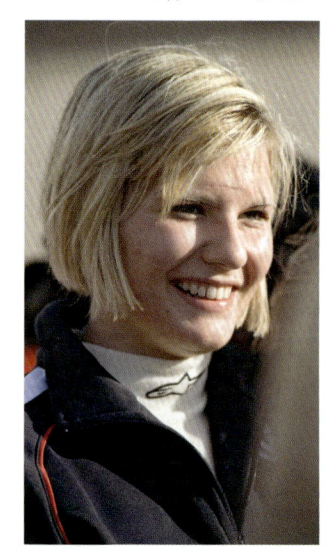

Endstand Fahrerwertung ADAC Volkswagen Polo Cup

	Punkte	Hockenheim (D)	EuroSpeedway (D) Rennen 1	EuroSpeedway (D) Rennen 2	Norisring (D)	Oschersleben (D) Rennen 1	Oschersleben (D) Rennen 2	Nürburgring (D)	Barcelona (E)	Hockenheim (D)
1. Maciek Steinhof (PL)	376	30	30	60	60	48	48	28	40	32
2. Maximilian Sandritter (D)	367	0	3	28	48	60	60	60	48	60
3. Elia Erhart (D)	276	20	20	48	34	40	40	32	2	40
4. Kris Heidorn (D)	201	14	5	32	6	34	14	22	26	48
5. Maximilian Hackländer (D)	187	10	9	12	40	14	24	24	30	24
6. Simon Reinberth (S)	182	7	1	40	-	26	32	48	-	28
7. David Jahn (D)	173	15	0	26	10	24	0	12	60	26
8. Marcus Fluch (S)	173	17		34	4		30	34	24	30
9. Stefan Kolb (D)	162	0	24	30	-	16	-	40	32	20
10. Tomáš Micánek (CZ)	152	11	17	20	-	18	26	14	28	18
11. Nils Mierschke (D)	135	13	0	8	20	30	20	30	-	14
12. Felix Tigges (D)	132	16	16	22	24	20	16	-	18	-
13. Florian Spengler (D)	130	0	14	0	30	22	10	20	34	0
14. Maximilian Schneider (D)	127	5	-	18	32	8	-	26	16	22
15. Matthias Gamauf (A)	120	24		14	-	10	28	18	10	16
16. Jann-Hendrik Ubben (D)	108	6	2	0	-	32	34	0	-	34
17. Ashwin Sundar (IND)	103		13	16	18	0	22	4	20	10
18. Philipp Lietz (A)	92	0	-	24	2	28	18	2	6	12
19. Nico Schilling (D)	83	12	15	10	26	0	0	16	-	4
20. Sönke Schmidt (D)	82	3	11	0	12	12	8	8	22	6
21. Marcel Belka (D)	51	9	10	6	-	6	12	6	2	-
22. Sandra Oscarsson (S)	50	8	12	4	8		4	0	14	0
23. Vivien Volk (D)	44	4	8	-	16	2	0	10	4	0
24. Ferenc Nagy (D)	43	1	4	0	28	0	2	0	8	0
25. Aditya Patel (IND)	43	0	7	0	22		6	0	0	8
26. Arne Larisch (D)	40	2	6	2	14	4	0	0	12	0

Legende 0 = im Ziel, aber außerhalb der Punktewertung; - = nicht gewertet; keine Angabe = nicht teilgenommen

MINI Challenge

1. Lauf, Preis der Stadt Stuttgart
1. Rennen, Hockenheim (D), 18. April,
14 Rd. à 4,574 km = 64,036 km
1. Daniel Haglöf (S) 31.40,573 Min.
2. Hendrik Vieth (D) + 0,299 Sek.
3. Oliver Metz (F) + 0,878 Sek.
4. Nico Bastian (D) + 4,537 Sek.
5. Thomas Jäger (D) + 6,284 Sek.
6. Stefan Landmann (A) + 10,495 Sek.
7. Jürgen Schmarl (A) + 12,598 Sek.
8. Daniel Keilwitz (D) + 12,710 Sek.
9. Roger Büeler (CH) + 18,847 Sek.
10. Fredrik Lestrup (S) + 18,958 Sek.

2. Rennen, Hockenheim (D), 19. April,
15 Rd. à 4,574 km = 68,610 km
1. Daniel Haglöf (S) 30.37,548 Min.
2. Stefan Landmann (A) + 0,767 Sek.
3. Nico Bastian (D) + 1,016 Sek.
4. Hendrik Vieth (D) + 3,920 Sek.
5. Thomas Jäger (D) + 4,260 Sek.
6. Daniel Keilwitz (D) + 4,525 Sek.
7. Stephanie Halm (D) + 4,738 Sek.
8. Oliver Metz (F) + 5,189 Sek.
9. Roger Büeler (CH) + 9,378 Sek.
10. Jürgen Schmarl (A) + 9,893 Sek.

2. Lauf, Mini United
1. Rennen, Silverstone (GB), 23. Mai,
14 Rd. à 5,141 km = 71,974 km
1. Thomas Jäger (D) 46.36,689 Min.
2. Daniel Keilwitz (D) + 3,153 Sek.
3. Hendrik Vieth (D) + 5,199 Sek.
4. Marcel Leipert (D) + 6,137 Sek.
5. Stephanie Halm (D) + 6,892 Sek.
6. Daniel Haglöf (S) + 10,107 Sek.
7. Nico Bastian (D) + 10,618 Sek.
8. Fredrik Lestrup (S) + 11,114 Sek.
9. Oliver Metz (F) + 11,575 Sek.
10. Robert Lechner (A) + 11,958 Sek.

2. Rennen, Silverstone (GB), 24. Mai,
13 Rd. à 5,141 km = 66,833 km
1. Daniel Haglöf (S) 31.53,080 Min.
2. Stephanie Halm (D) + 0,562 Sek.
3. Daniel Keilwitz (D) + 0,883 Sek.
4. Hendrik Vieth (D) + 1,432 Sek.
5. Nico Bastian (D) + 1,969 Sek.
6. Thomas Jäger (D) + 2,533 Sek.
7. Marcel Leipert (D) + 4,040 Sek.
8. Fredrik Lestrup (S) + 6,140 Sek.
9. Oliver Metz (F) + 6,597 Sek.
10. Stefan Landmann (A) + 9,042 Sek.

3. Lauf, ADAC Masters Weekend GP v. Weingarten
1. Rennen, Hockenheim (D), 6. Juni,
14 Rd. à 4,574 km = 64,036 km
1. Hendrik Vieth (D) 31.55,069 Min.
2. Hari Proczyk (A) + 0,208 Sek.
3. Stefan Landmann (A) + 0,680 Sek.
4. Daniel Keilwitz (D) + 0,834 Sek.
5. Nico Bastian (D) + 1,743 Sek.
6. Oliver Metz (F) + 1,989 Sek.
7. Roger Büeler (CH) + 13,963 Sek.
8. Friedrich von Bohlen (D) + 20,833 Sek.
9. Gero Schwing (D) + 21,099 Sek.
10. Erwin Piro (D) + 31,271 Sek.

2. Rennen, Hockenheim (D), 7. Juni,
9 Rd. à 4,574 km = 41,166 km
1. Hari Proczyk (A) 21.20,076 Min.
2. Oliver Metz (F) + 0,928 Sek.
3. Nico Bastian (D) + 1,542 Sek.
4. Friedrich von Bohlen (D) + 7,229 Sek.
5. Marcel Leipert (D) + 13,444 Sek.
6. Henry Littig (D) + 14,152 Sek.
7. Dirk Lauth (D) + 15,389 Sek.
8. Fredrik Lestrup (S) + 16,424 Sek.
9. Gero Schwing (D) + 18,560 Sek.
10. Stephanie Halm (D) + 18,802 Sek.

4. Lauf, Großer Preis von Deutschland
1. Rennen, Nürburgring (D), 11. Juli,
10 Rd. à 5,148 km = 51,480 km
1. Daniel Haglöf (S) 24.01,331 Min.
2. Stefan Landmann (A) + 0,306 Sek.
3. Daniel Keilwitz (D) + 0,593 Sek.
4. Hendrik Vieth (D) + 2,309 Sek.
5. Hari Proczyk (A) + 2,638 Sek.
6. Fredrik Lestrup (S) + 3,652 Sek.
7. Nico Bastian (D) + 9,220 Sek.
8. Oliver Metz (F) + 9,757 Sek.
9. Stephanie Halm (D) + 13,002 Sek.
10. Jürgen Schmarl (A) + 25,262 Sek.

2. Rennen, Nürburgring (D), 12. Juli,
10 Rd. à 5,148 km = 51,480 km
1. Daniel Keilwitz (D) 26.01,165 Min.
2. Hendrik Vieth (D) + 1,081 Sek.
3. Daniel Haglöf (D) + 1,469 Sek.
4. Oliver Metz (F) + 8,345 Sek.
5. Stefan Landmann (A) + 8,740 Sek.
6. Stephanie Halm (D) + 14,338 Sek.
7. Fredrik Lestrup (S) + 20,913 Sek.
8. Jürgen Schmarl (A) + 21,223 Sek.
9. Dominik Ruff (D) + 22,037 Sek.
10. Roger Büeler (CH) + 22,271 Sek.

5. Lauf, 37. AvD-Oldtimer-Grand-Prix
1. Rennen, Nürburgring (D), 8. August,
12 Rd. à 4,649 km = 55,788 km
1. Hari Proczyk (A) 25.43,492 Min.
2. Marcel Leipert (D) + 0,351 Sek.
3. Stefan Landmann (A) + 2,132 Sek.
4. Fredrik Lestrup (S) + 2,362 Sek.
5. Nico Bastian (D) + 3,898 Sek.
6. Jürgen Schmarl (A) + 6,858 Sek.
7. Daniel Haglöf (S) + 10,355 Sek.
8. Hendrik Vieth (D) + 17,369 Sek.
9. Daniel Keilwitz (D) + 17,674 Sek.
10. Roger Büeler (CH) + 18,125 Sek.

2. Rennen, Nürburgring (D), 9. August,
14 Rd. à 4,649 km = 65,086 km
1. Marcel Leipert (D) 32.00,265 Min.
2. Jürgen Schmarl (A) + 0,425 Sek.
3. Nico Bastian (D) + 1,981 Sek.
4. Stefan Landmann (A) + 3,197 Sek.
5. Hari Proczyk (A) + 3,792 Sek.
6. Daniel Haglöf (S) + 5,177 Sek.
7. Fredrik Lestrup (S) + 6,802 Sek.
8. Daniel Keilwitz (D) + 13,133 Sek.
9. Stephanie Halm (D) + 16,147 Sek.
10. Reinhard Nehls (D) + 38,292 Sek.

6. Lauf, WTCC Oschersleben
1. Rennen, Oschersleben (D), 5. September,
17 Rd. à 3,696 km = 62,832 km
1. Stefan Landmann (A) 30.17,779 Min.
2. Fredrik Lestrup (S) + 0,460 Sek.
3. Jürgen Schmarl (A) + 6,649 Sek.
4. Stephanie Halm (D) + 9,466 Sek.
5. Daniel Keilwitz (D) + 11,926 Sek.
6. Daniel Haglöf (S) + 12,414 Sek.
7. Nico Bastian (D) + 15,142 Sek.
8. Steve Kirsch (D) + 15,551 Sek.
9. Oliver Metz (F) + 16,971 Sek.
10. Marcel Leipert (D) + 21,918 Sek.

2. Rennen, Oschersleben (D), 6. September,
17 Rd. à 3,696 km = 62,832 km
1. Daniel Haglöf (S) 30.08,938 Min.
2. Jürgen Schmarl (A) + 0,705 Sek.
3. Fredrik Lestrup (S) + 1,771 Sek.
4. Nico Bastian (D) + 8,579 Sek.
5. Marcel Leipert (D) + 8,950 Sek.
6. Steve Kirsch (D) + 9,163 Sek.
7. Stefan Landmann (A) + 9,212 Sek.
8. Oliver Metz (F) + 9,601 Sek.
9. Roger Büeler (CH) + 10,674 Sek.
10. Hannes Neuhauser (A) + 13,578 Sek.

7. Lauf, ADAC Masters Weekend
1. Rennen, Sachsenring (D), 19. September,
19 Rd. à 3,645 km = 69,255 km
1. Daniel Keilwitz (D) 30.35,261 Min.
2. Steve Kirsch (D) + 3,130 Sek.
3. Fredrik Lestrup (S) + 6,125 Sek.
4. Marcel Leipert (D) + 11,760 Sek.
5. Oliver Metz (F) + 18,820 Sek.
6. Hendrik Vieth (D) + 21,624 Sek.
7. Daniel Haglöf (S) + 24,035 Sek.
8. Roger Büeler (CH) + 24,276 Sek.
9. Nico Bastian (D) + 24,862 Sek.
10. Hari Proczyk (A) + 25,875 Sek.

2. Rennen, Sachsenring (D), 20. September,
17 Rd. à 3,645 km = 61,965 km
1. Hendrik Vieth (D) 30.10,644 Min.
2. Marcel Leipert (D) + 0,709 Sek.
3. Fredrik Lestrup (S) + 1,028 Sek.
4. Daniel Keilwitz (D) + 1,855 Sek.
5. Daniel Haglöf (S) + 3,659 Sek.
6. Roger Büeler (CH) + 4,347 Sek.
7. Hari Proczyk (A) + 4,695 Sek.
8. Jürgen Schmarl (A) + 5,840 Sek.
9. Nico Bastian (D) + 6,297 Sek.
10. Steve Kirsch (D) + 7,822 Sek.

8. Lauf, Rundstreckentrophy
1. Rennen, Salzburgring (A), 3. Oktober,
19 Rd. à 4,255 km = 80,845 km
1. Nico Bastian (D) 30.26,991 Min.
2. Hari Proczyk (A) + 0,429 Sek.
3. Stefan Landmann (A) + 0,721 Sek.
4. Stephanie Halm (D) + 0,930 Sek.
5. Jürgen Schmarl (A) + 10,005 Sek.
6. Daniel Keilwitz (D) + 10,301 Sek.
7. Hendrik Vieth (D) + 10,880 Sek.
8. Fredrik Lestrup (S) + 20,675 Sek.
9. Steve Kirsch (D) + 22,409 Sek.
10. Daniel Haglöf (S) + 23,439 Sek.

2. Rennen, Salzburgring (A), 3. Oktober,
18 Rd. à 4,255 km = 76,590 km
1. Stephanie Halm (D) 30.06,367 Min.
2. Hendrik Vieth (D) + 0,296 Sek.
3. Nico Bastian (D) + 0,855 Sek.
4. Stefan Landmann (A) + 1,166 Sek.
5. Hari Proczyk (A) + 1,467 Sek.
6. Fredrik Lestrup (S) + 4,151 Sek.
7. Dominik Ruff (D) + 4,661 Sek.
8. Steve Kirsch (D) + 5,231 Sek.
9. Harald Grohs (D) + 18,495 Sek.
10. Erwin Piro (D) + 18,946 Sek.

Endstand Fahrerwertung MINI Challenge (Top 20)
1. Daniel Haglöf (S) 283
2. Hendrik Vieth (D) 269
3. Nico Bastian (D) 266
4. Stefan Landmann (A) 248
5. Daniel Keilwitz (D) 242
6. Fredrik Lestrup (S) 230
7. Hari Proczyk (A) 213
8. Stephanie Halm (D) 194
9. Marcel Leipert (D) 190
10. Jürgen Schmarl (A) 186
11. Olivier Metz (F) 167
12. Roger Büeler (CH) 115
13. Dominik Ruff (D) 100
14. Steve Kirsch (D) 88
15. Thomas Jäger (D) 77
16. Henry Littig (D) 72
17. Oliver Götz (D) 70
18. Harald Grohs (D) 66
19. Erwin Piro (D) 65
20. Dirk Lauth (D) 64

Impressum

Herausgeber Thomas Voigt

Produktion & Vertrieb
Speedpool Multimedia-Service GmbH
Bernhard-Nocht-Straße 99, 20359 Hamburg
Telefon   +49 40 300682-0
Internet   www.speedpool.com
Vertrieb   Patrick Ziegler
Telefon   +49 40 300682-36
E-Mail   bestellung@speedpool.com

Autoren Helge Gerdes, Torben Schröder

Schlussredaktion Iris Wedekind

Statistik Susanne Scheller

Fotos Audi, BMW Motorsport, BRfoto, Jan Brucke/VLN, BTCC, Chevrolet, ETCC, Hoch Zwei, Jegasoft Media e. K., Bildagentur Kräling, Mediaempire, NASCAR, SEAT Sport, Thomas Suer/ts-photo.de, Thomas Urner, Birger Vilén/DTC, Volkswagen Motorsport, Wolfgang Wilhelm, WTCC

Koordination Carina Chowanek

Grafik Niels Bredahl, Jana Herbst, Clemens Kügler, Isabel Maass, Thomas Wildelau

Druckvorstufe Julien Gradtke, Theresa Salzmann

Anzeigen
G. F. MediaMarketing GmbH
Günther Frauenkron
Großer Burstah 44, 20457 Hamburg
Telefon   +49 40 239375-0
E-Mail   gf@gf-mediamarketing.de

Druck
Hansmann Verlag Sponholtz Druck GmbH
Heinrich-Hertz-Straße 21, 30966 Hemmingen

ISBN 978-3-940672-17-9

racing1.de — Wissen, was läuft.
Das aktuelle Motorsport-Portal im Internet